プリント形式のリアル過去問で本番の臨場感！

長崎県公立高等学校

2025年春受験用 解答集

本書は，実物をなるべくそのままに，プリント形式で年度ごとに収録しています。
問題用紙を教科別に分けて使うことができるので，本番さながらの演習ができます。

■ 収録内容

・解答集(この冊子です)

書籍ＩＤ番号，この問題集の使い方，最新年度実物データ，教科別入試データ解析，
解答例と解説，ご使用にあたってのお願い・ご注意，お問い合わせ

・2024(令和６)年度 ～ 2022(令和４)年度　学力検査問題

・リスニング問題音声《オンラインで聴く》　詳しくは次のページをご覧ください。

○は収録あり 年度	'24	'23	'22			
■ 問題(後期)	○	○	○			
■ 解答用紙	○	○	○			
■ 配点	○	○	○			
■ 英語リスニング音声・原稿	○	○	○			

全教科に解説があります

☆問題文等の非掲載はありません

JN132519

教英出版

■ 書籍ＩＤ番号

リスニング問題の音声は，教英出版ウェブサイトの「ご購入者様のページ」画面で，書籍ＩＤ番号を入力してご利用ください。

入試に役立つダウンロード付録や学校情報なども随時更新して掲載しています。

書籍ＩＤ番号　177342

（有効期限：2025年9月30日まで）

【入試に役立つダウンロード付録】

「ラストチェックテスト(標準／ハイレベル)」

「高校合格への道」

【リスニング問題音声】

オンラインで問題の音声を聴くことができます。

有効期限までは無料で何度でも聴くことができます。

■ この問題集の使い方

年度ごとにプリント形式で収録しています。針を外して教科ごとに分けて使用します。①片側，②中央のどちらかでとじてありますので，下図を参考に，問題用紙と解答用紙に分けて準備をしましょう（解答用紙がない場合もあります）。

針を外すときは，けがをしないように十分注意してください。また，針を外すと紛失しやすくなりますので気をつけましょう。

① 片側でとじてあるもの

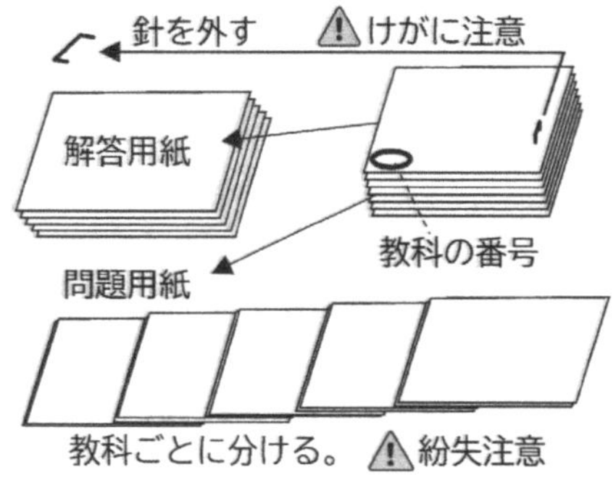

② 中央でとじてあるもの

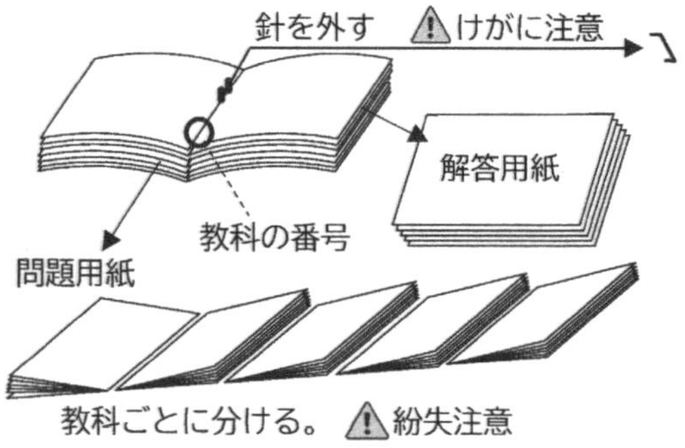

※教科数が上図と異なる場合があります。
　解答用紙がない場合や，問題と一体になっている場合があります。
　教科の番号は，教科ごとに分けるときの参考にしてください。

■ 最新年度　実物データ

実物をなるべくそのままに編集していますが，収録の都合上，実際の試験問題とは異なる場合があります。実物のサイズ，様式は右表で確認してください。

問題用紙	Ａ４冊子(二つ折り)
解答用紙	Ａ３片面プリント

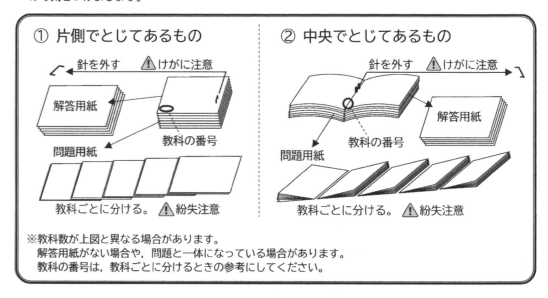

長崎県 公立高校入試データ解析 国語

分野別データ			2024	2023	2022
大問の種類	長文	論説文・説明文・評論	○	○	○
大問の種類	長文	小説・物語	○	○	○
大問の種類	長文	随筆・紀行文			
大問の種類		古文・漢文	○	○	○
大問の種類		詩・短歌・俳句			
大問の種類		その他の文章	○	○	○
大問の種類		条件・課題作文			
大問の種類		聞き取り			
漢字・語句		漢字の読み書き	○	○	○
漢字・語句		熟語・熟語の構成			
漢字・語句		部首・筆順・画数・書体			
漢字・語句		四字熟語・慣用句・ことわざ	○	○	○
漢字・語句		類義語・対義語			
文法		品詞・用法・活用	○	○	○
文法		文節相互の関係・文の組み立て			
文法		敬語・言葉づかい			
文章の読解	長文	語句の意味・補充	○	○	○
文章の読解	長文	接続語の用法・補充			○
文章の読解	長文	表現技法・表現の特徴	○	○	○
文章の読解	長文	段落・文の相互関係			
文章の読解	長文	文章内容の理解	○	○	○
文章の読解	長文	人物の心情の理解	○	○	○
文章の読解	古文・漢文	歴史的仮名遣い	○	○	○
文章の読解	古文・漢文	文法・語句の意味・知識		○	○
文章の読解	古文・漢文	動作主	○	○	○
文章の読解	古文・漢文	文章内容の理解	○	○	○
文章の読解		詩・短歌・俳句			
文章の読解		その他の文章	○	○	○

形式データ	2024	2023	2022
漢字の読み書き	6	6	6
記号選択	13	13	13
抜き出し	1	4	1
記述	8	8	11
作文・短文			
その他			

2025年度入試に向けて

文学的文章では，場面の展開に沿って登場人物の心情を捉えよう。表現の特徴や人物像など，本文全体に関わる出題も見られる。細かく読み取る視点と，全体をつかむ視点を養おう。古典は，省略された主語を補うなどしながら内容を理解し，最終的に何を言いたい話なのかをつかもう。説明的文章は，各段落の内容をふまえて，文章全体における筆者の主張を読み取ろう。【話し合い】とそれに関する資料などを照合して読み取る問題も出題されているので，過去問で練習して慣れておこう。漢字や語句，文法などの基礎知識も問われる。苦手なところを復習し，得点源にしよう。

長崎県　公立高校入試データ解析　数学

分類		2024	2023	2022	問題構成	2024	2023	2022
式と計算	数と計算	○	○	○	小問	1 (1)(2)(4)(5)計算問題 (3)文字式 (7)素因数分解の利用 2 問３．文字式の文章問題	1 (1)～(5)計算問題 (7)数と計算 2 問３．文字式の文章問題	1 (1)～(3)計算問題 (4)文字式 (6)平方根
	文字式	○	○	○				
	平方根	○	○	○				
	因数分解		○					
	１次方程式				大問	6 ４桁の整数の各位の数の和	6 規則的に並ぶ電球の個数	6 文字式の文章問題
	連立方程式	○						
	２次方程式	○	○	○				
統計	データの活用	○	○	○	小問	1 (6)標本調査 2 問１．ヒストグラム	2 問１．箱ひげ図等	1 (7)標本調査 2 問１．代表値
	確率	○	○	○	小問	2 問２．6枚のカード	2 問２．４個の球	2 問２．硬貨
関数	比例・反比例			○	小問		1 (6)１次関数の変域	1 (5)反比例
	１次関数	○	○	○				
	２乗に比例する関数	○	○	○				
	いろいろな関数				大問	3 座標平面 放物線と直線，線分の長さ	3 座標平面 放物線と直線，平行四辺形，三角形	3 座標平面 放物線と直線，三角形
	グラフの作成							
	座標平面上の図形	○	○	○				
	動点，重なる図形							
図形	平面図形の性質	○	○	○	小問	1 (8)円と角度 (9)円柱の体積 (10)作図	1 (8)円と角度 (9)回転体の体積 (10)作図	1 (8)円と角度 (9)回転体の体積 (10)作図
	空間図形の性質	○	○	○				
	回転体		○	○				
	立体の切断			○				
	円周角	○	○	○				
	相似と比	○	○	○	大問	4 空間図形 三角すい 5 平面図形 三角形，四角形	4 空間図形 立方体，三角すい 5 平面図形 台形，三角形	4 空間図形 直方体，三角柱 5 平面図形 円，三角形
	三平方の定理	○	○	○				
	作図	○	○	○				
	証明	○	○	○				

2025 年度入試に向けて

例年，問題構成や出題分野に大きな変更はないので，過去問をたくさん解くことで，どのような出題がされるのかが自然と見えてくる。大問６は規則性，倍数，関数，文字式の説明など様々なテーマを扱い，問題文が長く読解力と思考力を必要とする問題である。類題を解いて練習しておこう。

長崎県　公立高校入試データ解析　英語

分野別データ		2024	2023	2022
音声	発音・読み方			
	リスニング	○	○	○
文法	適語補充・選択	○	○	○
	語形変化			○
	その他			
英作文	語句の並べかえ			
	補充作文	○	○	○
	自由作文	○	○	○
	条件作文			
読解	語句や文の補充	○	○	○
	代名詞などの指示内容		○	
	英文の並べかえ		○	○
	日本語での記述	○	○	○
	英問英答	○		○
	絵・表・図を選択	○	○	
	内容真偽	○	○	○
	内容の要約	○	○	○
	その他			○

形式データ			2024	2023	2022
発音・読み方					
リスニング	記号選択		8	8	8
	英語記述				
	日本語記述				
文法・英作文・読解	読解	会話文	2	2	2
		長文	1	1	1
		絵・図・表	2	2	2
	記号選択		13	12	11
	語句記述		0	0	6
	日本語記述		3	3	4
	英文記述		4	4	4

2025 年度入試に向けて

答えを自分で考えて書く自由作文が出題される。日ごろから自分の考えを英語で表現する練習をしておこう。文法単独での出題はほとんどないが，文法や単語は，作文問題でも読解問題でも基礎となる重要な内容である。問題集で問題を解き，まだ身についていない文法や単語は必ず覚えよう。また，過去問に取り組んで，読解する力と読み取った内容を日本語で表現する力も鍛えよう。

長崎県 公立高校入試データ解析 理科

分野別データ		2024	2023	2022
物理	光・音・力による現象		○	
	電流の性質とその利用	○		○
	運動とエネルギー	○	○	○
化学	物質のすがた	○	○	○
	化学変化と原子・分子			○
	化学変化とイオン	○	○	○
生物	植物の生活と種類	○	○	
	動物の生活と種類	○	○	○
	生命の連続性と食物連鎖	○	○	○
地学	大地の変化	○	○	○
	気象のしくみとその変化	○	○	
	地球と宇宙			○

形式データ	2024	2023	2022
記号選択	16	16	21
語句記述	20	19	11
文章記述	4	3	4
作図	1	2	2
数値	6	6	4
化学式・化学反応式	1	2	2

2025年度入試に向けて

3年間で学習した内容からまんべんなく出題されるので，苦手な分野がある場合は早期克服を目指そう。答えとなる内容は，教科書で扱われている実験や観察などを理解できていれば十分に対応できるが，文章で答える問題は比較的長いものもあり，普段から練習しておく必要があるだろう。また，問題量が多いので，過去問に取り組む際には時間を意識した練習をしておくとよいだろう。

長崎県 公立高校入試データ解析 社会

	分野別データ	2024	2023	2022	形式データ	2024	2023	2022
地理	世界のすがた	○	○	○	記号選択	10	7	9
	世界の諸地域 （アジア・ヨーロッパ・アフリカ）	○	○	○	語句記述	3	4	4
	世界の諸地域 （南北アメリカ・オセアニア）	○	○	○	文章記述	3	4	2
	日本のすがた	○	○	○	作図			
	日本の諸地域 （九州・中国・四国・近畿）			○	計算	1	1	1
	日本の諸地域 （中部・関東・東北・北海道）	○	○	○				
	身近な地域の調査	○	○	○				
歴史	原始・古代の日本	○	○	○	記号選択	5	4	6
	中世の日本	○	○	○	語句記述	5	5	4
	近世の日本	○	○	○	文章記述	2	3	2
	近代の日本	○	○	○	並べ替え	1	2	1
	現代の日本	○	○	○				
	世界史	○	○	○				
公民	わたしたちと現代社会	○	○		記号選択	6	7	4
	基本的人権	○	○	○	語句記述	6	7	8
	日本国憲法	○		○	文章記述	3	2	1
	民主政治	○	○	○				
	経済	○	○	○				
	国際社会・国際問題	○	○	○				

2025年度入試に向けて

地理…地形図をはじめ図や表などと関連させた問題がほとんどだから，資料のもつ意味をしっかりと理解し，読み取る力をつけたい。**歴史**…古代から近世までのある程度掘り下げた内容を問われる。選択問題，語句記述，文章記述がバランスよく出題される。**公民**…政治・経済・現代社会の中から大問２題が出される。特に経済分野は１つのテーマを掘り下げた出題が多いので，教科書の重要事項だけでなく関連する項目までしっかりと理解する学習をしたい。

2024 解答例　令和6年度　長崎県公立高等学校

《2024　国語　解答例》

一　問一．a．かわ　b．鳴　c．とびら　問二．イ　問三．空良のバレーへの熱い思いが、果たされないまま残っていること。　問四．エ　問五．ウ　問六．バレー部を途中でやめてしまったことへの後悔が、もう一度コーチとしてがんばりたいという思いにつながった　問七．エ

二　問一．もうす　問二．威を以て位に居給ふ　問三．ウ　問四．ア

問五．A．ア　B．仁佐を呼び戻して、正しい政治を行った

三　問一．a．共通　b．ちゅうしゅつ　c．演算　問二．イ

問三．お姉さんは、人形が箱Bに移されたことを知らないので、人形は箱Aに入っていると思っていると理解した。

問四．時代を超えて変わらない意味を伝える　問五．エ　問六．ウ　問七．イ

四　問一．ウ　問二．Ⅰ．名所・旧跡の間の徒歩での移動時間を示す

Ⅱ．バリアフリートイレの有無を記号で区別する　問三．ア

《2024　数学　解答例》

1　(1)4　(2)$5\sqrt{3}$　(3)5－3a　(4)x＝1　y＝－3　(5)－1，4　(6)30

(7)6　(8)144　(9)45π　(10)右図

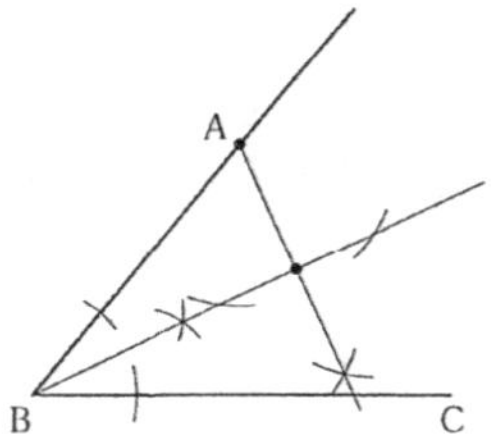

2　問1．(1)10　(2)5月の小テストの得点の範囲は5点，6月の小テストの得点の範囲は8点で，6月の小テストの範囲の方が大きいから，6月の小テストの方が得点の散らばりの程度が大きい。(下線部は散らばりのぐあいでもよい)　(3)④

問2．(1)③　(2)(ア)$\frac{1}{15}$　(イ)7

問3．3つの数は，n，n＋7，n＋8と表される。n＋(n＋7)＋(n＋8)＝3n＋15＝3(n＋5)

n＋5は整数より，3(n＋5)は3の倍数である。

3　問1．4　問2．$0 \leqq y \leqq 4$　問3．x＋2　問4．(1)$-t^2+t+2$　(2)$\frac{1+\sqrt{13}}{3}$

4　問1．$4\sqrt{2}$　問2．(1)4　(2)$\frac{8}{3}$　問3．$2\sqrt{10}$

5　問1．3　問2．$2\sqrt{6}$　問3．(1)(ア)180　(イ)BED　(ウ)2組の角　(2)3：5　(3)1：1

6　問1．(ア)0　(イ)10　(ウ)9

問2．2段目は，○××，×○○，○○×，××○のいずれかでなければならず，1段目はそれぞれ，○×××，×○○○，○○×○，××○×，○×○○，×○××，○○○×，×××○のいずれかでなければならない。連続する4つの整数は奇数と偶数が2つずつとなるが，いずれもあてはまらない。

《2024　英語　解答例》

1 問1．No.1．B　No.2．C　問2．No.1．ウ　No.2．イ　No.3．ウ　問3．No.1．①ア　②イ
No.2．①ア　②ウ　③エ　④イ

2 問1．ウ　問2．イ　問3．エ　問4．①ア　②ウ　問5．エ　問6．(Bringing lunch の例文1)I want to eat the food that I like　(Bringing lunch の例文2)I feel love from my family members who cook lunch for me
(Eating school lunches の例文1)I can eat hot food such as hot soup and noodles
(Eating school lunches の例文2)I can learn about our traditional food culture

3 問1．A．How many books are there　B．(例文1)you can get a bag　(例文2)they will give you a bag
問2．(例文1)I want to have a large park because children can play with their friends.　(例文2)I want a theater.　We can enjoy watching movies there.

4 問1．エ　問2．イ　問3．ア　問4．①他の人が自分の子どもの頭に触れる　②自分が普段日本でしていること　問5．お互いにメッセージを送るためによくカードを使う　問6．ウ，オ
問7．①ウ　②イ　③ア

《2024　理科　解答例》

1 問1．い　問2．食物連鎖　問3．X．消費者B　Z．生産者
問4．上ずみ液中の分解者がデンプンを分解したから。　問5．エ

2 問1．右図　問2．0.4　問3．1.0　問4．エ　問5．X．仕事率　Y．大きい

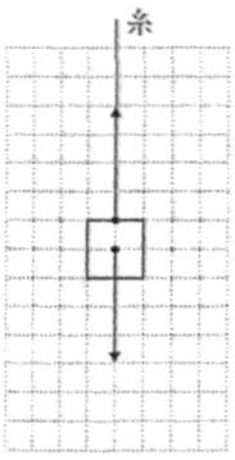

3 問1．体積…大きくなる　質量…変化しない　問2．氷の密度が水の密度よりも小さいから。
問3．蒸留　問4．ウ　問5．①エタノール　②エタノールの沸点が水の沸点よりも低い

4 問1．れき岩→砂岩→泥岩　問2．名称…アンモナイト　地質年代…中生代　問3．ウ　問4．ア

5 問1．柔毛　問2．①毛細血管　②リンパ管　問3．表面積が大きくなっているから。
問4．最大…ホウセンカC　最小…ホウセンカB　問5．根毛

6 問1．P．電気　Q．熱　問2．8.4　問3．231000　問4．①b→a→c　②X　問5．イ

7 問1．4.5　問2．エ　問3．Cu^{2+}／Cl^{-}　問4．ア　問5．b，d

8 問1．ア　問2．77　問3．イ　問4．ウ　問5．イ

《2024　社会　解答例》

1 問1．甲骨　問2．(1)ア→ウ→イ　(2)先祖伝来の領地を保護したり，新しく領地を与えたりする　(3)応仁の乱　(4)徳川家康　(5)イ　(6)エ

2 問1．地租改正　問2．大日本帝国憲法　問3．ウ　問4．イ　問5．第一次世界大戦の好景気による物価上昇やシベリア出兵にともなう米の買い占めのため。　問6．ア

3 問1．(1)1000　(2)エ　(3)C　問2．(1)記号…イ　県名…岐阜　(2)X．降水量が多くなると，流量も多くなる
Y．雪解け水が川に流れ込む　問3．エ

4 問1．(1)R　(2)ウ　(3)スラム　(4)お　(5)ウ　問2．(1)X．地熱　Y．火山が集中している　Z．ア　(2)エ

5 問1．最低限度　問2．エ　問3．Y．平等　Z．価値が異なる　問4．S．2つのクラスで劇の票が最も多い　T．学年全体で合唱の票が最も多い　問5．イ　問6．ユニバーサルデザイン

6 問1．(1)インフレーション　(2)ア　(3)均衡価格　問2．社会資本　問3．イ　問4．ア　問5．エ

《2024 国語 解説》

一 **問二** 「裏腹」は「相反していること」を表す表現。

問三 「胸の奥の火」とは、空良《そら》の心に消えずに残っている、バレーボールに対する情熱の比喩である。空良は県大会に出場できなかったことで練習を「サボろうって思ってた」が、アシカトスの成功をきっかけに、バレーボールに対する熱い思いが、自分の中に残っていることに気づいたのである。

問四 大会に出られなかったことを引きずりながらも「重くなりそうな気持ちをふりはら」って練習に来た空良だったが、他の六年生は来ておらず、「一人ぼっちになったような気」になった。そんな中、太一《たいち》監督が「空良くん、よく来たね」と空良を思いやる言葉をかけてくれたことで、涙が出そうになり「鼻の奥がジンと熱くなる気がした」のである。よって、エが適する。

問五 空良が自主練をして、バレーボールに打ち込んでいたことは、太一監督をはじめ「みんなわかっていた」。そんな空良のことをみんな信頼していたからこそ、監督の自分が決めるよりも、空良の決断を受け入れるだろうと考えたのである。よって、ウが適する。

問六 太一監督は高校のときバレー部を「途中でやめてしまった」が、そのことを「すごく後悔」した。しかし、そこで「完全燃焼できなかった」ために「もう一度コーチとしてがんばりたいと思った」ことが、今につながっていることをまとめる。

問七 太一監督の経験を聞いた空良は、完全燃焼できずに思いが「くすぶって」いるのは、大会に参加できなかった自分たちも「いっしょかもしれない」と感じ、前を向こうとしている。よって、エが適する。ア「後輩たちを見て、誇らしげに思いながら期待している」、イ「太一監督がどのように接すればよいか迷っている」、ウ「空良を元気づけることができたと確信している」の部分が適切でない。

二 **問一** 古文の「ア段＋う」は、「オ段＋う」に直す。

問二 仁佐《じんざ》が文王は賢王ではないと言ったので、「いかなれば(＝なぜか)」と聞いた文王に対し、仁佐は「威を以《もつ》て位に居給ふ(＝力によって王位にいらっしゃる)」ため、文王は賢王ではないと答えている。

問三 仁佐は、臣下の立場でありながら、文王に、力によって王位にいる文王は賢王ではないと指摘した。耳の痛いことを言われた文王は「瞋《いか》りて(＝怒って)」、仁佐を「追ひ立てらる(＝追放なさった)」のである。よって、ウが適する。

問四 郭課《かくか》が文王は「賢王とこそまうさめ(＝賢王といえるでしょう)」と言ったことに対し、「何の故」と聞いたのは文王である。

問五 郭課の言う「賢臣」とは、仁佐のことである。郭課は、王に対しても間違いを指摘できる、仁佐のようなすばらしい臣下を持つ文王は賢王であると評している。この言葉を聞いた文王は感動して、仁佐を許して「召し返し、政正しくし」たので、「賢王の名を得た」のである。

【古文の内容】

昔、魏《ぎ》の文王が、自分は賢王であると思って、臣下に対して、「私は、賢王であるか」とお尋ねになったところ、仁佐という大臣が、「文王様は賢王ではいらっしゃいません」と申しあげました。(文王が)「なぜか」とおっしゃると、「天が与える王位を受けるなら賢といいますが、力によって王位にいらっしゃる、これは賢王の行いではありません」といいました。(これは、文王が)伯父の王位を追い落として、伯父の后《きさき》を奪って自分の后となさったことをいったものです。（文王は）それで怒って（仁佐を）追放なさいました。次に郭課という大臣に、「私は賢王であるか」とお尋ねになったところ、「賢王といえるでしょう」と申しあげました。（文王が）「どうしてか」とおっしゃると、（郭課が）「賢王には必ず賢臣が生まれるからです」と申しあげたところ、（文王は）この言葉に感動して、仁佐を呼び戻し、正しい政治を行い、賢王と賞賛されたという話だ。君主も臣下も優れている世が望ましいことです。

三

問二　「呼ば（動詞「呼ぶ」の未然形）／れ（受け身の助動詞「れる」の連用形）／ます（丁寧の助動詞「ます」の終止形）」。

問三　三歳児は「『お姉さんの立場に立つ』ということ」ができず、「自分はお母さんが人形を移したことを知っているため、お姉さんも箱Ｂを開けると考えてしま」う。それに対して五歳児は「『自分がお姉さんの立場だったら』と考え」ることができ、お姉さんは「お母さんが人形を移したのを見ていない」ので、お姉さんは人形が箱Ａに入ったままだと考えるだろうと理解している。

問四　「黄色」という言葉は、黄色という意味を伝える「記号」であり、「記号」は「不変性をもっている」ため、（「黄色」をいう言葉を発した）私が死んでも「黄色」という言葉の意味は時代を超えて残り続ける。

問五　「諸行無常」は「世のすべてのものは移り変わり、永遠に変わらないものはないこと」を意味する仏教用語。

問六　昔の人は「現実は変わり続け」ることを「よく知ってい」たが、「情報が優先する社会では、不変である記号のほうがリアリティをもち、絶えず変化していく私たちのほうがリアリティを失って」しまっている。よって、ウが適する。

問七　本文では、人間の子どもとチンパンジーの子の発育を比較した研究に続いて、三歳児と五歳児の人間の子どもを比較した実験を紹介し、「心の理論」を説明している。よって、イが適する。ア「歴史的な過程を示す」、ウ「人間が記号を生み出してきた理由を説明している」、エ「絵画や映像、音楽との相違点を説明している」の部分が適切でない。

四

問一　資料２の「10 歳代」と「70 歳代以上」の「旅行先での過ごし方」を比較すると、「名所・旧跡の観光」の割合の差は74.0 －64.0＝10.0％である。しかし、「温泉や露天風呂」の割合の差は18.0 －10.0＝8.0％であるため、この項目が、割合の差が最も小さい。よって、ウ「名所・旧跡を観光する割合の差が他の項目に比べて最も小さい」とはいえない。

問二　［　Ⅰ　］と［　Ⅱ　］の前に「その他に」とあるので、資料３と資料４を見比べながら、まだ【話し合い】に出てきていない工夫を探す。まずＡさんの「まち歩きも楽しめる」やＣさんの「歩いて観光するときの参考になる」という発言を受けて、資料４では、Ｐ寺からＱ教会、Ｑ教会から武家屋敷という「名所・旧跡」の間の距離だけでなく、徒歩での移動時間が示されている。次に、資料３ではトイレの位置しか示されていないが、資料４ではバリアフリートイレの有無を記号の色で区別して、さまざまな観光客への配慮をしている。

問三　Ｂさんの発言に、「私たちが手作りで、より多くの人に配れるものを作る」「私たちの町を楽しんでもらえるように」とあるように、【話し合い】では活動の目的や実現性が意識されている。また、お互いに意見を述べあいながら対等な立場で話し合いを進めている。よって、アが適する。イ「自分たちの活動の成果を検証し、今後の活動について検討している」、ウ「三人の立場や役割をはっきり決めて」、エ「自分たちの活動と似た取組や先行事例と比較する」の部分が適切でない。

《2024　数学　解説》

1 (1)　与式＝$3-(-1)=3+1=$**4**

(2)　与式＝$4\sqrt{3}+\frac{3\sqrt{3}}{3}=4\sqrt{3}+\sqrt{3}=$**$5\sqrt{3}$**

(3)　家から本屋までの距離は$3\times a=3a$(km)だから，本屋から学校までの距離は(**$5-3a$**)kmである。

(4)　$2x-y=5$より，$y=2x-5$…①，$3x+2y=-3$…②とする。

②に①を代入して，yを消去すると，$3x+2(2x-5)=-3$　　$3x+4x-10=-3$　　$7x=7$　　$x=1$

①に$x=1$を代入して，$y=2\times1-5=$**-3**

(5)　与式より，$(x+1)(x-4)=0$　　**$x=-1$，$x=4$**

(6)　40本のアイスのうち，2本が当たりだったから，当たりの本数は全体の本数の$\frac{2}{40}=\frac{1}{20}$であった。

全体の本数を変えたときも，この割合は等しいと考えられるから，600本のアイスのうち，当たりはおよそ$600\times\frac{1}{20}=$**30**(本)だと考えられる。

(7)　$2024=2^3\times11\times23$，$22\times23\times24=(2\times11)\times23\times(2^3\times3)=2^4\times3\times11\times23$だから，□に入る自然数は，

$22\times23\times24\div2024=(2^4\times3\times11\times23)\div(2^3\times11\times23)=$**6**である。

(8)　右図において，大きい方の$\overset{\frown}{AB}$に対する円周角が108°だから，中心角は108°×2＝216°である。よって，∠x＝360°－216°＝**144°**

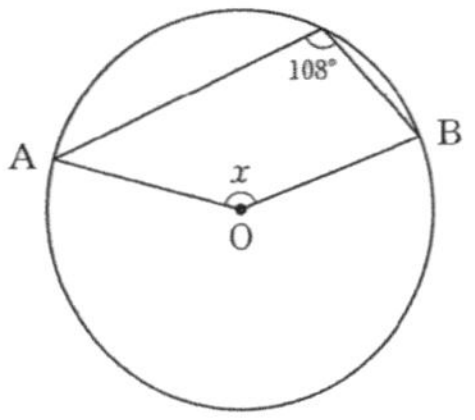

(9)　求める体積は，$3^2\pi\times5=$**45π**(cm³)

(10)　まず∠ＡＢＣの二等分線を引く。次に，Ａを通り∠ＡＢＣの二等分線と垂直に交わる直線を引き，２本の直線の交点をＰとすればよい。Ａを通る直線ＡＢの垂線を引くわけではないので，気をつけること。

2 問1(1)　5月の小テストでは，3点の人が3人，4点の人が7人だから，4点以下の人は$3+7=$**10**(人)である。

(2)　範囲(最大値と最小値の差)が大きいほど，得点の散らばりの程度が大きいと考える。5月の範囲は$8-3=5$(点)，6月の範囲は$9-1=8$(点)と求められる。

(3)　①．最頻値について，5月は6点，6月は3点であり，5月の方が大きい。よって，正しくない。

②．データの個数は40個だから，中央値は，$40\div2=20$より，大きさ順に20番目と21番目の値の平均である。5月では，5点以下が$10+7=17$(人)，6点以下が$17+9=26$(人)だから，20番目と21番目の値はどちらも6点なので，中央値も6点である。6月では，5点以下が$1+2+7+6+2=18$(人)，6点以下が$18+5=23$(人)だから，20番目と21番目の値はどちらも6点なので，中央値も6点である。よって，5月と6月の中央値は等しいので，正しくない。

③．ヒストグラムからは，どの生徒が得点を伸ばしたのかを判断できないので，正しいとは言えない。

④．5月に1点または2点の生徒は0人，3点の生徒は3人である。6月に1点の生徒は1人，2点の生徒は2人，3点の生徒は7人だから，得点が下がった生徒は少なくとも$1+2+(7-3)=7$(人)以上いるので，正しい。

以上より，必ず正しいと判断できるものは**④**である。

問2(1)　①．取り出したカードはもとに戻すので，必ず1のカードが出るとは限らない。よって，正しくない。

②．その操作以前の結果に関わらず，1のカードを取り出す確率は常に$\frac{1}{6}$だから，正しくない。

③．1のカードはおよそ6回に1回取り出すので，操作を6000回行うと，1のカードはおよそ$6000\times\frac{1}{6}=1000$(回)取り出すことになる。よって，正しい。

④．例えば1回目に1のカードを取り出すと，$1\div1=1$となり，$\frac{1}{6}$とはならない。よって，正しくない。

以上より，正しいものは③である。

(2) **【解き方】樹形図をかいて考える。**

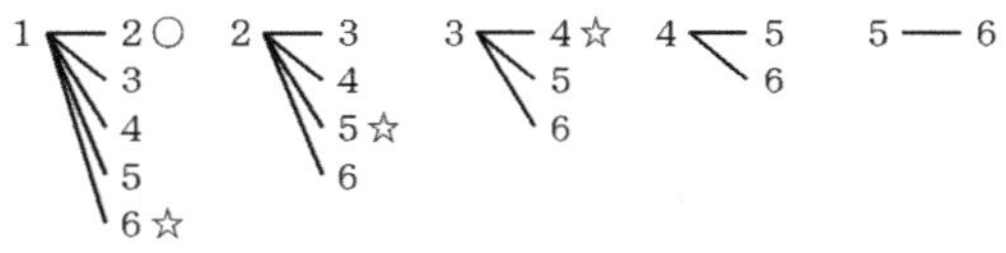

２枚のカードの取り出し方は，右の樹形図の15通りあり，このうち，カードの数の和が３となるのは○印の１通りあるので，確率は，$\mathbf{\frac{1}{15}}$である。

$\frac{1}{5}=\frac{3}{15}$より，和が同じ数になる組み合わせが３通りとなるのは，樹形図の☆印の場合で，和が**7**のときである。

問３　１週間は７日あるから，ｎの下にある数は，ｎ＋７となる。さらに，ｎ＋７の右の数は(ｎ＋７)＋１＝ｎ＋８となる。３つの整数の和が「３×(整数)」の形になれば，３の倍数であるといえる。

3　問１　Ｂは放物線$y=x^2$上の点だから，放物線の式に$x=2$を代入して，$y=2^2=4$である。よって，Ｂ(２，**4**)

問２　放物線$y=x^2$において，ＡとＢの間の範囲におけるyの変域を求めればよい。

yの最小値は原点Ｏのy座標の０，最大値はＢのy座標の４だから，求めるyの変域は，$\mathbf{0 \leqq y \leqq 4}$

問３　Ａは放物線$y=x^2$上の点だから，放物線の式に$x=-1$を代入して，$y=(-1)^2=1$である。よって，Ａ(－１，１)となる。直線ＡＢの式を$y=ax+b$とおき，直線の式にＡ，Ｂの座標をそれぞれ代入すると，$1=-a+b$，$4=2a+b$となり，これらを連立方程式として解くと，$a=1$，$b=2$となる。

したがって，直線ＡＢの式は，$\mathbf{y=x+2}$

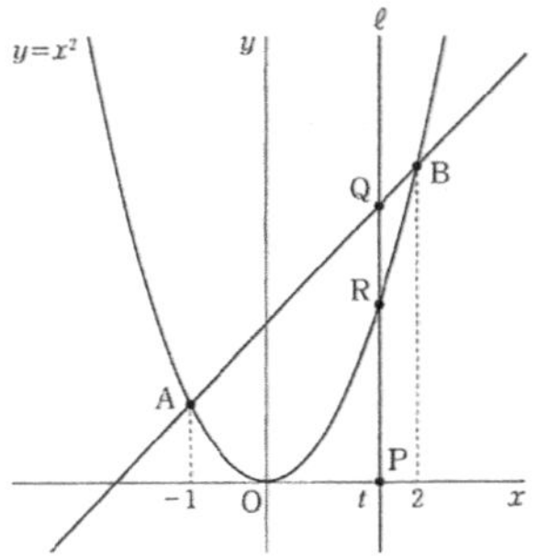

問４(1)　**【解き方】ＱＲ＝(Ｑのy座標)－(Ｒのy座標)で求める。**

３点Ｐ，Ｑ，Ｒのx座標は等しくtである。Ｑは直線$y=x+2$上の点だから，Ｑのy座標は$y=t+2$であり，Ｒは放物線$y=x^2$上の点だから，Ｒのy座標は$y=t^2$である。よって，$QR=t+2-t^2=\mathbf{-t^2+t+2}$

(2)　**【解き方】ＰＲ＝２ＱＲとなるように，tについての方程式を立てる。**

ＰＲ＝(Ｒのy座標)－(Ｐのy座標)＝t^2である。よって，$t^2=2(-t^2+t+2)$

これを解くと，$t=\frac{1 \pm \sqrt{13}}{3}$　　$0<t<2$より，$t=\mathbf{\frac{1+\sqrt{13}}{3}}$

4　問１　△ＡＣＤは直角二等辺三角形だから，$AC=\sqrt{2}AD=\mathbf{4\sqrt{2}}$(cm)

問２(1)　ＦがＣＤの中点となるとき，$CF=\frac{1}{2}CD=2$(cm)だから，$\triangle BCF=\frac{1}{2}\times 2\times 4=\mathbf{4}$(cm²)である。

(2)　**【解き方】Ｅ，ＦはそれぞれＡＣ，ＣＤの中点だから，中点連結定理より，ＡＤ//ＥＦ，$EF=\frac{1}{2}AD$である。**

$EF=\frac{1}{2}\times 4=2$(cm)であり，ＥＦと面ＢＣＦは垂直だから，三角すいＥＢＣＦの体積は，$\frac{1}{3}\times 4\times 2=\mathbf{\frac{8}{3}}$(cm³)

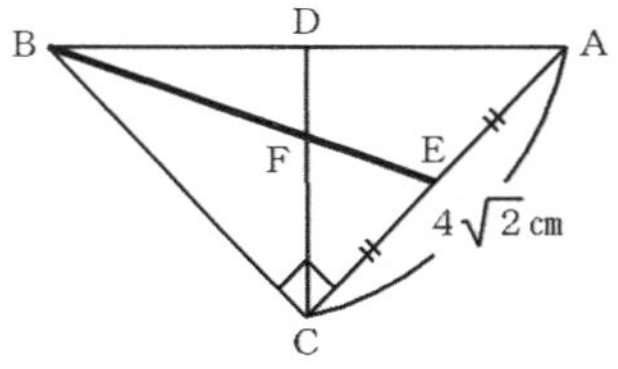

問３　**【解き方】右図のように，△ＡＣＤと△ＢＣＤをつなげた図形を考える。△ＡＣＤと△ＢＣＤは合同な直角二等辺三角形だから，△ＡＢＣも直角二等辺三角形である。**

ＢＦ＋ＦＥが最小となるとき，３点Ｂ，Ｆ，Ｅは図の太線部のように，一直線上に存在する。

$BC=AC=4\sqrt{2}$cm，$CE=\frac{1}{2}AC=2\sqrt{2}$(cm)だから，△ＢＣＥにおいて，三平方の定理より，

$BF+FE=BE=\sqrt{(4\sqrt{2})^2+(2\sqrt{2})^2}=\mathbf{2\sqrt{10}}$(cm)である。

5　問１　∠ＡＢＣ＝∠ＡＣＢより，△ＡＢＣはＡＢ＝ＡＣの二等辺三角形であり，△ＡＢＣ∽△ＤＢＡだから，△ＤＢＡはＡＤ＝ＢＤ＝**3**cmの二等辺三角形である。

問２　△ＡＢＣ∽△ＤＢＡより，ＡＢ：ＤＢ＝ＢＣ：ＢＡ　　$AB^2=DB\times BC=3\times(3+5)=24$

よって，$AB=\mathbf{2\sqrt{6}}$(cm)である。

問３⑴　証明の穴埋め問題では，すでに書かれていることがヒントになるのでそれをよく読んで，論理的な説明になるように空欄を埋めていこう。答えがすぐにわからない場合は，仮定を図にかきこみ，問題の内容に応じて，図形の性質，平行線の同位角・錯角などからわかることも図にかきこんで，答えを考えよう。

⑵　**【解き方】△ＣＡＤと△ＢＤＥの相似比を利用する。**

⑴より，△ＣＡＤ∽△ＢＤＥだから，ＤＣ：ＥＢ＝ＣＡ：ＢＤ　　５：ＥＢ＝$2\sqrt{6}$：３　　これを解くと，

ＥＢ＝$\frac{5\sqrt{6}}{4}$(㎝)となる。よって，ＡＥ：ＥＢ＝($2\sqrt{6}-\frac{5\sqrt{6}}{4}$)：$\frac{5\sqrt{6}}{4}$＝**３：５**

⑶　**【解き方】高さが等しい三角形の面積比は，底辺の長さの比に等しいことを利用する。**

△ＡＢＣと△ＡＣＥで，底辺をそれぞれＡＢ，ＡＥとしたときの高さが等しい。⑵より，ＡＥ：ＥＢ＝３：５だから，△ＡＣＥ＝△ＡＢＣ×$\frac{3}{3+5}$＝$\frac{3}{8}$△ＡＢＣ…㋐

△ＡＢＣと△ＡＢＤで，底辺をそれぞれＢＣ，ＢＤとしたときの高さが等しい。ＢＤ：ＤＣ＝３：５だから，

△ＡＢＤ＝△ＡＢＣ×$\frac{3}{3+5}$＝$\frac{3}{8}$△ＡＢＣ…㋑

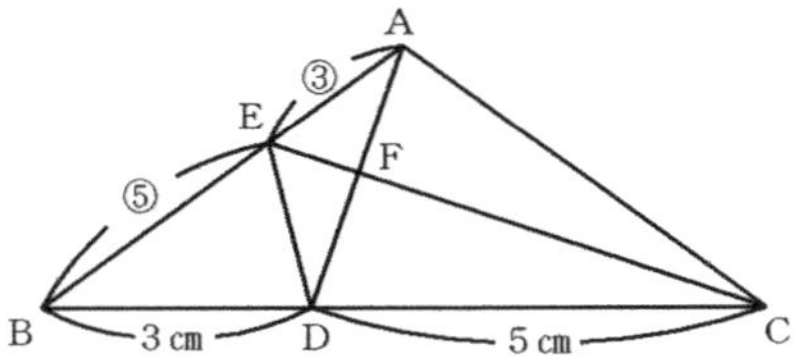

㋐，㋑より，△ＡＣＥ＝△ＡＢＤ…㋒

△ＡＣＦ＝△ＡＣＥ－△ＡＥＦ…㋓

(四角形ＢＤＦＥの面積)＝△ＡＢＤ－△ＡＥＦ…㋔

㋒，㋓，㋔より，△ＡＣＦと四角形ＢＤＦＥの面積が等しいから，求める面積比は**１：１**である。

[6] **問１**　ナンバープレートの表示が 89-10 のとき，図２より，４段目の数は７－７＝**０**となる。

百の位，十の位，一の位がすべて０の場合を考えると，表示が 10-00 のとき，４段目の数は１，表示が 20-00 のとき，４段目の数は２，…となり，同様に考えていくと，４段目の数は１から９までの自然数をとる。これに０を含めると，４段目の数は**10**通りある。

４段目の数が９になるとき，２つの１桁の数の差が９になるのは，９－０の場合だけだから，４段目から逆算していくと右図のようになり，１段目から４段目にかけて，現れる数字が０と９のみになる。よって，各位の数が異なる４桁の自然数の場合，４段目の数は**９**にならない。

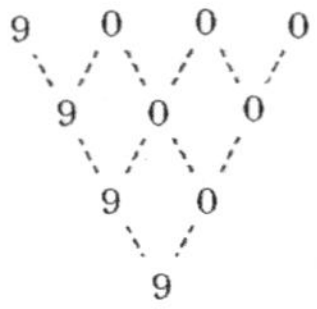

問２　奇数を○，偶数を×とすると，○＋○＝×，○＋×＝○，×＋×＝×となる。４段目から逆算していき，１段目の結果が，連続する４つの整数を並べかえてできる４桁の自然数にならないことを示せばよい。

《2024　英語　解説》

[1] **問１** **No.1**　絵より，Ｂ「郵便局と病院の間に本屋があります」が適当。　・between A and B「ＡとＢの間に」

No.2　グラフより，Ｃ「15％の生徒が，余暇に読書をするのが好きです」が適当。

問２　【放送文の要約】参照。**No.1**　質問「彼らはどこで話していますか？」…ウ「タワーで」が適当。

No.2　質問「彼らはいつお城を訪れますか？」…イ「昼食のあと」が適当。

No.3　質問「彼らは次に何をしますか？」…ウ「お店に行きます」が適当。

【放送文の要約】

トム：さあ，最上階に着いたよ。何て素晴らしい眺めだろう！

加代：今日は天気が良いから，山々がよく見えるね。

トム：きれいだね。見て。あれは昨日訪れた神社かな？

加代：うん，そうだね。ここから見るととても小さく見えるね。向こうにはお城が見えるよ。

トム：うわー，かっこいい。あそこに行ってみたいな。

加代：No.2イ実は，今日の昼食のあとにそこを訪れるつもりだよ。

トム：本当に？すごく楽しみだよ。

加代：さて，お昼までまだ時間があるね。次にやりたいことはある？

トム：家族のために日本のカップを買いたいよ。

加代：No.1ウ，No.3ウこのタワーの1階にあるお店に行ってみようか。

トム：No.3ウいい考えだね！

問3　【放送文の要約】参照。

No.1①　質問「生徒たちはどこでセレモニーを行いますか？」…ア「図書館で」が適当。

②　質問「ニュージーランドから来た生徒たちは放課後何をしますか？」…イ「フラワーガーデンに行く」が適当。

No.2①　ヒロキによる説明のあとはア「合唱」→ウ「折り紙」→エ「体育の授業」→イ「歴史の授業」の順である。

【放送文の要約】

私たちの学校へようこそ。私はこの学校の生徒のヒロキです。お会いできてうれしいです。それでは，本日の予定についてお話しします。No.1①アまずはこの図書館でみなさんのためにセレモニーを行います。本校の生徒や先生方と対面します。①アセレモニーでは，合唱部が日本の歌をいくつか歌ってくれます。よかったら一緒に歌いましょう。その後，一緒に昼食をとります。②ウ昼食のあと，折り鶴の作り方を教えます。午後には授業が2つあります。③エ体育の授業では，体育館で一緒にバスケットボールをします。④イ次に，歴史の授業では日本の歴史について教えます。みなさんが気に入ってくれたらうれしいです。No.1②イ放課後は町内の有名な場所にお連れします。みなさんは有名な博物館に行きたいのではないかと思いますが，今日そこは午後3時に閉館してしまうため行くことができません。No.1②イそういうわけで，フラワーガーデンを訪れます。そこも観光客に人気があるので，きっと楽しい時間を過ごせると思います。

2　【本文の要約】参照。

問1　アンケート結果のDo you like school lunches?「学校給食は好きですか？」とDid you like school lunches when you were a student?「学生の時，給食は好きでしたか？」から，LikeとSomewhat likeの合計の割合を読み取る。生徒の約90%，保護者の約80%が好意的な回答をしている。

問2　アンケート結果のPopular School Lunches for Students「生徒に人気の学校給食」とPopular School Lunches for Parents「保護者に人気の学校給食」の両方で1位のメニューは「カレーライス」である。

問3　マサが好物の揚げパンについて話している場面だから，ア「すぐに食べるのをやめなければなりません」，イ「それを食べたくないでしょう」，ウ「それを食べるのを楽しめないでしょう」は不適当。

問4　マサの8回目の発言から読み取る。

問5　マサの9回目の発言参照。彼の両親にとって，わかめご飯は今でも忘れられないお気に入りのメニューである。「忘れられない」＝「給食が思い出を与えてくれた」と考える。ア「答え」，イ「ルール」，ウ「問題」は不適当。

問6　先生の最後の質問に自分で考えて答える問題。条件に従って8語以上のミスの無い文で答えよう。（お弁当の例）「（私はお弁当のほうがいいです。なぜなら）自分が好きな食べ物を食べたい／私のためにお弁当を作ってくれた家族からの愛情を感じる（からです）」　（学校給食の例）「（私は学校給食のほうがいいです。なぜなら）スープや麺類などの温かい食べ物を食べることができる／伝統的な食文化について学ぶことができる（からです）」

【本文の要約】

マサ：ジャネット先生，こんにちは。先生は日本の学校給食について聞いたことがありますか？

先生：日本の学校給食？聞いたことがありません。

マサ：日本では中学校の約90パーセントが学校給食を提供しています。生徒たちは普段，自分の教室で給食を食べます。

先生：それは興味深いですね。それで，あなたは給食が好きですか？

マサ：はい，好きです。僕は１か月前，学校の生徒たちと彼らの保護者に学校給食について尋ねました。その結果，生徒の約Aウ90%と保護者のBウ80%が，給食を「好き」または「どちらかと言えば好き」と答えました。

先生：すごいですね！最も人気のあるメニューは何ですか？

マサ：生徒と保護者の両方に最も人気のメニューは，Cイカレーライスです。

先生：以前食べたことがあります。大好きです。

マサ：次に人気のあるメニューは揚げパンです。

先生：それは何ですか？

マサ：揚げてあるパンで，きなこと砂糖がまぶしてあります。とても甘くておいしいんです！小学校の時食べて以来ずっと僕のお気に入りです。

先生：私も甘いパンは好きです！

マサ：先生も食べてみたら，Xエまた食べたくなりますよ。

先生：いつか学校で食べられたらうれしいです。調査結果についてもっと教えてもらえますか？

マサ：はい。①アトマトスープは保護者のリストでは３位で，生徒のリストでは８位です。僕は本当にリンゴが好きなのですが，リストには入っていません。②ウバナナは僕が２番目にお気に入りのフルーツですが，生徒のリストでは９位です。保護者の方ではわかめご飯がそれと同じ順位です。

先生：わかめ？わかりません。

マサ：海藻の一種です。問5僕の両親は，わかめごはんを食べた時，幸せな気持ちになったと言っていました。彼らのお気に入りの学校給食のメニューだったそうです。よく，それが忘れられないと言っています。今でもときどき夕飯に作ってくれます。

先生：なるほど。学校給食は日本の生徒たちにとってとても重要なのね。

マサ：そうです！給食は単なる食事ではありません。生徒たちに経験とDエ思い出も与えてくれるのです。

先生：マサ，ありがとう。日本の学校給食について知ることができてとてもおもしろかったわ。私は中学生の時，家からお弁当を持っていっていました。

マサ：日本では，学校行事がある時，家からお弁当を持っていくことがあります。

先生：問6あなたは，お弁当を持っていくのと学校で給食を食べるのではどちらがいいですか？

3 【本文の要約】参照。問１Ａ　直後にカオルがThere are ～.の文で本の数を答えていることに着目。物の数を尋ねる疑問文〈How many＋名詞の複数形?〉を使い，図書館にある本の冊数を尋ねる文にする。　Ｂ　案内に「当日の来館者はバッグがもらえます！(当館のロゴマークつき)」とある。英文に足りない「バッグがもらえます」の部分を英語にする。「あなたはバッグを手に入れられます」または「彼らはあなたにバッグを与えます」のように，英語にしやすい日本語に変換して考えよう。　「(人)に(もの)を与える」＝give＋人＋物

問２　ジョンは最後の質問で，市民にとってできるといい場所の例を尋ねている。それに対して自分の考えを５語以上の英文にする。(例文１)「子どもたちが友達と遊べるので，私は大きな公園が欲しいです」　(例文２)「私は劇場が欲しいです。そこで映画鑑賞を楽しむことができます」

【本文の要約】

カオル：あ，新しい市立図書館が今週の土曜日にオープンするんだね。見たことある？駅の近くだって。

ジョン：うん，とても大きいよね。A その図書館には何冊の本があるの？（＝How many books are there in the library?）

カオル：約 65 万冊あるよ。

ジョン：本当？すごいね！

カオル：大きな勉強部屋もあるんだって。

ジョン：なるほど。今週の土曜日一緒にその図書館に行くのはどう？

カオル：いいよ。その日はそこでバイオリンのコンサートを楽しむことができるよ。午前 10 時に始まるから，駅で 9 時 30 分に待ち合わせしよう。

ジョン：わかった。その他に何か情報はある？

カオル：うん。その日に行くと，B バッグをもらえるよ（＝you can get a bag）。図書館のロゴが付いているの。

ジョン：へえ，それはいいね。こんな大きな図書館ができて市民の多くはうれしいだろうなあ。

カオル：そうだね。長い間待ち望んでいたからね。たくさんの本を読む機会を与えてくれるね。市民にとっていい場所がもっとたくさんできるといいな。

ジョン：問2 例えば，何が欲しいの？

4 問１　文頭 However「しかしながら」に着目し，ブラウン先生がイギリス文化を予習していくとよいとのアドバイスをくれたが，亜希は語学の勉強を優先し，アドバイスに従わなかったという流れを読み取る。

問２　「亜希はどうして初日にイギリスの小さな町に着いた時わくわくしたのですか？」…亜希が町に着いた場面は第２段落に書かれている。４～５行目より，イ「家や庭がとてもきれいだったからです」が適当。

問３　亜希が初めてホストマザーの手料理を食べる場面。「イギリスの食事はあまりおいしくない」という話を聞いていたため少し心配していたが，彼女のホストマザーの料理はおいしかったという流れ。アが適当。

問４　第４段落参照。①はデイビッドの発言から，②はそれを聞いた亜希の感想から必要な部分を答える。①は don't want other people to touch their child's head，②は Some of the things I usually do in Japan の部分を前後の内容と合うように日本語にする。　・don't want＋人＋to ～「(人)が～するのを好まない／(人)に～してほしくない」

問５　指示語の指す内容は直前に書かれていることが多い。ここでは，直前のメグの発言の２文目を指す。

・use＋○○＋to ～「～するために○○を使う」

問６　ア「亜希がイギリスに行こうと思ったのは，×英語の先生からイギリスの文化を教えてもらったことがきっかけだった」　イ「亜希は初日，×緊張のあまりホストファミリーと話さなかった」　ウ○「亜希がトミーの両親にごめんなさいと言ったとき，彼女は何が悪いのか理解していなかった」　エ×「トミーは亜希に日本文化について多くの質問をするために数枚のカードを書いた」…本文にない内容。　オ○「亜希のホストファミリーは，彼女がカードを使って『ありがとう』と伝えてくれたのでとてもうれしかった」

問７　【亜希とブラウン先生の会話の要約】参照。

【本文の要約】

亜希は夏休みにイギリスに行くのでわくわくしていました。彼女はずっと外国の人と英語で話したいと思っていたので，イギリスでホームステイすることにしました。このことを英語のブラウン先生に話した時，先生は，「それはいい考えだね。ホストファミリーとたくさんの時間を過ごすことができるよ。君にとっていい経験になるよ」と言いました。また，「行く前にイギリス文化について学ぶ必要があるね。それはとても大事だよ」とも言いました。しかしながら，彼女はイギリスの文化についてA エ 何も勉強しなかったのです。彼女は，「文化はイギリスにホームステイしている間に学べる。イギリスでたくさん人と話したいから，今は英語を勉強する方が大事だ」と思っていたのです。彼女は使える時間をすべて英語の勉強に使って，日本を出発してしまいました。

イギリスでの初日，亜希はとてもいい時間を過ごしました。空港でホストファザーのデイビッドに会った時，彼女は少し緊張していました。しかし，デイビッドがとてもフレンドリーだったので，すぐに彼女は彼と楽しく話をすることができました。ホストファミリーは小さな町に住んでいました。亜希はそこに着いた時わくわくしました。多くの伝統的な家がレンガでできていて，とても小さな窓がありました。問２イ家はとても古かったものの，とてもきれいでした。美しい庭には色とりどりの花がたくさん咲いていました。彼女は別世界に来たような感じがしました。夕方，ホストマザーのメグがイギリス料理を作ってくれました。イギリス料理はおいしくないと言う人がいます。だから亜希はBア少し心配していました。しかし実際は，その料理はとてもおいしくて，彼女はとても気に入りました。彼女はイギリス文化を大いに楽しんでいると思いました。

２日目，ホストファミリーの友達のみんなが彼らの家に来て一緒にお昼を食べました。子ども連れの人もいました。一人の小さな男の子が亜希のそばに座りました。名前をトミーと言って，亜希にたくさん話しかけてきました。彼女はトミーのことをかわいいと思い，彼の頭をやさしくなでました。デイビッドはそれを見た時，亜希に言いました。「それはやってはいけないよ」デイビッドはトミーの両親にも，「すまない，彼女は日本から来たばかりなんだ」と言いました。問６ウ亜希は何が起こっているのか理解できませんでしたが，トミーの両親に「ごめんなさい」と言いました。彼らは笑顔で「気にしなくていいよ」と言ってくれました。

彼らが帰った後，デイビッドは亜希に，「イギリスの親は，①他の人が自分の子どもの頭に触れることを好まないんだよ」と言いました。「そうなんですか？それはとても申し訳なかったです」と亜希は言いました。彼女は，「②自分が普段日本でしていることの中には，イギリスでは無作法だとされるものがあるかもしれない。私はイギリスの文化についてもっと学ばなくては！」と思いました。

数日後，メグが亜希に１枚のカードを見せてこう言いました。「これはトミーからよ。トミーの両親があなたに送ってくれたの」そのカードには絵が描いてありました。「トミーがあなたの絵を描いたのよ。トミーはあなたのことがとても気に入ったみたいね」とメグは言いました。亜希はとてもうれしくなりました。彼女はメグが手に持っていた他のカードを見て，こう言いました。「それらは何ですか？」メグが言いました。「それらはあなたがここで会った私たちの友達からよ。イギリスでは，問５お互いにメッセージを送るためによくカードを使うの」亜希は「それは知らなかった。私は今まで一度もそんなカードを書いたことがないけど，デイビッドとメグに感謝を伝えるいい方法になる」と思いました。

ホームステイの最終日，亜希はホストファミリーにカードを渡しました。彼らはそれを受け取ると，とてもうれしそうでした。デイビッドが言いました。「問６オ亜希，メッセージをもらってうれしいよ。そしてもっとうれしいのは，君がイギリス人の好きなやり方でメッセージを僕たちに送ってくれたことさ」その言葉を聞いて亜希はとてもうれしくなりました。

さよならを言うのは悲しかったけれど，イギリスでの日々と彼女がそこで学んだことは，彼女のすばらしい宝物になりました。亜希は「日本でこの経験についてブラウン先生に話したい」と思いました。

【亜希とブラウン先生の会話の要約】

先生：ホームステイはどうだった？

亜希：楽しかったです。イギリスの人たち①ウとコミュニケーションをとって（＝communicating with）楽しみました。それに，大事なことを学びました。

先生：それは何だい？

亜希：ある日，私はイギリスの人々が好まないことをしてしまったんです。それは，私がイギリスでのマナーの１つを②イ知らなかった（＝didn't know）ために起こりました。その時私は，先生は③ア正しかった（＝right）んだと思い知りました。

行く前にその国の文化を学ぶことは大事ですね。

《2024　理科　解説》

1　**問1**　生産者(植物)は，二酸化炭素と水を材料にして，デンプンをつくる光合成を行う。い以外の白矢印は呼吸による炭素の流れを示している。

問3　ふつう，食べる生物より食べられる生物の数量の方が多い。

問5　ア～エはすべて分解者のはたらきをする生物であり，アとイは菌類，ウは無脊椎動物，エは細菌類である。

2　**問1**　おもりは一定の速さで移動している(等速直線運動をしている)から，おもりにはたらく力の，重力と糸がおもりを引く力はつり合っている。糸がおもりを引く力の作用点は，糸とおもりが接する点である。また，重力と糸がおもりを引く力はそれぞれ2.0Nだから，4目盛り分の矢印をかけばよい。

問2　図1の天井に固定された滑車は力の向きを変えるだけなので，手が糸を引く力の大きさは，糸がおもりを引く力の大きさに等しく2.0N，手が糸を引いた距離は20㎝→0.2mである。よって，〔仕事(J)＝力の大きさ(N)×力の向きに動かした距離(m)〕より，2.0×0.2＝0.4(J)となる。

問3　図3のように動滑車を用いると，手が糸を引く力の大きさは図1のときの半分の1.0Nになる。

問4　動滑車などの道具を使うと，加える力の大きさは小さくなるが，仕事の大きさは変わらない(仕事の原理)から，力の向きに動かす距離(糸を引き下げる距離)は長くなる。なお，実験2では実験1に比べ，糸を引く力の大きさが半分になっているから，糸を引く距離は2倍の40㎝になる。

問5　〔$\text{仕事率(W)}=\frac{\text{仕事(J)}}{\text{仕事に要した時間(s)}}$〕で，実験1と2では仕事の大きさは変わらないから，仕事に要した時間が長いほど仕事率が小さくなる。仕事に要した時間は，糸を20㎝引いた実験1では20÷2＝10(秒間)，糸を40㎝引いた実験2では40÷2＝20(秒間)である。よって，糸を引く力がした仕事の仕事率は，実験1の方が実験2よりも大きいとわかる。

3　**問1**　エタノールが液体から気体に状態変化すると，エタノールをつくる粒子の運動が激しくなり，粒子どうしの距離が大きくなるので，体積は大きくなる。しかし，粒子そのものの数や大きさは変化しないので，質量は変化しない。

問2　ふつう，物質の密度は，固体＞液体＞気体の順に小さくなるが，水は例外で，固体(氷)の方が液体(水)より密度が小さい。

問4　純粋な物質を加熱して沸点に達すると，液体から気体になる状態変化に熱が使われるため，温度が一定になる。しかし，混合物を加熱したとき，混合物中のある物質の沸点に達すると温度上昇は緩やかになるが，他の物質の温度は上がり続けるので，温度は一定にならない。

問5　エタノールの沸点の方が水の沸点より低いので，含まれるエタノールが多い順にX＞Y＞Zとなる。なお，沸点に達していなくても，水面から蒸発が起きているので，集めたすべての液体に水も含まれる。

4　**問2**　アンモナイトの化石のように，堆積した地質年代を推測できる化石を示準化石という。

問3　凝灰岩の層の標高に着目する。凝灰岩の層の標高は，Aが160－40＝120(m)，Bが180－60＝120(m)，Cが140－40＝100(m)となっている。よって，南に向かって下がっているとわかる。

問4　Dから北に向かってまっすぐ水平方向にボーリング調査を行うとき，採取できるボーリング試料は標高が100mの地層のものである。よって，標高100m地点に凝灰岩の層があるのは，Cの真東の，Dより30m北の地点である。

5 問4　蒸散する量は葉の表より裏のほうが多いと予想しているから，葉の裏にワセリンをぬったBは水の質量が最小になり，ワセリンをぬらなかったCは水の質量が最大になる。

問5　根毛も，柔毛や肺胞などと同じように表面積を大きくするつくりである。

6 問2　〔電力(W)＝電圧(V)×電流(A)〕より，xに流れる電流は840÷100＝8.4(A)である。

問3　〔電力量(J)＝電力(W)×時間(s)〕より，yで消費された電力量は770×300＝231000(J)である。

問4　①問3解説より，a＝840×260＝218400(J)，b＝231000Jである。また，水500gを90－20＝70(℃)上昇させるのに必要なエネルギーは4.2×500×70＝147000(J)である。よって，大きい順にb＞a＞cである。　②XとYで水の温度を上昇させるのに使われたエネルギーは同じだから，電熱線で消費した電力量がより少なかったXの方が効率が高かったと考えられる。

問5　電圧の等しい(100V)電源2つを，直列につなぐ(アとイ)と回路全体に加わる電圧は各電源の電圧の和(200V)になり，並列につなぐ(ウとエ)と回路全体に加わる電圧は電源1つのときの電圧(100V)と等しくなる。また，抵抗が等しい抵抗器2つを，直列につなぐ(アとウ)と各抵抗器には，回路全体に加わる電圧が等しく分かれて加わり，並列につなぐ(イとエ)と各抵抗器には，回路全体に加わる電圧と同じ大きさの電圧が加わる。したがって，アの各抵抗器には200÷2＝100(V)ずつ，イの各抵抗器には200Vずつ，ウの各抵抗器には100÷2＝50(V)ずつ，エの各抵抗器には100Vずつ加わる。各抵抗器の抵抗が等しいから，電圧が大きいほど，電流の大きさも大きくなり，消費電力も大きくなる。よって，回路全体の消費電力が最も大きいのはイとわかる。

7 問1　150×0.03＝4.5(g)

問2　ア×…銅とマグネシウムでは，マグネシウムのほうがイオンになりやすい。　イ×…酸化銅の粉末と炭素の粉末を混ぜて加熱すると，酸化銅が還元されて銅になり，炭素が酸化されて二酸化炭素になる。これは酸素が銅よりも炭素と結びつきやすいためにおこる。　ウ×…燃えて炭になるのは有機物であり，銅などの金属は無機物である。　エ○…銅などの金属をみがくと，特有の光沢(金属光沢)があらわれる。

問3　塩化銅は銅イオン〔Cu^{2+}〕と塩化物イオン〔Cl^-〕に電離する。

問4　電子は－極から＋極に移動する(電流は＋極から－極に流れる)。また，陽イオンは＋の電気を帯びているので陰極に引きつけられ，陰イオンは－の電気を帯びているので陽極に引きつけられる。よって，アが正答となる。なお，この実験では，塩化銅水溶液中の銅イオン(陽イオン)が陰極で電子を受けとり銅原子となり，塩化物イオン(陰イオン)が陽極で電子を放出し塩素原子となり，塩素原子が2つ結びついて塩素分子となっている。

問5　水に溶かしたときに電流が流れるものを電解質といい，水溶液中で電離している。食塩は水溶液中でナトリウムイオンと塩化物イオンに電離し〔$NaCl \rightarrow Na^+ + Cl^-$〕，水酸化ナトリウムは水溶液中でナトリウムイオンと水酸化物イオンに電離する〔$NaOH \rightarrow Na^+ + OH^-$〕。なお，砂糖やエタノールのように水に溶かしたときに電流が流れないものを非電解質という。

8 問1　降水がないとき，雲量が0～1は快晴(○)，2～8は晴れ(⦶)，9～10はくもり(◎)である。風向(風が吹いてくる向き)は矢羽根の向き，風力は矢羽根の数で表す。

問2　乾球温度が27℃，乾球温度と湿球温度の差が3℃だから，表より，77%である。

問4　寒冷前線が通過すると，風向は南寄りから北寄りに変わり，気温が下がる。よって，寒冷前線が通過したのは，図2より，風向が南寄りから北寄りに変わり，気温が急に下がっている18時～19時頃と考えられる。

問5　アは温暖前線，イは寒冷前線，ウは閉塞前線，エは停滞前線を表す記号である。

《2024　社会　解説》

[1] 問1　甲骨　　亀のこうらや牛の骨に刻んだ文字を甲骨文字という。中国文明は黄河と長江の流域に栄えた。

問2(1)　ア→ウ→イ　　ア(701年)→ウ(11世紀前半)→イ(11世紀後半)　　藤原氏全盛期は，道長・頼通親子のときに迎えた。その後，藤原氏と血縁関係がうすい後三条天皇が荘園整理令を発すると，藤原氏をはじめとする貴族の経済基盤は大打撃を受けた。後三条天皇は即位後わずか4年で白河天皇に位を譲り，白河天皇は自らの子に位を譲って院政を始めた。　(3)　応仁の乱　　室町幕府の第八代将軍足利義政のあとつぎ問題と，管領をめぐる守護大名の権力争いから，約11年間にわたって京都を主戦場として戦いが続いた。　(4)　徳川家康　　1600年に起きた関ヶ原の戦いに勝利した徳川家康は，1603年に征夷大将軍に任じられ，江戸幕府を開いた。

(5)　イ　　A．正しい。B．誤り。伊能忠敬は「大日本沿海輿地全図」を作成した。『見返り美人図』は菱川師宣が描いた浮世絵である。　(6)　エ　　アヘン戦争でイギリスに対する清の劣勢を知った江戸幕府は，異国船打払令を天保の薪水給与令に改めた。

[2] 問1　地租改正　　年貢米などの物納では不作などによって税収が安定しないため，現金で納めさせる地租改正を行ったが，農民の負担は江戸時代と変わらず，不満をもった農民たちによる地租改正反対一揆が頻発した。そのため，1877年に地租は3％から2.5％に引き下げられた。

問2　大日本帝国憲法　　伊藤博文らが中心となって作った憲法案は，枢密院での審議を経たのち，大日本帝国憲法として発布された。天皇は，国の元首として軍隊を統率し，大臣の補佐や議会の承認によって国を統治するとされた。

問3　ウ　　日清戦争に勝利した日本は，下関条約で台湾・澎湖諸島・遼東半島と約三億一千万円の賠償金を得た。

問4　イ　　ワイマール憲法は1919年に制定された。アは1863年，ウは1825年，エは1945年。

問5　第一次世界大戦による好景気を大戦景気という。一般に景気が良くなると物価は上昇する。シベリア出兵を見越した商人による米の買い占めによって，米が不足し米価が上昇した。

[3] 問1(1)　1000m　　(実際の距離)＝(地図上の長さ)×(縮尺の分母)より，4×25000＝100000(cm)＝1000(m)

(2)　エ　　アには消防署(Y)と寺院(卍)，イには神社(⛩)と町役場(○)，ウには税務署(◇)と郵便局(〶)，エには老人ホーム(⌂)と警察署(⊗)がある。　(3)　C　　C地点の標高は約70mあり，標高10～15m程度のA，B，D地点より高いところに位置する。

問2(1)　記号＝イ　県名＝岐阜県　　岐阜県には白川郷の合掌造り集落があり，飛驒山脈の一部は，長野県との県境となっている。　(2)　グラフⅠを見ると，降水量のグラフと流量のグラフが同じ動きをしていることが読み取れる。日本海側の地域では，冬に降った雪が3月以降にとけ始め，雪解け水となって河川の流量が増える。

問3　エ　　少子高齢化が進む日本は，65歳以上の老年人口が増え続け，15歳から64歳の生産年齢人口は減少傾向にある。産業の空洞化が進む日本は，自動車の海外生産が増え，国内生産は伸び悩んでいる。

[4] 問1(1)　R　　Qの緯線が緯度0度の赤道だから，PとRでは，Rの方が高緯度に位置している。

(2)　ウ　　[あ]はイギリス，[い]はフランスである。2020年にEUを離脱したイギリスは，加盟中もユーロは使っていなかった。フランスはEUの穀倉と呼ばれるほど，小麦の生産量が多い。　(4)　[お]　　インドネシアは，イスラム教徒が最も多い国である。あぶらやしからは，マーガリンなどの原料となるパーム油がとれる。

(5)　ウ　　オーストラリア大陸の東部では石炭，北部ではボーキサイト，北西部では鉄鉱石が産出される。

問2(1)　X＝地熱　Y＝火山が集中している　Z＝ア　　ヨーロッパは活火山が少なく，地熱発電はあまり行われないが，地震が少ないため，古い石造りの建物が残っている。アイスランドには地球の割れ目と呼ばれる場所があり，流れ出たマグマが固まってできた溶岩を見ることができる。 **(2)** エ　　ア．誤り。ドイツは再生可能エネルギーの中では風力発電量が最も多い。イ．誤り。フランスの再生可能エネルギーによる発電量は，水力が風力を上回っている。ウ．誤り。イギリスの総発電量は６か国の中で３番目に多い。

5 **問１**　最低限度　　健康で文化的な最低限度の生活を営む権利を生存権という。

問２　エ　　法律案には，内閣が提出する法案と国会議員が提出する法案があり，内閣は主に与党の国会議員で組織されるため，内閣が提出する法案の方が可決される割合は高い。ア．誤り。法律案は，どちらの院から審議してもよい。イ．誤り。法律案は，委員会で審議されたのち，本会議で審議される。ウ．誤り。法律案の議決は，参議院の議決より衆議院の議決が優先される。

問３　Ｙ＝平等　Ｚ＝価値が異なる　　公正に選挙を行うために，一人一票とする平等選挙，誰が誰に投票したかを明らかにする必要がない秘密選挙，一定の年齢に達したすべての国民に選挙権が与えられる普通選挙，有権者が候補者に対して直接投票する直接選挙を原則としている。表Ⅰを見ると，Ａ選挙区の１票は，Ｂ選挙区の１票の約２倍の価値があることになる。

問４　映画制作に投票した人の意見を反映するためには，劇と合唱で決選投票を行えばよい。また，その決選投票の前に，上位となったクラスの数が多い方にするのか，それとも学年全体での得票数が多い方にするのかを決めておく必要がある。

問５　イ　　Ａ．正しい。Ｂ．誤り。労働時間は週 40 時間以内，１日８時間以内と定められている。

問６　ユニバーサルデザイン　　料金投入口が低く大きな自動販売機や，突起のついたシャンプーボトルなど，さまざまなユニバーサルデザインの例が見られる。

6 **問１(1)**　インフレーション　　物価が上がり続ける現象をインフレーション，下がり続ける現象をデフレーションという。 **(2)** ア　　右図で，P_1のときの需要量をD_1，供給量をS_1とすると，$S_1 > D_1$だから，供給量の方が多く売れ残りが生じる。

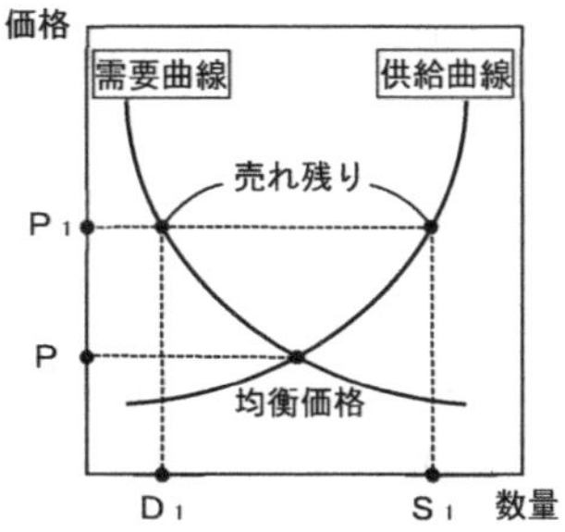

問３　イ　　介護保険料を多く支払う＝高負担，老後に受ける介護サービスが充実する＝高福祉，より，高福祉・高負担のイと判断する。

問４　ア　　環境アセスメント…開発による環境への影響を事前に調査し，予測・評価を行う手続き。法の支配…人権が国の政治において最大限尊重され，国の権力のはたらきが民主的に定められた法によって制限されるという考え方。
マイクロクレジット…失業者や十分な資金のない起業家に対して行う少額の融資制度。

問５　エ　　アは企業の社会的責任，イは国内総生産，ウは政府開発援助の略称。

2023 解答例 長崎県公立高等学校

令和５年度

《2023　国語　解答例》

一　問一．ａ．風景　ｂ．孫　ｃ．へ　　問二．ア　　問三．エ　　問四．すごいと思えるライバルたちと同じピッチに立ち、自分の実力が足りないという現実を思い知ると同時に、彼らに認められた　　問五．ウ　　問六．実現するだけの努力をした者にしかつかめないものだ　　問七．イ　　問八．ウ

二　問一．ａ．据えて　ｂ．おわしたるに　　問二．イ　　問三．ウ　　問四．ア　　問五．忠文の前では優れているが、親王の前ではだらしない様子。

三　問一．ａ．ばくぜん　ｂ．条件　ｃ．講義　　問二．難しくてまったくよくわからないという　　問三．ア
問四．１．孤立した知識　２．そこから派生したり関係する周辺の知識群　３．疑問や推測　　問五．ウ
問六．エ　　問七．何がわからないのかがわかるようになるために、関連の専門書や古典的な基本書を読むこと。
問八．イ

四　問一．ア　　問二．中学生が読みたい本を置いてほしい　　問三．私語は控えて、荷物は座席には置かないように

《2023　数学　解答例》

1　(1)21　　(2)$x+8y$　　(3)$\frac{2-\sqrt{2}}{6}$　　(4)$(x+6)(x-1)$　　(5)$\frac{-3-\sqrt{41}}{4}$，$\frac{-3+\sqrt{41}}{4}$　　(6)$-3 \leqq y \leqq 3$
(7)289　　(8)43　　(9)18π　　(10)右図

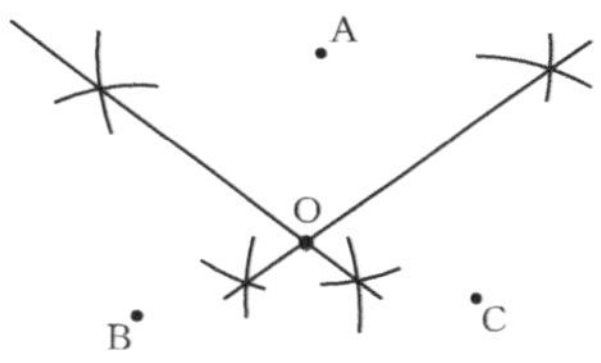

2　問１．(1)14　(2)③　(3)④　　問２．(1)$\frac{1}{4}$　(2)$\frac{1}{4}$　(3)$\frac{3}{8}$
問３．大きいほうの偶数は２ｎ＋２と表される。
$2n(2n+2)+1=4n^2+4n+1=(2n+1)^2$
ｎは整数より，２ｎ＋１は２ｎと２ｎ＋２の間の奇数である。

3　問１．４　　問２．$-\frac{1}{2}$　　問３．(1)６　(2)12　(3)$\frac{9}{2}$

4　問１．$\frac{8}{3}$　　問２．$PQ=2\sqrt{2}$　$BP=2\sqrt{5}$　　問３．(1)$\sqrt{2}$　(2)18　(3)$\frac{56}{3}$　　問４．$\frac{8}{3}$

5　問１．６　　問２．(ア)錯角　(イ)１組の辺とその両端の角　　問３．(1)②　(2)$\frac{4}{3}$　(3)４：13

6　問１．(ア)20　(イ)61　(ウ)39　(エ)3121
問２．(オ)１段目と４段目　(カ)２段目と５段目　(キ)３段目と６段目（(オ)～(キ)は順不同）
問３．(ク)７　(ケ)２　　問４．2341

《2023　英語　解答例》

1　問１．No.１．Ｂ　No.２．Ｃ　　問２．No.１．ウ　No.２．ア　No.３．イ　　問３．No.１．①ウ　②ア
No.２．①ウ　②イ　③エ　④ア

2　問１．ア　　問２．エ　　問３．イ　　問４．ウ　　問５．イ，エ　　問６．（すしの例文１）it is the most famous Japanese food and you can eat many different kinds of fish in Nagasaki　（すしの例文２）Nagasaki is famous for delicious fish.　It is not so expensive in Nagasaki　（ラーメンの例文１）Japanese *ramen* is popular in the world now and you can find nice *ramen* shops in Nagasaki.　（ラーメンの例文２）you will feel warm if you eat *ramen* in winter

3 問１．A．（例文１）needs new members　（例文２）is looking for some members　（例文３）wants someone to join it　B．（例文１）go to the library and read books　（例文２）can play basketball in the gym　（例文３）just talk with our friends in the classroom　問２．（Yes の例文）I am interested in other cultures and want to communicate with people in other countries.　（No の例文）I want to go to a university in Japan and study Japanese history.

4 問１．イ　問２．父親に新しいカップを買わなくてもいい　問３．エ　問４．①あおい焼のカップをもらった　②あおい焼の作り方を学ぶ　問５．エ→ウ→ア→イ　問６．イ，オ　問７．①エ　②ア　③ウ

《2023　理科　解答例》

1 問１．右心房　問２．ア　問３．①あ　②い　③あ　問４．X．横隔膜　Y．ろっ骨　問５．エ

2 問１．500　問２．ウ　問３．X．と等しい　Y．より大きい　問４．右グラフ

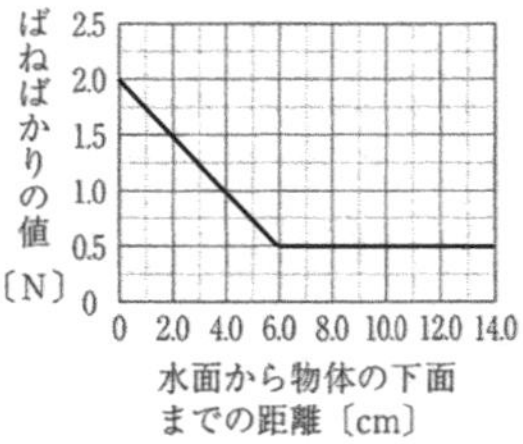

3 問１．ポリスチレン　問２．エ　問３．有機物　問４．メスシリンダーにプラスチックＢを入れる前と入れた後の目盛りの差によってはかる。
問５．密度…1.5　物質…ポリ塩化ビニル

4 問１．流水で運ばれながら，角がけずられたから。　問２．花こう岩
問３．イ　問４．地質年代…古生代　化石…示準化石　問５．チャート

5 問１．あ，え　問２．③　問３．潜性形質　問４．75　問５．ウ

6 問１．180　問２．右図　問３．1.4　問４．エ

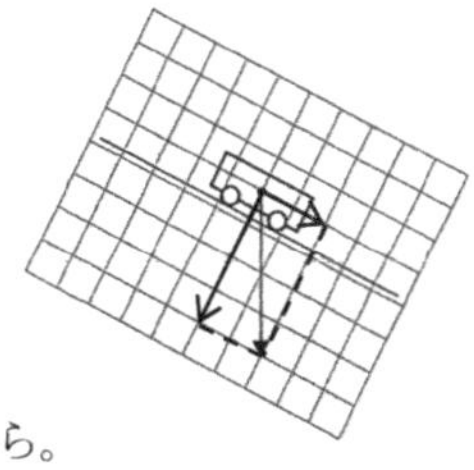

7 問１．H_2　問２．ビーカーＢ…い　ビーカーＣ…あ
問３．$H_2SO_4+Ba(OH)_2 \rightarrow BaSO_4+2H_2O$　問４．塩
問５．ビーカーＣ，Ｄともにすべての硫酸イオンがバリウムイオンと反応し，沈殿したから。

8 問１．250　問２．A．軽い　B．小さい　問３．ア　問４．位置…Ｃ　名称…シベリア
問５．F．水蒸気　G．上昇

《2023　社会　解答例》

1 問１．⑴漢　⑵十七条の憲法　⑶エ　⑷イ→ア→ウ　問２．X．税を徴収する　Y．営業を独占する
問３．イ

2 問１．⑴自由民権運動　⑵ア　⑶ウィルソン　⑷ウ→ア→イ　⑸エ　⑹ウ　問２．X．機械　Y．輸出量が大幅に増える

3 問１．⑴エ　⑵ウ　問２．⑴扇状地　⑵ウ　⑶福井　問３．エ　問４．P．取扱量が多い　Q．気温が低いので，キャベツの栽培に適している

4 問１．イ　問２．ヨーロッパ連合　問３．ア　問４．ウ　問５．バイオ燃料　問６．⑴P．南半球に位置している　Q．標高が高い　⑵エ

5 問１．18　問２．ウ　問３．イ　問４．X．解散　Y．総辞職　問５．ア　問６．国民審査
問７．直接請求権　問８．ア

6 問１．⑴政府は増税を行ったり，公共事業を減らしたりする。　⑵ア　問２．公正取引委員会　問３．エ
問４．累進課税（制度）　問５．⑴ウ　⑵決議案…否決　理由…拒否権を持つ常任理事国のうち，アメリカが反対したから。

《2023　国語　解説》

一　**問三**　晴男《はるお》の「おまえはどうだった？」に「だめだったと思う」と答えた月人《つきと》。それを聞いて晴男は、「うまくいかんかったか」「じいちゃんと同じだな」「じいちゃん～面接でしくじってもうた」「質問にうまく答えられんかった」と言った。晴男は、面接で月人の夢を支持する答えがうまく言えなかった自分と同じように、月人も夢の実現につながるプレーができなかったということを察したのだ。よってエが適する。

問四　直後の「悲しさや、悔しさだけで、泣いていたわけじゃない。うれしくもあった」が、月人の気持ちである。それは、「自分がすごいと思えるライバルたちと同じピッチに立った。── 上には上がいる。そのことを肌で感じることができた」「なにより、彼らが認めてくれた」「最大の収穫は、現実を知ったことかもしれない。このままではだめなのだと、リアルに思い知ることができた」ことから生まれた感情である。

問五　月人は、合宿に参加して、プロのサッカー選手になるためには、「このままではだめなのだと、リアルに思い知ることができた」。しかし、あらためて晴男から「今のおまえの夢はなんぞ？」と聞かれて、「鼻から息を吸いこみ、『プロのサッカー選手です』～あきらめない」と答えた。気持ちを整え、新たに強い覚悟を持って、自分の夢に挑戦しようとする月人の思いが読み取れる。よってウが適する。

問六　晴男の「夢はな、偶然には叶《かな》えられんさ～夢は必然ぞ」「必ずそうなると決まっとる。それだけの努力をした者にしか、奇跡は起こせん」に着目する。晴男は、夢は運や偶然で叶うものではなく、夢をかなえるだけの努力をした者にだけ奇跡が起こると考えている。

問七　「『月人、今回の結果は気にすんな。落ちたら、じいちゃんのせいだと思え』晴男の声はなぜかいつもより優しかった」「じいちゃんな、おまえに感謝しとる～いいもの見せてもらったあ。ここへ来られたのは、まちがいなく月人、おまえのおかげじゃ～ありがとな」と、合宿が終わって落ち込んでいる月人を優しく励ましている。さらに、「夢はな、偶然には叶えられんさ」「努力をした者にしか、奇跡は起こせん」「夢とは、自分でつかむものだ」「あきらめないと言うなら、じいちゃんはとことん応援する。口だけでなくな」と、夢の実現の難しさを説くとともに温かく後押ししている。よってイが適する。

問八　「過去と現在の場面が交互に描かれる」「登場人物の複雑な関係性」という部分が本文と合わないため、ウが正解。

二　**問一ａ**　古文の「わゐうゑを」は、「わいうえお」に直す。　　**ｂ**　古文で言葉の先頭にない「はひふへほ」は、「わいうえお」に直す。

問四　最初の鷹《たか》は、「鳥をえ取らざりければ～忠文の家に帰り行きて、この鷹を返しければ」とあるので、雉《きじ》を捕まえられず戻ってきたことが分かる。一方、次の鷹は「鳥を取らずして飛びて雲に入りて失せにけり」とあるので、雉を捕まえずに飛び去ってしまったことが分かる。よってアが適する。

問五　直前の「その鷹忠文《ただふみ》のもとにては～賢かりけれども、親王の手にてかくつたなくて失せにける」から、鷹の忠文の前での様子と親王《しんのう》の前での様子の違いが分かる。

【古文の内容】

さて、重明《しげあきら》親王は鷹を手に入れて喜んで、自分の手に鷹を止まらせて京にお帰りになる時に、道に雉《きじ》が野に潜んでいたのを見て、親王はこの手に入れた鷹を放って雉を取らせたところ、その鷹はへたで、鳥を取ることができなかったので、親王は、「このようにへたな鷹を手に入れさせた」と腹が立って、忠文の家に引き返して、この鷹を返したところ、忠文が鷹を受け取って言うことには、「これは良い鷹だと思って差し上げたのだ。では別の鷹を差し上げましょう」と言って、「こうしてわざわざおいでになったのだから」と思って、この最も優れた鷹を(親王に)与えた。

親王はまたその鷹を手に止まらせて帰っているところに、木幡《こはた》のあたりで試してみよう(＝鷹に取らせてみよう)と思って、野に犬を放って雉を狩らせたところ、おすの雉が飛び立ったので、この鷹を放って雉を取らせたところ、その鷹はまた鳥を取らずに飛んで雲に入っていなくなった。だから今度は、親王は何もおっしゃらずに、京に帰ってしまった。

このことを思うに、その鷹は忠文のもとではまたとなく賢かったけれども、親王が扱うとこのようにだらしなくなっていなくなってしまうのは、鷹も主人を分かっているからであった。

三 問二　1行前の「そういった分野」と同じで、2行前の「難しくてまったくよくわからないという分野」を指す。

問三　直前の「ここを調べればいいとか、ここが繋《つな》がっていないとか」言えれば、「ピンポイントにわからない状態」と言える。同段落冒頭の「ここがわかっていないとか、ここが繋がらないとかと明確に言える」状態も、同じことを言い表している。よってアが適する。

問四　次の段落の「『知ってるつもり』の知識は、孤立した他と関連しない知識ですから、そこから疑問や推測を生み出すことなく、わからなくならないので『知ってるつもり』でいられるのです」が、──線部③について「知ってるつもり」になる理由を述べた部分である。═══線部は、──線部③の直後の言葉を用いて、「孤立した知識」は持っているが、「そこから派生したり関係する周辺の知識群」は持っていないためと言い換えられる。

問五　──線部④とウの「られる」は、可能の意味。アは受け身、イは自発、エは尊敬の意味。

問六　──線部⑤とエは、手段・方法という意味。アはめんどう、イはその動作をする人、ウは方向という意味。

問七　問われているのは、「ピンポイントにわからなくなれる」ために、具体的にどうするか(＝「治療のやり方」)である。【文章２】の「関連の専門書や古典的な基本書をきちんと読んでみると、自分が何がわからないのかがわかるはずですの部分が、具体的な行動と治療の目的と言える。

問八　孤立した知識を持っているだけで「知ってるつもり」になっているのではなく、「そこから派生したり関係する周辺の知識群」が存在することを理解し、学ぶことの大切さをふまえた発言をしているのは、イである。

四 問一　選択肢の前半部分はすべて正しい。後半部分を資料２と照らし合わせると、アだけが正しい。

問二　直前にＢさんが「資料３には五つのことが書いてあるけど、図書館を増やしたり、利用できる時間を変更したりしてもらうのは難しいよね」と発言したのを受けて、Ｃさんが「じゃあ、資料３をもとに図書館に要望することは〜ということになるのかな」と発言している。よって、「図書館を増やしたり、利用できる時間を変更したりしてもらう」ことで解決する項目は適さない。「図書館に行く他にやりたいことがある」「読みたい本がない」という理由に着目する。他のことをやるより図書館に行きたい、と図書館に足を運ぶ中学生が増えるように、中学生が読みたい本を置いてほしいという要望が有効だと思われる。

問三　資料４に挙げられている５つの項目は、今後図書館に要望したいことと、利用者が気をつければ改善できるものに分けられる。「利用者の立場から私たち中学生が協力できること」に関連する項目は、「私語が多くて読書に集中できない」「荷物が座席に置かれていて座れない」という問題である。これらが改善されるように、利用者として協力できることを呼びかける。

《2023　数学　解説》

1　(1)　与式$=3+2\times 9=3+18=$**21**

(2)　与式$=2x+6y-x+2y=$**$x+8y$**

(3)　与式$=\dfrac{\sqrt{2}+1}{3}-\dfrac{\sqrt{2}}{2}=\dfrac{2(\sqrt{2}+1)-3\sqrt{2}}{6}=\dfrac{2\sqrt{2}+2-3\sqrt{2}}{6}=$**$\dfrac{2-\sqrt{2}}{6}$**

(4)　積が-6，和が5になる2数を探すと，6と-1が見つかるから，与式$=$**$(x+6)(x-1)$**

(5)　2次方程式の解の公式より，$x=\dfrac{-3\pm\sqrt{3^2-4\times 2\times(-4)}}{2\times 2}=\dfrac{-3\pm\sqrt{9+32}}{4}=$**$\dfrac{-3\pm\sqrt{41}}{4}$**

(6)　**【解き方】$y=-2x+1$のグラフは右下がりの直線になるから，xの値が大きいほどyの値は小さくなる。**

$-1\leqq x\leqq 2$だから，yの最小値は$x=2$のときの，$y=-2\times 2+1=-3$，yの最大値は$x=-1$のときの，

$y=2+1=3$である。よって，yの変域は，**$-3\leqq y\leqq 3$**

(7)　2023の約数のうち2023の次に大きい数を求めればよいから，$17\times 17=$**289**

(8)　同じ弧に対する円周角は等しいから，$\angle$BDC$=\angle$BAC$=47°$

BDが直径だから，$\angle$BCD$=90°$

△BCDの内角の和より，$\angle x=180°-90°-47°=$**43°**

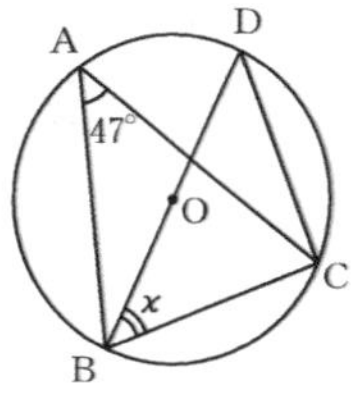

(9)　半径3cmの半球ができるので，体積は，$\dfrac{4}{3}\pi\times 3^3\times\dfrac{1}{2}=$**$18\pi$**(cm³)

(10)　円の中心は弦の垂直二等分線上にある。したがって，AB，BC，CAのうち

2本の弦の垂直二等分線をそれぞれ引くと，その交点がOとなる。

2　**問1**(1)　12個のデータの中央値は，$12\div 2=6$より，小さい方から6番目と7番目の値の平均だから，

$(14+14)\div 2=$**14**(冊)

(2)　①第1四分位数は半分に分けたデータのうち下位のデータの中央値，第3四分位数は半分に分けたデータのうち上位のデータの中央値である。6個のデータの中央値は大きさ順に並べたときの3番目と4番目の値の平均である。したがって，第1四分位数は小さい方から3番目と4番目の値の平均だから，$(11+12)\div 2=11.5$(冊)なので，正しくない。

②最も個数が多いデータは14冊と17冊だから，最頻値は14冊と17冊なので，正しくない。

③第3四分位数は，大きい方から3番目と4番目の値の平均だから，$(17+17)\div 2=17$(冊)なので，

(四分位範囲)$=$(第3四分位数)$-$(第1四分位数)$=17-11.5=5.5$(冊)だから，正しい。

④平均値は，$(9+10+11+12+13+14+14+16+17+17+20+21)\div 12=14.5$(冊)だから，正しくない。

よって，正しいものは**③**である。

(3)　最小値が9冊，最大値が21冊で，(1)(2)より，第1四分位数が11.5冊，中央値が14冊，第3四分位数が17冊である。これに合うのは**④**である。

問2(1)　すべての取り出し方は4通りで，そのうち4を取り出すのは1通りだから，求める確率は**$\dfrac{1}{4}$**である。

(2)　**【解き方】すべての取り出し方は計算で求め，2回目に4を取り出す取り出し方だけを書き出す。**

1回目の取り出し方は4通りあり，その1通りごとに，2回目は1回目に取り出した球以外の3通りの取り出し方があるから，すべての取り出し方は，$4\times 3=12$(通り)ある。そのうち2回目に4を取り出すのは，

(1回目，2回目)$=$(1，4)(2，4)(3，4)の3通りである。よって，求める確率は，$\dfrac{3}{12}=$**$\dfrac{1}{4}$**

(3)　**【解き方】すべての取り出し方は計算で求め，得点が4点となる取り出し方だけを書き出す。**

すべての取り出し方は，2回目までが(2)より12通りで，その1通りごとに，3回目は残りの2個の球の2通りの取り出し方があるから，すべての取り出し方は，$12\times 2=$

24(通り)ある。

得点が4点になるのは，2回目が1回目より大きい場合は，2回目に4を取り出したとき，2回目が1回目より小さい場合は，3回目に4を取り出したときだから，取り出し方は右表のように9通りある。よって，求める確率は，$\frac{9}{24}=\mathbf{\frac{3}{8}}$

2回目が1回目より大きい場合			2回目が1回目より小さい場合		
1回目	2回目	3回目	1回目	2回目	3回目
1	4	2	2	1	4
1	4	3	3	1	4
2	4	1	3	2	4
2	4	3			
3	4	1			
3	4	2			

問3　2つの続いた偶数を2n，2n＋2と表せるので，その間の奇数は2n＋1と表せる。式を変形して$(2n+1)^2$の形にすることを意識しながら書くとよい。

3 問1　$y=\frac{1}{4}x^2$にAのx座標の$x=-4$を代入すると，$y=\frac{1}{4}\times(-4)^2=4$となるから，A(－4，**4**)である。

問2　**【解き方】A，Bの座標から，$\frac{(y\text{の増加量})}{(x\text{の増加量})}$を求める。**

$y=\frac{1}{4}x^2$にBのx座標の$x=2$を代入すると，$y=\frac{1}{4}\times2^2=1$となるから，B(2，1)である。

A，Bの座標より，直線ABの傾きは，$\frac{1-4}{2-(-4)}=\mathbf{-\frac{1}{2}}$

問3(1)　**【解き方】四角形ABCDは平行四辺形だから，BとCの位置関係は，AとDの位置関係と同じである。**

Dのy座標をdとすると，DはAから右に4，上にd－4進んだ位置にあるから，CはBから右に4，上にd－4進んだ位置にある。よって，Cのx座標は，(Bのx座標)＋4＝**6**である。

(2)　$y=\frac{1}{4}x^2$にCのx座標の$x=6$を代入すると，$y=\frac{1}{4}\times6^2=9$となるから，C(6，9)である。

CはBから右に4，上に9－1＝8進んだ位置にあるから，Dのy座標は，(Aのy座標)＋8＝4＋8＝**12**

(3)　**【解き方】△ADEと△BCEの底辺をそれぞれAD，BCとすると，平行四辺形の向かい合う辺は長さが等しいので，AD＝BCである。底辺の長さが等しいから高さが等しいとき面積が等しくなる。ABの中点をMとし，AD//m//BCとなるようにMを通る直線mを引くと，AD，BCそれぞれから直線mまでの距離が等しくなるので，直線mとy軸の交点がEである。**

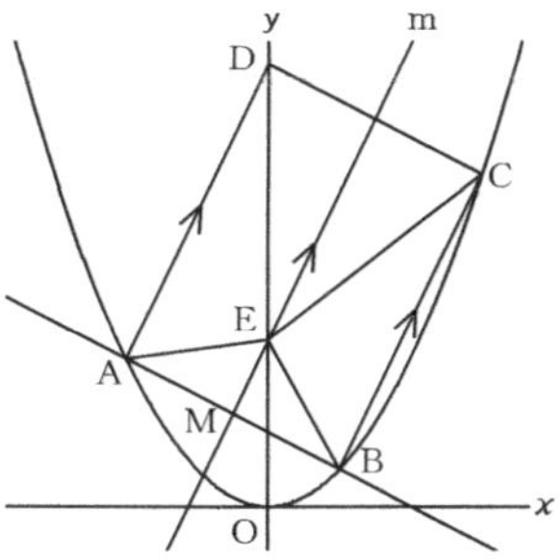

A(－4，4)，B(2，1)より，Mのx座標は，$\frac{(\text{AとBの}x\text{座標の和})}{2}=\frac{-4+2}{2}=-1$，$y$座標は，$\frac{(\text{AとBの}y\text{座標の和})}{2}=\frac{4+1}{2}=\frac{5}{2}$

(2)より直線BCの傾きは$\frac{8}{4}=2$だから，直線BCと平行な直線mの傾きも2なので，直線mの式を$y=2x+e$とする。この式にM$(-1,\frac{5}{2})$の座標を代入すると，$\frac{5}{2}=-2+e$より，$e=\frac{9}{2}$　　よって，E(0，$\mathbf{\frac{9}{2}}$)である。

4 問1　EP＝EQ＝4÷2＝2(cm)だから，△EPQ＝$\frac{1}{2}\times2\times2=2$(cm²)

よって，三角すいAEPQの体積は，$\frac{1}{3}\times2\times4=\mathbf{\frac{8}{3}}$(cm³)

問2　**【解き方】三平方の定理を利用する。**

△EPQはEP＝EQの直角二等辺三角形だから，PQ＝$\sqrt{2}$EP＝$\mathbf{2\sqrt{2}}$(cm)

三平方の定理より，BP＝$\sqrt{BF^2+FP^2}=\sqrt{4^2+2^2}=\sqrt{20}=\mathbf{2\sqrt{5}}$(cm)

問3(1)　**【解き方】BD//PQよりRP＝SQなので，△BRP≡△DSQである。**

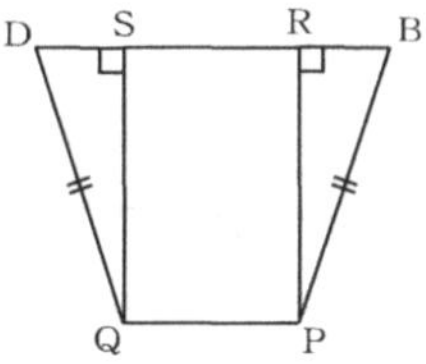

△ABDは直角二等辺三角形だから，BD＝$\sqrt{2}$AB＝$4\sqrt{2}$(cm)

BR＝DSで，RS＝PQ＝$2\sqrt{2}$cmだから，BR＝$(4\sqrt{2}-2\sqrt{2})\div2=\mathbf{\sqrt{2}}$(cm)

(2)　三平方の定理より，RP＝$\sqrt{BP^2-BR^2}=\sqrt{(2\sqrt{5})^2-(\sqrt{2})^2}=\sqrt{18}=3\sqrt{2}$(cm)

台形BDQPの面積は，$\frac{1}{2}\times(BD+PQ)\times RP=\frac{1}{2}\times(4\sqrt{2}+2\sqrt{2})\times3\sqrt{2}=\mathbf{18}$(cm²)

⑶　**【解き方】直線ＡＥ，ＢＰ，ＤＱは右図のように１点で交わり，この点をＩとする。三角すいＩ－ＡＢＤと三角すいＩ－ＥＰＱは相似である。**

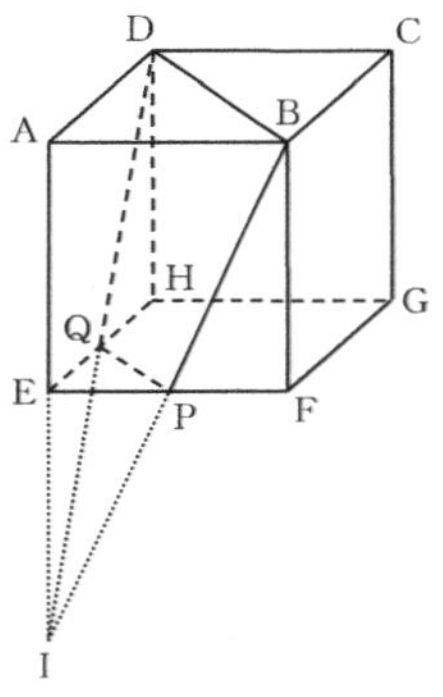

三角すいＩ－ＡＢＤと三角すいＩ－ＥＰＱの相似比は，ＡＢ：ＥＰ＝２：１である。

したがって，ＩＥ：ＩＡ＝１：２だから，ＩＥ：ＥＡ＝１：（２－１）＝１：１

ＩＥ＝ＥＡ＝４cm，ＩＡ＝４×２＝８（cm）

三角すいＩ－ＡＢＤの体積は，$\frac{1}{3}\times(\frac{1}{2}\times4\times4)\times8=\frac{64}{3}$（cm³）

三角すいＩ－ＥＰＱの体積は，$\frac{1}{3}\times(\frac{1}{2}\times2\times2)\times4=\frac{8}{3}$（cm³）

よって，立体ＡＢＤＥＰＱの体積は，$\frac{64}{3}-\frac{8}{3}=\mathbf{\frac{56}{3}}$（cm³）

問４　**【解き方】ＡＴの長さは四角すいＡ－ＢＤＱＰの高さだから，四角すいＡ－ＢＤＱＰの体積と台形ＢＤＱＰの面積から求めることができる。**

四角すいＡ－ＢＤＱＰの体積は，（立体ＡＢＤＥＰＱの体積）－（三角すいＡＥＰＱの体積）＝$\frac{56}{3}-\frac{8}{3}=16$（cm³）

台形ＢＤＱＰの面積は 18 cm²だから，$\frac{1}{3}\times18\times$ＡＴ＝16 より，ＡＴ＝$\frac{16}{6}=\mathbf{\frac{8}{3}}$（cm）

5　問１　ＥＣ＝ＡＤ＝３cmだから，ＢＥ＝６－３＝３（cm）　　△ＡＢＥ＝$\frac{1}{2}$×ＢＥ×ＡＥ＝$\frac{1}{2}\times3\times4=\mathbf{6}$（cm²）

問２　証明の穴埋め問題では，すでに書かれていることがヒントになるのでそれをよく読んで，論理的な説明になるように空欄を埋めていこう。答えがすぐにわからない場合は，仮定を図にかきこみ，問題の内容に応じて，図形の性質，平行線の同位角・錯角，円周角の定理などからわかることも図にかきこんで，答えを考えよう。

問３⑴　△ＤＡＦの内角の和より，∠ＡＤＦ＝180°－∠ＦＡＤ－∠ＡＦＤ＝180°－90°－∠ＡＦＤ＝90°－∠ＡＦＤ

Ｂ，ＤはＰＱについて対称だから，ＢＤとＰＱは垂直に交わるので，∠ＤＦＱ＝90°

∠ＥＦＱ＝180°－∠ＤＦＱ－∠ＡＦＤ＝180°－90°－∠ＡＦＤ＝90°－∠ＡＦＤ

したがって，∠ＡＤＦ＝∠ＥＦＱである。

また，∠ＦＡＤ＝∠ＱＥＦだから，２組の角がそれぞれ等しいので，△ＤＡＦ∽**△ＦＥＱ**

⑵　**【解き方】△ＤＡＦ∽△ＦＥＱを利用する。**

△ＤＡＦ≡△ＢＥＦより，ＡＦ＝ＥＦ＝４÷２＝２（cm）

△ＤＡＦ∽△ＦＥＱより，ＡＦ：ＥＱ＝ＤＡ：ＦＥ　　２：ＥＱ＝３：２　　ＥＱ＝$\frac{2\times2}{3}=\mathbf{\frac{4}{3}}$（cm）

⑶　**【解き方】右のように作図すると，ＲＤ//ＢＣだから，△ＡＲＰ∽△ＢＱＰとなる。**

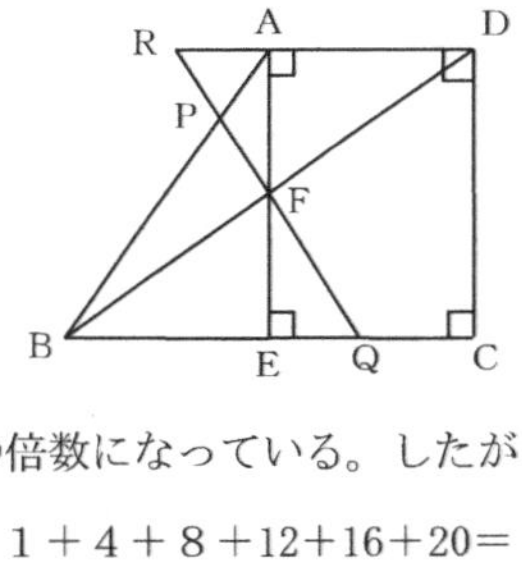

ＲＤ//ＢＣでＡＦ＝ＥＦだから，△ＡＲＦ≡△ＥＱＦなので，ＡＲ＝ＥＱ＝$\frac{4}{3}$cm

△ＡＲＰ∽△ＢＱＰで相似比がＡＲ：ＢＱ＝$\frac{4}{3}:(3+\frac{4}{3})=4:13$ だから，

ＡＰ：ＢＰ＝**４：13**

6　問１　40 段の正四角すいのタワーの各段の電球の個数は，２段目以降が連続する４の倍数になっている。したがって，６段目は 16＋４＝**20**（個）となるから，１段目から６段目までの個数の合計は，１＋４＋８＋12＋16＋20＝**61**（個）となる。図２において，１段目を３段目の中に入れると，１辺に３個の電球が並ぶ正方形の中に電球がしきつめられ，それを５段目の中に入れると，１辺に５個の電球が並ぶ正方形の中に電球がしきつめられる。奇数段目においてこれを繰り返していくことで，39 段目では１辺に 39 個の電球が並ぶ正方形の中に電球がしきつめられる。よって，奇数段目で必要な電球の個数は，**（39×39）**個である。偶数段目も同じように考えられるので，偶数段目で必要な電球の個数は，（40×40）個である。

よって，１段目から 40 段目までの個数の合計は，39×39＋40×40＝**3121**（個）

問２　図２と同様の操作ができる組は，**１段目と４段目，２段目と５段目，３段目と６段目**である。

問３　**【解き方】図４において，右図の各直線上の電球の個数を考える。**

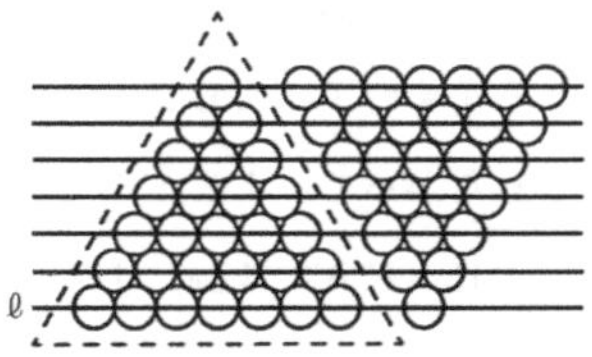

直線ℓ上の電球は７＋１＝８(個)と計算できる。他の直線においても，電球の個数は８個となる。直線は全部で７本引けたから，右図の中に電球は全部で，７(７＋１)個ある。よって，点線で囲まれた電球の個数は，$\frac{7(7+1)}{2}$で計算できる。

問４　**【解き方】問２で組み合わせた２つの段は，１辺に並ぶ電球の個数の差が３個の組である。したがって，１段目から40段目までの各段を３つのグループに分けて考える。**

１段目を４段目に中に入れてできる正三角形は，４＋３＝７(段目)の中にちょうど入れることができ，それはさらに，７＋３＝10(段目)の中にちょうど入れることができる。このように段数の差が３になるようにグループをつくる。３つのグループを，段数を３で割ると１余るグループＡ(１段目から始まる)と，段数を３で割ると２余るグループＢ(２段目から始まる)と，段数を３で割り切れるグループＣ(３段目から始まる)とする。40÷３＝13余り１だから，グループＡは１段目から40段目まで13＋１＝14(段)あり，グループＢは２段目から38段目まで13段あり，グループＣは３段目から39段目まで13段ある。

グループＡの電球をすべてまとめると，１辺に40個の電球が並ぶ正三角形に電球がしきつめられるから，個数の合計は，$\frac{40(40+1)}{2}$＝820(個)となる。同様に，グループＢの個数の合計は，$\frac{38(38+1)}{2}$＝741(個)，グループＣの個数の合計は，$\frac{39(39+1)}{2}$＝780(個)となる。よって，必要な電球の個数は全部で，820＋741＋780＝**2341(個)**

《2023　英語　解説》

1　問１　No.1　絵より，Ｂ「あなたは家を掃除するときにこれを使います」が適当。　No.2　早紀の放課後の予定より，Ｃ「早紀は火曜日，水曜日，金曜日にテニスをします」が適当。

問２　【放送文の要約】参照。

No.1　質問「なぜ美佐は店に来たのですか？」…ウ「家族に何かを買うため」が適当。　No.2　質問「美佐は父のＴシャツに何色を選びましたか？」…ア「オレンジ」が適当。　No.3　質問「美佐は何枚Ｔシャツを買いますか？」…イ「３枚」が適当。

【放送文の要約】

店員：何かお探しですか？

美佐：No.1ウ日本の家族に贈るものを探しています。

店員：ああ，いろいろな色のＴシャツがありますよ。

美佐：父は緑が好きですが，この緑のＴシャツは彼には小さすぎます。

店員：申し訳ございません。大きいサイズはオレンジ，赤，黄色しかご用意できません。この夏はオレンジがとても人気があります。

美佐：そうですね，No.2ア，No.3イそれじゃあ父にはオレンジ，母には緑を買います。

店員：いいですね。他に何かお求めですか？

美佐：No.3イ黄色の小さいサイズがあれば，妹に買いたいです。

店員：No.3イかしこまりました。１点ございます。

問３　【放送文の要約】参照。

№1①　質問「マイクが太郎に出会ったとき，マイクは何歳でしたか」…ウ「18 歳」が適当。　②　質問「なぜ太郎は最初緊張していたのですか？」…ア「太郎にとって英語を話すのは難しかった」が適当。

【放送文の要約】

私は太郎です。私は 16 歳だった去年の夏にオーストラリアに行き，マイクの家族のところに滞在しました。№1ウマイクは高校生で，18 歳でした。№2ア最初は英語があまり話せなかったので，とても緊張していました。でも，マイクはとても親切で，簡単な英語で話してくれたので，私は彼とのコミュニケーションを楽しみました。マイクと私は音楽が大好きだとわかり，親友になりました。私は彼の家族と週末を過ごしました。最初の週末の午後，マイクと私は買い物に行きました。①ウ私たちは素敵なギターを探して楽しみました。②イ夜には一緒にコンサートに行って，とても興奮しました。次の週末，私はマイクと彼の母と一緒に釣りに行きました。私は魚の釣り方を知りませんでしたが，彼女が私に教えてくれました。③エ私は大きな魚を１匹釣りました！マイクは「いいね，太郎！一緒に調理しよう」と言いました。④アマイクと私は夕食を作りました。楽しかったです。オーストラリアに滞在したのはたったの２週間でしたが，素晴らしい思い出がたくさんできました。

2　【本文の要約】参照。

問１　直後にスミス先生が母国のアメリカの食べ物について話しているので，ヒロはア「アメリカの食べ物はどうですか？」と尋ねたと考えられる。

問２　直後の１文「アメリカに来たら，もっとおいしいサンドイッチを食べられるよ」より，「日本のサンドイッチはアメリカのほどおいしくない」という文にする。　・not as … as ～「～ほど…ではない」

問３　スミス先生の５，６回目の発言より，イが適当。

問４　直前の内容から，いろいろなことへの挑戦を勧めるスミス先生は，「新しいことに挑戦することはわくわくする(＝exciting)」と言ったと考えられる。

問５　ア「スミス先生はいろいろな食べ物が好きで，×日本料理よりタイ料理が好きです」　イ○「スミス先生の授業で，ヒロはさまざまな国の食べ物についてスピーチをする予定です」　ウ「×ヒロはアジアを旅し，世界中のさまざまな食べ物に興味を持ちました」　エ○「コメントの中で，マリアは自分の国の食べ物が最もおいしい食べ物に選ばれたことを喜んでいます」　オ「コメントで，デイビッドは，おいしいルンダンを作るのは×簡単だと思っています」

問６　質問「どちらの食べ物を食べればいいですか？」…10 語以上の条件を守って，スペルミスや文法のミスがない文を書こう。（すしの例文１）「日本の食べ物の中で最も有名で，長崎ではいろいろな種類の魚が食べられるので，すしを食べてみるべきです」（すしの例文２）「長崎はおいしい魚で有名だから，すしを食べてみるべきです。すしは長崎ではそんなに高くはありません」（ラーメンの例文１）「現在，日本のラーメンは世界的に人気があり，長崎では素敵なラーメン屋が見つかるので，ラーメンを食べてみるべきです」（ラーメンの例文２）「冬にラーメンを食べると温かくなるので，ラーメンを食べてみるべきです」

【本文の要約】

ヒロ　　　：スミス先生，どんな食べ物が一番好きですか？

スミス先生：難しい質問ね。私はメキシコ料理が大好きだけど，もちろん日本料理もおいしいね。ちょっと待ってよ，タイ料理もおいしい。うーん。選べない。

ヒロ　　　：先生はいろいろな食べ物が好きなんですね。でも，先生はアメリカ出身です。Aアアメリカの食べ物はどうですか？

スミス先生：もちろん好きよ。私が母国にいた時，家の近くのレストランでよくおいしいサンドイッチを食べたよ。

ヒロ　　　：いいですね。でも，日本でもおいしいサンドイッチが食べられますよ。

スミス先生：うん，でも日本のサンドイッチはアメリカのサンドイッチ Bエほどおいしくない（＝not as good as）と思うよ。アメリカに来たら，もっとおいしいサンドイッチを食べられるよ。

ヒロ　　　：食べてみたいです。ところで，問5イ僕は先生の次の英語の授業のスピーチのことを考えています。いろいろな国の食べ物について話してもいいですか？

スミス先生：あら，いい考えね。世界で一番おいしい食べ物は何か知っている？

ヒロ　　　：わかりません。何ですか？

スミス先生：インターネットの動画で見たことがあるよ。それは世界の美味しい食べ物 20 選で，問3イルンダンが最も美味しい食べ物として選ばれていたよ。ルンダンはインドネシアの牛肉料理だよ。

ヒロ　　　：僕はそれを聞いたことがありません。すしが２位ですか？

スミス先生：いいえ。問3イすしは３位よ。インドネシアのチャーハン，ナシゴレンはすしよりもおいしいそうよ。すしの次はタイの有名なスープ，トムヤムクンよ。もう一つ，パッタイというタイ料理があるの。パッタイは焼きそばのようなめんを炒めた料理だよ。パッタイは５位よ。

ヒロ　　　：全部アジアの食べ物ですね！驚きました。

スミス先生：私はアジアを旅行して，これらの料理を食べてみたの。アメリカの食べものとは全然違うよ。多くのアメリカ人はアジアの料理が好きよ。おいしいし，変わったものを食べてみたいから。いろいろなことに挑戦する時に，面白いものを見つけることができるよ。だから新しいことに挑戦することは Cウわくわくするわね（＝exciting）。

ヒロ　　　：そうですね。今，動画を探しているんですが…。あ，見つけました。

スミス先生：見つかった？それについて，コメントもたくさん付いているよ。それらを読むのは楽しいよ。

ヒロ　　　：わかりました。動画を見てコメントを読みます。僕のスピーチはきっといいものになると思います。

〈コメント〉

マリア　　：問5エ私の国の食べ物が１位でとてもうれしいです。最高です！

デイビッド：前にルンダンを作ろうとしましたが，本当に難しかったです！レストランに行った方がいいです。

ビリー　　：来年の冬に日本の長崎に行くので，そこですしを食べてみたいです。でも友達はラーメンが１番おいしいって言っています。どちらの食べ物を食べればいいですか？

3 **問１A**　キムがポスターの内容を尋ねている場面。優希はポスターの内容を答えている。「バレーボール部は」に続く内容を３語以上で答える。（例文１）「新しいメンバーを必要としている」　（例文２）「メンバーを探している」「～を探す」＝look for ～　（例文３）「誰かに参加してほしい」　「（人）に～してほしい」＝want＋人＋to ～

B　優希は教室で昼食を食べ，その後に好きなことができると言っている。好きなことの例を５語以上で答える。（例文１）「図書館に行って本を読む」　（例文２）「体育館でバスケットボールをすることができる」　（例文３）「ただ教室で友達と話す」

問２　下線部の質問「あなたは将来，留学したいですか？」に対して，自分の答えを考える。無理に難しい表現は使わなくてもいいので，文法・単語のミスをしないよう注意しよう。書き終わった後に見直しをすれば，ミスは少なくなる。（Yes の例文）「私は外国に興味があり，外国の人々とコミュニケーションがとりたいです」　（No の例文)「私は日本の大学に行って，日本史を勉強したいです」

4 **問1**　指示語の指す内容は直前に書かれていることが多い。ここでは，直前の母の言葉全体を指すので，イが適当。

問2　父のあおい焼のカップを割ってしまった絵美の言葉に対して，父が「そんなことをする必要はない」と言っている場面。「そんなこと」とは直前に絵美が言ったI will buy a new cup for you「父に新しいカップを買う」ことである。

問3　第1段落の最後の1文より，絵美はあおい焼の良さがわからなかった。そこで，父のカップのこともあり，あおい焼の良さを理解したくなったと考えられる。ア「なぜ父はあおい焼がきらいなのか」，イ「何が父を怒らせたのか」，ウ「なぜ彼女の町には陶器製造所がなかったのか」は不適当。

問4　第4段落のジョンの話から必要な部分を答える。①は3行目のgave me this Aoi-yaki cup，②は7行目のlearn how to makeの部分を前後の内容と合うように日本語にする。

問5　エ「絵美は皿洗いをしているときに父親のカップを割りました」→ウ「絵美は校外学習で陶器製造所に行くことにしました」→ア「絵美は2人の陶芸家と彼らの陶器について話しました」→イ「絵美と父はカップを買いに行く予定を立てました」

問6　ア「絵美は父のあおい焼のカップを割ったとき，×彼に謝ることができませんでした」　イ○「絵美はナオから大都市の人々の中にはあおい焼を好んで使う人もいることを学びました」　ウ×「ジョンが絵美に自分が作ったカップを見せたとき，絵美はとても特別だと思いました」…本文にない内容。　エ×「父は絵美にあおい焼きのことを教えましたが，彼女はその良い点を理解しませんでした」…本文にない内容。　オ○「絵美は校外学習で訪れた場所で新しいカップを選ぶ予定です」

問7　レポート「校外学習で2人の人を訪ねました。ナオさんに会いました。彼女は①エ新しい(＝new)種類の陶器を作ろうとしています。彼女はあおい焼をもっと人気にしたいと思っています。私はジョンさんにも会いました。彼はニュージーランドから来ました。あおい焼の②ア色(＝color)は，違う角度から見ると見え方が違うと教えてくれました。私の町には，そのような素晴らしい③ウ文化(＝culture)があってうれしいです」

【本文の要約】

問5エある日，絵美が家で皿洗いをしているとき，カップを落として割ってしまいました。母は絵美に「実は，それはお父さんの大好きなカップだったの。お父さんはそれを買って，10年以上使い続けていたわ。あおい焼のものだったの」と言いました。絵美はそのことを知りませんでした。絵美は父に「ごめん。お父さんのカップを割ってしまったの。新しいカップを買うね」と言いました。すると父は絵美に「いいよ。そんなことする必要はない」と言いました。父は怒ってはいませんでしたが，悲しそうでした。あおい焼は彼女の町で作られている陶器です。彼女の町はそれで有名です。それが好きな人はたくさんいます。しかし，絵美はそれはただの古い陶器だと思っていて，それがなぜそんなに有名なのかわかりませんでした。

2週間後，彼女のクラスの生徒たちは校外学習がありました。彼らは町のいくつかの場所を訪れ，それについてのレポートを書く予定でした。問5ウ絵美はあおい焼の陶器製造所を選びました。父のカップのことを覚えていて，Aエあおい焼の何がそんなにすばらしいのかを理解したいと思ったからです。

問5ア陶器製造所では，ナオという若い女性が生徒たちにあおい焼のことを話してくれました。ナオは「あおい焼を若者の間でもっと人気にするのが私の夢です。そのために，私は町で若い陶芸家たちと仕事をしてきました。私たちは新しいことをしようとしています。これを見てください。新しいあおい焼きです。問6イカップや皿の中には，現在東京などの大都市の多くのレストランで使用されているものもあります。そのカップや皿は，そこの人々に愛されています。絵美は驚きました。陶器のデザインがかっこよかったのです。絵美は，あおい焼は単なる伝統文化ではないと思い，それについてもっと知りたくなりました。

問5ア絵美と他の生徒たちは別の陶器製造所も訪れました。ジョンはそこで働いていました。彼はニュージーランドから来ました。彼は「東京の大学で美術を学んだとき，誕生日に日本人の友人がこの問4①あおい焼のカップをくれました」と言いました。彼は絵美にカップを見せました。それは彼女にとって特別なものには見えませんでした。ジョンは「このような美しいカップに驚きました。伝統的なあおい焼の色は特別だということを知っていますか？さまざまな角度から見ることで，さまざまな色に見えます。私は帰国してからも度々これを使い，ますますあおい焼に興味を持ちました。そこで，私は問4②あおい焼の作り方を学ぶことを決心し，この町に来ました。今は，この美しい色を将来に残そうとしています。私はそれについて学ぶことを本当に楽しんでいます」と言いました。絵美は，あおい焼には誰かの人生を変える力があると思いました。

絵美はあおい焼が古くもあり新しくもあることに気づきました。ジョンのように，伝統的なあおい焼を作ることを楽しんでいる人がいます。彼女はまた，新しい種類のあおい焼があることを知りました。ナオのような若い陶芸家の中には，新しいアイデアであおい焼がもっと人気になるようにがんばっている人もいます。

校外学習のあと，絵美はそのことについて父と話しました。彼女は「私はあおい焼を愛している人たちに会ったよ。今はその良さがわかったの。それは私たちの町のすばらしい文化ね」と言いました。彼は「あおい焼を知ろうとしてくれてうれしいよ。長期間使えば，君はもっと好きになるよ」と言いました。絵美は「お父さんの新しいあおい焼のカップと自分の分も選びたいよ」と言いました。父はうれしそうでした。問5イ・問6オ週末に，彼らは一緒に新しいカップを買うために，ナオとジョンの陶器製造所を再度訪問する予定です。

《2023　理科　解説》

1　問１，２　血液は大静脈（e）→右心房（A）→右心室（B）→肺動脈（f）→肺→肺静脈（g）→左心房（D）→左心室（C）→大動脈（h）の順に流れる。血液中の気体の交換は肺で行われるので，大静脈（e）と肺動脈（f）には静脈血が，肺静脈（g）と大動脈（h）には動脈血が流れている。

問３　血液は心臓から全身へ送られるので，①では「あ」，②では「い」の向きに流れる。また，小腸で吸収された栄養分は，小腸と肝臓を結ぶ血管によって肝臓へ運ばれてたくわえられるので，③は「あ」である。

問４　肺には筋肉がなく，自ら運動することはできない。ろっ骨が上がって横隔膜が下がることで肺に空気が入り，ろっ骨が下がって横隔膜が上がることで肺から空気が出ていく。

問５　ア×…腎臓ではなく肝臓のはたらきである。　イ×…小腸ではなく肝臓のはたらきである。　ウ×…静脈は動脈よりも血管の壁がうすい。

2　問１　図２の横軸の１目盛りは 0.001 秒だから，１回の振動にかかる時間は 0.002 秒である。よって，振動数は $\frac{1}{0.002}=500(\mathrm{Hz})$ となる。

問２　音が小さいほど振幅が小さくなる。図２と同じ振動数で振幅が図２よりも小さいウが正答である。

問３　水中にある物体の面にはたらく力（水圧）は水面からの水の深さに比例する。図５の物体の下面と図６の物体の上面の水面からの深さは等しいので，水圧は等しい。

問４　物体がすべて水中に入るまでは，下面の水面からの深さが大きくなっていくので，浮力は一定の割合で大きくなっていき，ばねばかりの値は一定の割合で小さくなっていく。物体がすべて水中に入って（水面から物体の下面までの距離が 6.0 cmになって）からは上面と下面の水面からの深さの差が 6.0 cmで一定になるので，浮力は一定で，ばねばかりの値も一定になる。水面から物体の下面までの距離が 6.0 cmになるまでにばねばかりの値が 2.0Nから 0.5Nまで一定の割合で減少し，その後はばねばかりの値が 0.5Nで一定のグラフをかく。

3　問１　プラスチックの密度が液体の密度より大きいと沈み，液体の密度より小さいと浮く。表３より，Aは水に沈み 20％食塩水に浮くので，表２より，Aの密度は $1.00\,\mathrm{g/cm^3}$ より大きく，$1.15\,\mathrm{g/cm^3}$ より小さいことがわかる。よって，表1より，Aはポリスチレンである。

問2　ア×…ポリエチレンではなくポリエチレンテレフタラートである。　イ×…ポリエチレンテレフタラートではなくポリエチレンかポリプロピレンである。　ウ×…プラスチックの燃え方は種類によってさまざまで，すすを出すものもあれば，とけながら燃えるものもある。

問3　有機物は炭素〔C〕を含むので，燃えて酸素〔O_2〕と結びつくと二酸化炭素〔CO_2〕が発生する。

問4　メスシリンダー内で増加した体積がBの体積と等しい。

問5　〔密度（g/cm³）＝$\frac{質量(g)}{体積(cm^3)}$〕より，$\frac{12}{8.0}$＝1.5（g/cm³）となる。

4　**問1，2**　Aは粒が丸みを帯びているから，流水のはたらきを受けて角がけずられた砂が堆積してできた砂岩，Bは同じくらいの大きさの鉱物が組み合わさっているから深成岩の花こう岩である。

問3，5　石灰岩とチャートはうすい塩酸をかけたときの反応のちがいや硬さのちがいなどで区別できる。石灰岩にうすい塩酸をかけると二酸化炭素が発生するが，チャートにうすい塩酸をかけても反応しない。また，チャートは石灰岩よりも硬い。よって，Cは石灰岩，Dはチャートである。

問4　サンヨウチュウ，フズリナは古生代，アンモナイト，キョウリュウは中生代，ビカリア，ナウマンゾウは新生代の示準化石である。

5　**問1**　ハルさんは開花直前と開花後の花粉の花粉管が伸びるようすの違いについて調べたいので，砂糖水の条件が同じ「あ」と「え」を比べる。

問2　子房(②)が果実になり，子房の中の胚珠(③)は種子になる。なお，④は卵細胞で受精して受精卵になった後，分裂を繰り返して胚になる。

問4　丸い種子をつくる純系の個体がもつ遺伝子はＡＡ，しわのある種子をつくる純系の個体がもつ遺伝子はａａと表せ，子の丸い種子がもつ遺伝子はすべてＡａとなる。したがって，表ｉのように孫の遺伝子の組み合わせはＡＡ(丸い種子)：Ａａ(丸い種子)：ａａ(しわのある種子)＝１：２：１となり，種子の形の割合は(丸い種子)：(しわのある種子)＝３：１となる。よって，$\frac{3}{3+1}$×100＝75(%)となる。

表ｉ

	A	a
A	AA (丸)	Aa (丸)
a	Aa (丸)	aa (しわ)

問5　表より，Ｘどうしの交配により得られる種子は，丸の割合が０%(すべてしわ)になるので，Ｘはａａである。また，Ｙは丸の割合が100%になるので，ＹはＡＡである。よって，ＺはＡａであり，表ⅱより，Ａａとａａの交配により得られる種子はＡａ(丸い種子)：ａａ(しわのある種子)＝１：１となるので，丸の割合は50%となる。

表ⅱ

	a	a
A	Aa (丸)	Aa (丸)
a	aa (しわ)	aa (しわ)

6　**問1**　表より，0.10〜0.20秒の0.10秒間で41−23＝18(cm)進むので，平均の速さは$\frac{18}{0.10}$＝180(cm/s)となる。

問2　分力を作図するときは，重力を対角線とする平行四辺形(ここでは長方形)の２辺が斜面に平行な分力と斜面に垂直な分力になる。

問3　0.70＋0.70＝1.40(N)

問4　手順1のとき，糸1が台車を引く力は糸1がAを引く力と等しい1.40Nである。手順2でBが床面に達すると，糸1が台車を引く力は1.40−0.70＝0.70(N)となり，AがB上に達すると糸1が台車を引く力は0Nになる。糸1がA(台車)を引く力が大きいほど，台車の速さの増え方が大きくなり，糸1がA(台車)を引く力が0Nになると台車の速さが一定になるので，台車の速さの増え方が小さくなってから一定になるエが正答である。

7　**問1**　AとBで発生した気体は，ろ液に残った硫酸とマグネシウムリボンの反応によってできた水素〔H_2〕である。

問2〜4　フェノールフタレイン溶液はアルカリ性の水溶液に反応して赤色になるが，酸性や中性の水溶液に加えても無色のままだから，ＣとＤのフェノールフタレイン溶液の反応より，ＣとＤでは水酸化バリウム水溶液が残ってろ液はアルカリ性である。また，酸性の硫酸とアルカリ性の水酸化バリウム水溶液の中和では，水に溶けない塩《えん》の硫酸バリウムと水ができる〔$Ba(OH)_2+H_2SO_4 \rightarrow BaSO_4+2H_2O$〕ので，Ｂの白い沈殿(硫酸バリウム)の質量はＣ，Ｄと比べて小さいことから，Ｂは硫酸が残ってろ液は酸性である。ＢＴＢ溶液は酸性で黄色，中性で緑色，アルカリ性で青色に変化するので，Ｂは黄色，Ｃは青色になる。

問５　硫酸イオン〔SO_4^{2-}〕とバリウムイオン〔Ba^{2+}〕が結びついて硫酸バリウムができる。ＣとＤでは硫酸イオンがすべて反応してなくなっているので，バリウムイオンが残っていても硫酸バリウムは増えない。

8 **問１**　〔$圧力(Pa)=\frac{力(N)}{面積(m^2)}$〕，1000 g→10N，400 cm²→0.04 m²より，$\frac{10}{0.04}=250(Pa)$となる。

問２　富士山の山頂では，菓子袋の中の気体の重さは変わらないが，外の空気の重さが軽くなるので，菓子袋を外から押す力が小さくなって，菓子袋の中の気体が膨張する。

問３　晴れた日の昼間は，海よりも陸の方があたたまりやすいので，陸の気温の方が高くなって上昇気流が生じ，海から陸へＸの向きに海風がふく。

問４　Ｃはシベリア気団，Ｄはオホーツク海気団，Ｅは小笠原気団である。冬に発達するのはＣのシベリア気団である。

―《2023　社会　解説》―

1 **問１⑴**　漢　　金印には，「漢委奴国王」という文字が刻まれている。『後漢書』東夷伝に記されている，１世紀に後漢の皇帝が奴国の王に授けたものと考えられている。　⑵　十七条の憲法　　十七条の憲法は，豪族に役人としての心得を示したもので，飛鳥時代に聖徳太子が定めた。十七条の憲法と同じく聖徳太子が定めたものとして，身分や家柄に関係なく，能力に応じて豪族を役人に取り立てる制度である冠位十二階もあわせて覚えておこう。

⑶　エ　　Ｃは平安時代後半に藤原頼通が建てた平等院鳳凰堂である。藤原氏は摂関政治(娘を天皇のきさきとし，生まれた子を次の天皇に立て，自らは天皇の外戚として摂政や関白となって実権をにぎる政治)によって勢力をのばした一族である。藤原道長・頼通親子の頃に最もさかえた。アは室町時代(戦国時代)，イは鎌倉時代，ウは飛鳥時代のできごと。　⑷　イ→ア→ウ　　イ(1517 年)→ア(1549 年)→ウ(1637 年)　年号を覚えていなくても，日本にキリスト教が伝わるきっかけとなったのが宗教改革であること，ザビエルによるキリスト教の伝来以降，日本でキリスト教が弾圧されるようになった流れを理解しておけば判断することができる。ヨーロッパで宗教改革がはじまってルターの考えを支持するプロテスタントの勢力が広がるなか，カトリック教会でも改革が進められて設立したイエズス会により，海外布教が活発に進められた。日本にキリスト教を伝えたザビエルは，イエズス会の宣教師である。島原・天草一揆は，江戸時代の前半に九州の島原・天草地方で起こった，キリスト教徒を中心とする農民の一揆である。江戸幕府のキリスト教徒への弾圧や，領主のきびしい年貢の取り立てに対する不満から，天草四郎を総大将として起こしたが，幕府が送った大軍によって鎮められた。

問２　Ｘ＝税を徴収する　Ｙ＝営業を独占する　　株仲間は，幕府や藩に税を納める代わりに，営業を独占した同業者組合である。江戸時代中期の田沼意次による政治では，商工業を活発にさせるため，株仲間の結成が奨励された。

問３　イ　　1854 年に結ばれた日米和親条約では，函館・下田の２港を開かれた。1858 年に結ばれた日米修好通商条約では，函館・神奈川(横浜)・新潟・兵庫(神戸)・長崎の５港が開かれたので，あわせて覚えておこう。アは新潟，ウは神戸，エは長崎。

2 問１(1)　自由民権運動　　1874 年，板垣退助らが民撰議院設立の建白書を提出したことから自由民権運動が始まった。板垣退助は立志社をつくるなどして自由民権運動を広めていき，1881 年に国会開設の勅諭が出されると，自由党を結成し，国会の開設に備えた。「民撰議院」とは国民が選出した議員で構成される議院のこと。政府に言論ではたらきかける自由民権運動の中では，薩摩藩や長州藩出身の人物が政府の要職を占める藩閥政治が批判され，国民全体で国の方針を決める国会の開設などが要求された。　(2)　ア　　一般に明治時代は 1868 年～1912 年，大正時代は 1912～1926 年なので，明治時代後半から大正時代前半のできごとを選べばよい。イは昭和時代(太平洋戦争後　1949 年)，ウは大正時代後半(1925 年)，エは明治時代初期(1872 年)。　(3)　ウィルソン　　ウィルソン大統領は，民族自決を唱え，国際連盟の設立を提唱したことで知られている。　(4)　ウ→ア→イ　　ウ(1919 年)→ア(1923 年)→イ(1933 年)　ウ．五・四運動は，第一次世界大戦後のパリ講和会議での決議への抗議として，中国で起こった反日運動をきっかけとして広まった，反帝国主義運動である。ア．1923(大正 12)年９月１日に起きた関東大震災は，発生時間が昼直前で火を使っている人が多かったために火災が至る所に発生した。それ以降９月１日は防災の日に指定されている。イ．世界恐慌を乗り切るため，アメリカはルーズベルト大統領のもと，ニューディール政策を進めて公共事業を活発に行い，景気の回復を図った。　(6)　ウ　　A．誤り。インターネットが普及し始めたのは，1990 年代後半のことである。B．正しい。1960 年に発表された「所得倍増計画」は，1961 年度から 1970 年度までの 10 年間で，国民所得を２倍にしようという計画である。この計画の発表をきっかけに，企業の生産は拡大し，日本は高い経済成長率をほこった。

問２　X＝機械　Y＝輸出量が大幅に増える　　X．日本の産業革命は繊維工業を中心とする，軽工業より始まった。綿糸紡績業では，民間でも大阪紡績会社などの大規模な工場がつくられるようになり，インド産の綿を欧米製の機械でつむいで生産力を上げた。Y．日清戦争(1894 年)後，輸出量は大きく増加している。

3 問１(1)　エ　　●→○に見たときの標高の変化に注目しよう。●から標高が下がったあと，一度 220m程度まで上がっているので，●地点より標高が高く，222mと示されている地点を通るエと判断できる。

(2)　ウ　　□の範囲には，神社(⛩)，寺院(卍)，小・中学校(文)，老人ホーム()，針葉樹林(Λ)，電波塔()がある。アの図書館は，イの博物館は，エの官公署は。

問２(1)　扇状地　　扇状地はれきや砂がたい積して形成されているので，水はけがよく，果樹栽培などに利用される。平野の河口付近に砂泥が積もってできる三角州と間違えないようにしよう。　(2)　ウ　　Dの鹿児島県は畜産が盛んなので，畜産の産出額が圧倒的に多いウと判断する。Aは青森県でア，Bは福井県でイ，Cが高知県でエ。

(3)　福井　　「冬になると雪におおわれる」「眼鏡フレーム」「リアス海岸」などから，福井県と判断する。福井県は日本海側の気候で，冬の降水量が多く(雪が多く)，眼鏡フレームの産地として鯖江が有名である。リアス海岸は若狭湾沿岸で見られる。

問３　エ　　X．誤り。表中の輸入品目のうち，原油，鉄鉱石，液化ガスが鉱産資源である。Y．誤り。原油の輸入額は，1960 年が 16168×0.104≒1681(億円)，2020 年が 680108×0.068≒46247(億円)なので，2020 年は増加している。

問４　P＝取扱量が多い　Q＝気温が低いので，キャベツの栽培に適している　　群馬県の嬬恋村では，夏でも涼しい気候をいかして，涼しい気温が栽培に適しているキャベツなどを栽培している(高冷地農業による抑制栽培)。他の地域の出荷が少ない夏に出荷することで，より高値で販売することができる。

4 問１　イ　　日本は東経 135 度の経線を標準時子午線としている。経度差 15 度で１時間の時差が生じるから，東京とリオデジャネイロの経度差は 135＋45＝180(度)，時差は 180÷15＝12(時間)になる。東経に位置する東京のほうが，西経に位置するリオデジャネイロより時刻は進んでいるから，リオデジャネイロの時刻は，東京の時刻より12時間遅れた，午前8時になる。

問2　ヨーロッパ連合　　あ国はイギリスである。イギリスはEU(ヨーロッパ連合)加盟時も，共通通貨であるユーロは導入しておらず，2020年にEUを離脱していることは覚えておこう。

問3　ア　　い国はギリシャである。地中海に面したギリシャは，国土のほとんどが夏に乾燥する地中海性気候に属しており，乾燥に強いオリーブなどの栽培が盛んである。イはアマゾン川流域などの熱帯雨林，ウはコートジボワールやガーナ，エは高緯度地域のタイガやツンドラで行われている。

問4　ウ　　え国はオーストラリアである。X．誤り。かつてイギリスの植民地となっていたオーストラリアでは，白人以外の移民を制限する白豪主義がとられていたが，1970年代に廃止され，それとともにアジアとの結びつきが強くなった。現在のオーストラリアでは，さまざまな民族や文化の共存をうたう多文化主義がとられていて，貿易の面では，中国や日本をはじめとするアジア各国との結びつきが強くなっている。Y．正しい。オーストラリアの内陸部のほとんどは草原や砂漠などであり，人口の多い都市は海岸沿いに集中している。

問5　バイオ燃料　　お国はブラジルである。さとうきびやとうもろこしなど，植物からつくられる燃料をバイオ燃料という。バイオエタノール(バイオ燃料)を燃やしたときに排出される二酸化炭素は，原料である植物の生長途中に吸収されたものであるため，全体としては二酸化炭素の排出量は増えないとみなされ，このことから地球温暖化を抑制する効果があるとされる。

問6(1)　P＝南半球に位置している　Q＝標高が高い　　資料の②より，7月～9月の平均気温は，東京よりリオデジャネイロのほうが低いことがわかる。リオデジャネイロは南半球に位置しているため。日本と季節が逆になる。また，メキシコシティは標高が高いため，低緯度地域にあるが，夏でも気温はそれほど上がらず，温暖な気候である。　(2)　エ　　X．誤り。資料の③より，開催回数の合計を求めて，そのうちヨーロッパが占める割合を求める。16＋6＋4＋2＋1＋0＝29　16÷29×100＝55.1…より，70％以下である。Y．誤り。BRICSは，ブラジル・ロシア・インド・中国・南アフリカ共和国である。資料の④より，インドと南アフリカ共和国では開催されていない。う国である中国と，当時ソ連であったロシアは1回開催されている。

5　**問1**　18　　2022年4月には成人年齢，2023年1月からは裁判員に選ばれる年齢も20歳から18歳に引き下げられたので，あわせて覚えておこう。

問2　ウ　　自由権の種類については右図。

- 自由権
  - 精神活動の自由：思想・良心の自由／信教の自由(第19・20条)　集会・結社・表現の自由，通信の秘密(第21条)　学問の自由(第23条)
  - 身体の自由：奴隷的拘束及び苦役からの自由(第18条)　法定の手続きによらなければ，逮捕されたり処罰されたりしない自由(第31・33～39条)
  - 経済活動の自由：居住・移転・職業選択の自由(第22条)　財産権の不可侵(第29条)

問3　イ　　アとエは内閣，ウは裁判所の役割。

問4　X＝解散　Y＝総辞職　　日本では議院内閣制が採用されているので，内閣は国会の信任に基づいて成立し，国会に対して連帯して責任を負う。議院内閣制に基づき，内閣不信任決議案が可決されると，10日以内に衆議院が解散されない限り，内閣は総辞職しなければならない。

問5　ア　　裁判員裁判は重大な刑事裁判の第一審のみで行われ，有罪か無罪かの審議と，有罪の場合の量刑の審議を，6人の裁判員と3人の裁判官で行う。

問6　国民審査　　最高裁判所の裁判官に対する国民審査は，衆議院議員総選挙と同時に行われ，×印の数が有効投票数の過半数に達すると，その裁判官は罷免される。

問7　直接請求権　　地方公共団体の住民は，直接請求権として，条例の制定・改廃や首長の解職(リコール)などを直接求めることができる。

問8　ア　　マスメディア…テレビ・新聞など，大量の情報を大衆に伝達する手段。バリアフリー…障害のある人や高齢者が，生活をする上で支障となる物理的障害や精神的障害を取り除く取り組み。インフォームド・コンセント…医療分野で治療を受ける患者が，医師の十分な説明を受け，それに基づいてどのような治療方法を選択するか決定すること。

6 **問1⑴**　政府は増税を行ったり，公共事業を減らしたりする。　景気の浮き沈みを減らすために政府が行う政策を財政政策という。不景気のときは逆に，減税を行い，公共事業を増やす。　**⑵**　ア　　日本銀行が行う経済政策を金融政策といい，銀行の通貨量を調節する公開市場操作が行われる。好況時には，銀行に国債を売る「売りオペレーション」を行い，銀行のもつ資金を減らして，社会に出回る通貨を減らそうとする。不況時には，銀行のもつ国債などを買う「買いオペレーション」を行い，銀行のもつ資金を増やして，社会に出回る通貨を増やそうとする。

問2　公正取引委員会　　公正取引委員会が運用している独占禁止法は，同じ業種の企業同士が，競争を避けるために価格の維持や引き上げの協定を結ぶカルテルなどを禁じている。

問3　エ　　A．誤り。労働組合法でなく，労働基準法。B．誤り。終身雇用は，企業が採用した従業員を定年まで雇用する人事制度のことをいう。終身雇用は法律で義務化されていない。

問4　累進課税(制度)　　累進課税制度には，所得の多い人から少ない人に所得を再分配する機能がある。

問5⑴　ウ　　アのＮＧＯは非政府組織，イのＰＫＯは国連平和維持活動，エのＷＨＯは世界保健機関の略である。

⑵　決議案…否決　理由…拒否権を持つ常任理事国のうち，アメリカが反対したから。　　安全保障理事会は５の常任理事国(アメリカ・中国・イギリス・フランス・ロシア)と任期２年の 10 の非常任理事国で構成される。常任理事国は拒否権を持っており，常任理事国が１国でも拒否権を行使すると，その議案は否決される。

2022 解答例
令和4年度

長崎県公立高等学校

《2022　国語　解答例》

一　問一．a．呼　b．すいたい　c．かざ　問二．イ　問三．翔も塚本さんに影響を受けて酪農の道に進むことを目指している　問四．エ　問五．大島の不安定な自然と折り合いをつけながら酪農家として生きていくことは、とても大変なことだから。　問六．ア　問七．ウ　問八．エ

二　問一．蛇　問二．イ　問三．くわえ　問四．エ　問五．１．自分の手には負えない　２．鷲に助けを求めた

三　問一．a．救　b．くや　c．複雑　問二．欲望が膨らんで現実の自分の能力をはるかに超えた　問三．ア　問四．D　問五．ウ　問六．目に見えない目的のための手段を積み上げていこうとする　問七．想像の世界をつくりだし、さらに、はるかな過去を語り、はるかな未来をつくりだす　問八．イ

四　問一．増えており、その国籍・地域の公用語もさまざまである　問二．ウ　問三．工夫１…漢字にふりがなを付ける。　工夫２…二つの文に分けて書く。　問四．ア

《2022　数学　解答例》

1　(1)－７　(2)４　(3)－１，３　(4)ａ＝５ｂ＋３　(5)$\frac{12}{x}$

(6)③　(7)80　(8)108　(9)4π　(10)右図

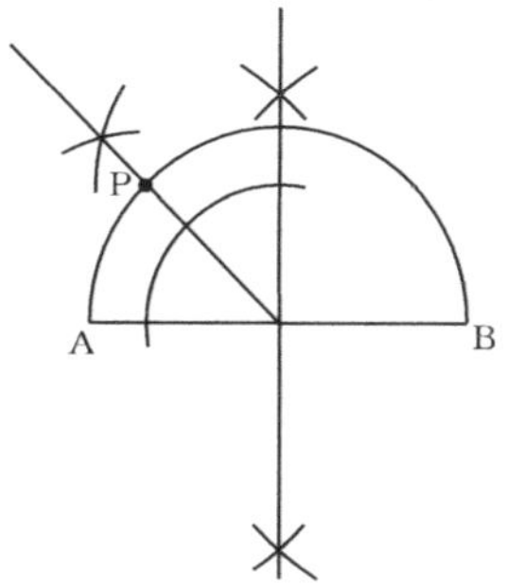

2　問１．(1)①　(2)５　問２．(1)硬貨Aが表，硬貨Bが裏になる場合を〔表，裏〕と表すと，起こりうるすべての場合は

〔表，表〕，〔表，裏〕，〔裏，表〕，〔裏，裏〕の４通りで，

どの場合が起こることも同様に確からしい。

このうち，２枚とも表になる場合は１通りある。したがって，求める確率は$\frac{1}{4}$

(2)$\frac{3}{8}$　(3)$\frac{15}{16}$

3　問１．４　問２．$-x+2$　問３．３　問４．(1)$\frac{3}{4}$　(2)$4-\sqrt{6}$

4　問１．②　問２．52　問３．(1)６　(2)$\frac{4}{5}$

5　問１．２　問２．$\sqrt{21}$　問３．(ア)斜辺と他の１辺　(イ)２組の辺とその間の角　(ウ)錯角　問４．$\frac{14\sqrt{21}}{5}$

6　問１．(ア)210　(イ)６　(ウ)３　(エ)24　問２．(1)(オ)ａ＋４ｂ　(カ)３ａ　(2)13，26，39

問３．ｃ＝13ｍ－10Ｘと変形できる。【操作】を１回行った後の数はＸ＋４ｃと表される。

$X+4c=X+4(13m-10X)=52m-39X=13(4m-3X)$

４ｍ－３Ｘは整数だから，Ｘ＋４ｃは13の倍数となる。よって，13の倍数に【操作】を１回行った後の数は13の倍数となる。

《2022　英語　解答例》

1　問１．No.１．B　No.２．A　問２．No.１．ウ　No.２．イ　No.３．ウ　問３．No.１．①ア　②ウ　No.２．イ

2　問１．A．tried　B．looking　問２．X　問３．イ　問４．①ウ　②ア　問５．１．What　２．food　３．traditional　４．money　問６．(Summer の例文) you can go swimming in the beautiful sea

(Winter の例文) you can enjoy many kinds of winter sports

3 問1．A．What time will the concert〔別解〕When is it going to　B．teach you how to play the guitar

問2．I want to read a lot of books because I don't have time to read now.／I want to practice tennis every day because I want to join the tennis club at high school.／I want to practice cooking because I will make my own lunch. などから1つ

4 問1．エ　問2．①市の英語のウェブサイトを作成する　②外国から来た人たちと話すのを手伝う　問3．イ　問4．エ→イ→ア→ウ　問5．1．祖母と一緒にこの場所に来たので，トムが彼の母親の親友に会うことができた　2．トムの母親にインターネット上でフェスティバルに参加するように頼んだので，トムの母親とリサの祖母が再び話をする機会を得た　問6．ウ，オ　問7．①ア　②エ　③イ

《2022　理科　解答例》

1 問1．X．レンズ〔別解〕水晶体　Y．網膜　問2．ウ　問3．エ　問4．D　問5．イ

2 問1．B　問2．右グラフ　問3．右グラフ　問4．8

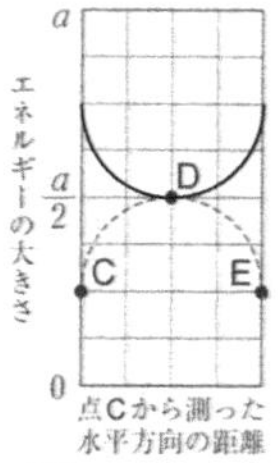

2問2のグラフ

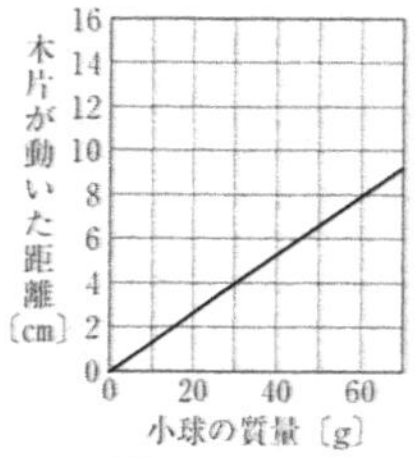

2問3のグラフ

3 問1．ウ　問2．c，d　問3．NH_3　問4．上方置換法

問5．イ

4 問1．10　問2．イ　問3．記号…A　理由…震度1以上のゆれが伝わっている範囲が広いから。〔別解〕同じ場所での震度が大きいから。

問4．ア　問5．津波

5 問1．ひとつひとつの細胞を離れやすくするはたらき。　問2．酢酸カーミン溶液／酢酸オルセイン溶液／酢酸ダーリア溶液 から1つ　問3．5　問4．エ　問5．エ

6 問1．X．電磁誘導　Y．再生可能　問2．ア　問3．b，c　問4．70

7 問1．ウ　問2．①亜鉛　②銅　③亜鉛　問3．$Zn \rightarrow Zn^{2+} + 2e^-$　問4．エ　問5．a，c

8 問1．よいの明星　問2．ウ　問3．変化…大きくなった。　理由…金星が地球に近づいたから。

問4．ア　問5．ア

《2022　社会　解答例》

1 問1．正倉院　問2．エ　問3．イ　問4．ウ　問5．T．(鎖国政策を実施して)ヨーロッパの国々との通商をオランダに限定した　U．シーボルト

2 問1．イ　問2．伊藤博文　問3．ア　問4．ベルサイユ条約　問5．P．普通選挙法　Q．満 25 歳以上のすべての男子　問6．イ→ウ→ア　問7．ウ

3 問1．(1)エ　(2)カルデラ　(3)ウ　(4)記号…D　県名…静岡　問2．(1)イ　(2)ウ

問3．航空機…A　理由…(電子部品などの)軽量の品目を運んでいるから。

4 問1．(1)フィヨルド　(2)ア　(3)イ　(4)サンベルト　(5)F　問2．エ　問3．その地域で手に入りやすいもの

5 問1．個人　問2．イ　問3．エ　問4．条例　問5．権力が一つの機関に集中すること

6 問1．(1)直接金融　(2)株主総会　問2．ウ　問3．エ　問4．パリ協定

問5．S．ＳＤＧｓ　T．フェアトレード　U．男女共同参画社会

長崎県公立高等学校

《2022　国語　解説》

一　**問二**　「翔《しょう》はあまり言いたくなさそうだったが」で始まるが、酪農について「一度しゃべりだすと、翔はダムが決壊したみたいにしゃべり続けた」「翔は熱に浮かされたみたいにしゃべり続ける」とある。よってイが適する。

問三　「俺にとっての空斗《たかと》さん」は、「朝月渡《あさつきわたり》（俺）は、受川空斗《うけがわたかと》の走りに憧れてリレー競技に励んできた」とあるように、憧れてその後の自分の生き方に影響をうけた人である。□内の「俺が空斗さんに影響を受けてリレーに取り組んだように」と対になる形で「翔《しょう》にとっての塚本さん」をまとめる。

問四　直後に「俺」が「あー、いや、こないだと全然違うこと言ってるのは自覚あるけどさ……」と言っていることから、翔が兄の「俺は翔がやりたいようにやればいいと思う」という発言に驚いた表情をしていると判断できる。よってエが適する。

問六　弟の酪農に対する思いを聞き、「俺」は「翔」に「少なくとも今俺は、翔の話聞いて生半可《なまはんか》な覚悟じゃないんだなって思ったし、じゃあ信じてみようって思った」と理解を示している。さらに、「もう一回、きちんと話してみろよ。だめそうなら、俺も一緒に話すよ」と、酪農の道に進みたいという気持ちをもう一度両親に伝えるよう勧め、自分も協力すると話している場面である。よってアが適する。

問七　ア．「夢を諦めて新たな道を選ぶ覚悟をした」は本文から読み取れない。　イ．「多くの人々の好意に依存しながら」が当てはまらない。　ウ．直前に「それぞれが目指す場所へ向かって」とあり、「まっすぐに」から迷わずに進んでいく決意が表れている。　エ．「俺も一緒に話すよ」と、今後も弟に協力すると言っていることと合致しない。　よってウが適する。

問八　ア．「緊迫した雰囲気」ではなく久しぶりの会話でぎこちなく話しにくい様子を表している。　イ．「当時の『翔』の迷い」が、本文の「あの頃からもう、翔には自分の将来が見えていたのかもしれない」に合致しない。　ウ．「倒置法」は出てこない。　エ．本文全体を通して「俺」の視点から描かれている。初めは、「弟の思いを十分に聞かないまま、自分も弟の考えに反対だと告げてしまった」が、弟の思いを聞き、「生半可な覚悟じゃない」ことを理解して、応援する気持ちになっている。その変化の様子が「俺」の視点を通して伝わってくる。　よってエが適する。

二　**問一**　「〜を制せよ」（＝〜を止めよ）に続く。人々は、蛇が松の木の梢《こずえ》の鶴の巣に登って、雛《ひな》を食べようとしていることを止めてほしいと申し騒いでいる。よって「あれ」が指すのは「蛇」である。

問二　「手に汗して」とは、現代語でも「手に汗握る」という言葉があるように、心配して見守る様子を表す。「望みながめしに」（＝遠く眺《なが》めていたところ）は、前の部分の「『〜あれを制せよ』と人々申し騒げどもせん方なし」（＝人々が申し騒ぐけれどもどうしようもない）から続いている。何とか雛を助けたいが、離れた場所から見ているために手出しができず、心配しながら見守っている様子である。

問三　古文で言葉の先頭にない「はひふへほ」は、「わいうえお」に直す

問四　「その蛇の首をくわえて、帯を下げたように空中を帰って行った」ので、その主語は１行前の「（一羽の）鷲《わし》はるかに飛び来たり」の「鷲」である。よってエが適する。

問五１　「其《そ》の身の手に及ばざるをさとりて」より、親鶴は自分の手には負えないと判断した。　**２**　親鶴が「雛を守るために」にとった行動は、直前の「同類の鷲を雇ひ来たりし」（＝同類の鷲を雇って来た）である。つまり、鷲に助けを求めたという行動である。

【古文の内容】

雛もずいぶんと成長して首を並べて巣の中で並んでいる様子を、望遠鏡で眺めていたが、ある時その松の根から、ずいぶん太い黒いものが次第にその木に登る様子を見て、「蛇の一種だろう。そのまま巣に登って鶴をとって食うのだろう。あれ（あの蛇）を止めろ」と人々が申し騒ぐけれどもどうしようもない。その時、二羽の鶴のうだ」と手に汗を握って遠く眺めていたところ、早くもあの蛇も梢近くに至って、ああ、危ないと思う頃に、一羽の鷲がはるか遠くから飛んで来て、その蛇の首をくわえて、帯を下げたように空中を帰って行ったところ、親鶴は間もなく帰って雌雄が巣に戻って来て、雛を養ったということだ。鳥の類ではあるが、自分の手には負えないことを悟って、同類の鷲を雇って来たことは、鳥の類は思慮深いことであったと語った。

三 **問二**　「不均衡《ふきんこう》」とは、つり合いが取れていないこと。後に「欲望は～どんどん膨らんでいき」、「それが現実の自分の能力をはるかに超えていると、欲望と現実とのズレに苦しむことになります」とあるように、「欲望」が「能力」を超えた状態を指す。

問三　直後の段落の「たとえば」以降に具体的な例が挙げられている。「カッコいい自分になりたくて、そして新しい世界を体験したくて、子どもは自分の能力を増やそうとする」に当たるアが適する。

問四　A．動詞（「なる」の連用形）　B．形容詞（「ない」の連体形）　C．助詞　D．助動詞　よってDが適する。

問六　人間については、本文の［　　］で囲まれた部分の後半に「しかし人は、目に見えない目的、つまり未来の目的を目指すことができます」とあり、目的のために「努力し、そのための手段を積み上げていこうとする」と述べられている。

問七　１・２段落後に「人は、言葉を使うことで、想像の世界をつくりだすことができます」「でもそのお話の中身は『いま・ここ』に存在するものではありません。想像力のつくりだしたものです」「言葉をもつことで、人はさらに、はるかな過去を語り、はるかな未来をつくりだすことができます」と説明されている。

問八　「確かにルソーの言うことには説得力があります」と一旦認めているが、「しかし一方で、人は能力を拡大したいという欲望をもつ存在でもあります」と、逆の論を展開し、それを強調している。よって、「ルソーの説を補強している」が適当でないため、イが正解。

四 **問一**　資料１より、2015 年から 2019 年にかけて日本に住む外国人は増えていることがわかる。また資料２より、日本に住む外国人の国籍・地域の公用語がさまざまであることがわかる。

問二　「やさしい日本語」の導入の背景を説明するために効果的な資料を選ぶ。資料４を用いて、日本に住む外国人が情報発信言語として「やさしい日本語」を希望している人の割合が高いことを示すウが適する。

問三　【発表原稿】には、「熟語はわかりやすい表現に」「文節や言葉のまとまりごとに一字空けて書く」という工夫が挙げられている。資料５ではそれ以外に、漢字にふりがなを付けることと二つの文に分けて書くという工夫がなされている。

問四　１文目で学習を通して気づいたことを述べ、２文目で今後の学習の展望を示している。よってアが適する。

―《2022　数学　解説》―

1 (1)　与式$=5-3\times4=5-12=-7$

(2)　与式$=3+2\sqrt{3}+1-\frac{6\sqrt{3}}{3}=4+2\sqrt{3}-2\sqrt{3}=4$

(3)　与式より，$2x^2-2x-3=x^2$　　$x^2-2x-3=0$　　$(x+1)(x-3)=0$　　$x=-1,\ 3$

(4)　a cmから５b cmを取り除くと３cmになったのだから，$a=5b+3$

(5) **【解き方】反比例の式は$y=\frac{a}{x}$と表せる。**

$y=\frac{a}{x}$に$x=2$，$y=6$を代入すると，$6=\frac{a}{2}$　　$a=12$　　よって，求める式は，$y=\frac{12}{x}$

(6) ①$\sqrt{(-2)^2}=\sqrt{4}=2$だから，正しい。　②３と－３はどちらも２乗すると９になるから９の平方根なので，正しい。　③$\sqrt{16}$の符号は正なので，$\sqrt{16}$は16の平方根である±４のうち正の数である４と等しいから，正しくない。　④$(\sqrt{5})^2=\sqrt{5}\times\sqrt{5}=5$だから，正しい。

(7) 当たりくじと全体の本数の比は，４：50＝２：25と推測できるから，はじめにこの箱に入っていた当たりくじの本数は，およそ，$1000\times\frac{2}{25}=80$(本)と考えられる。

(8) 右図①のように記号をおく。

△ＯＡＢはＯＡ＝ＯＢの二等辺三角形だから，∠ＯＢＡ＝∠ＯＡＢ＝36°

△ＯＡＢの内角の和より，$\angle x=180°-36°\times 2=108°$

図①

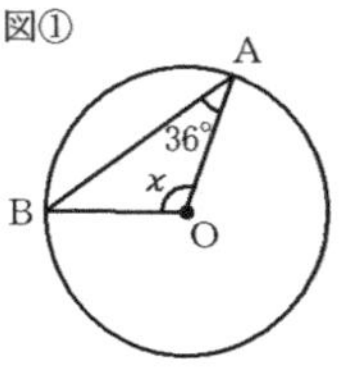

図②

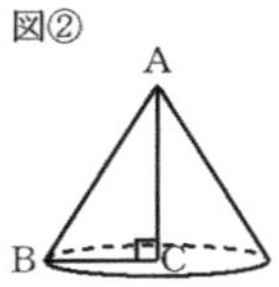

(9) 右図②のような円すいができる。底面積が$2^2\pi=4\pi$(cm²)，

高さが３cmだから，体積は，$\frac{1}{3}\times 4\pi\times 3=4\pi$(cm³)

(10) **【解き方】中心角は弧の長さに比例するから，円の中心をＯとすると，**

∠ＡＯＰ：∠ＰＯＢ＝１：３となる。したがって，∠ＡＯＰ：∠ＡＯＢ＝１：(１＋３)＝１：４だから，$\angle AOP=\frac{1}{4}\angle AOB=\frac{1}{4}\times 180°=45°$となる。

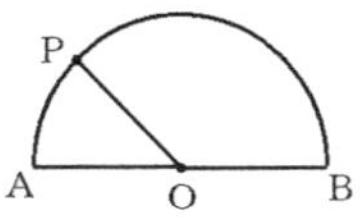

まず，ＡＢの垂直二等分線を引いて半円の中心をとる。

次に，90°の角(左側の方)の二等分線を引いて，半円との交点をＰとすればよい。

2 問１(1) 35人の中央値は，35÷２＝17余り１より，大きさ順に並べたときの18番目の値である。

７点以下が２＋２＋２＋４＋５＝15(人)，８点以下が15＋５＝20(人)だから，中央値である18番目は８点である。最頻値は最も人数が多い10点である。よって，平均値＜中央値＜最頻値となる。

(2) **【解き方】８点がx人，９点がy人として，人数の合計と得点の合計についての連立方程式を立てる。**

全部で35人だから，$1+1+2+3+5+x+y+8=35$より，$x+y=15$…(ⅰ)

得点の合計は８×35＝280(点)だから，

$3\times1+4\times1+5\times2+6\times3+7\times5+8x+9y+10\times8=280$　　$8x+9y=130$…(ⅱ)

(ⅱ)－(ⅰ)×８でxを消去すると，$9y-8y=130-120$　　$y=10$

(ⅰ)に$y=10$を代入すると，$x+10=15$　　$x=5$　　よって，８点をとった人は５人である。

問２(1) ２枚の硬貨を区別するので，〔１枚が表で１枚が裏〕となる場合が２通りあることに注意する。

(2) **【解き方】すべての場合を樹形図にまとめると時間がかかるので，すべての場合の数は計算で求める。**

３枚の硬貨それぞれで表裏の出方が２通りずつあるから，すべての場合は，２×２×２＝８(通り)ある。

３枚の硬貨をそれぞれＣ，Ｄ，Ｅとすると，２枚が表で１枚が裏となる場合は，

(Ｃ，Ｄ，Ｅ)＝(表，表，裏)(表，裏，表)(裏，表，表)の３通りある。よって，求める確率は，$\frac{3}{8}$

(3) **【解き方】(１枚以上が表になる確率)＝１－(１枚も表にならない確率)で求める。**

４枚の硬貨の表裏の出方の数は，２×２×２×２＝16(通り)ある。そのうち１枚も表にならないのは，すべて裏となる１通りだから，１枚も表にならない確率は$\frac{1}{16}$である。よって，１枚以上が表になる確率は，$1-\frac{1}{16}=\frac{15}{16}$

3 問１　$y=x^2$にＡのx座標の$x=-2$を代入すると，$y=(-2)^2=4$となるから，Ａ(－２，４)である。

問２　**【解き方】直線ＡＢの式を$y=ax+b$とし，Ａ，Ｂの座標から連立方程式を立てる。**

$y=x^2$にＢのx座標の$x=1$を代入すると，$y=1^2=1$となるから，Ｂ(１，１)である。

$y=ax+b$にAの座標を代入すると$4=-2a+b$，Bの座標を代入すると$1=a+b$となる。

これらを連立方程式として解くと，$a=-1$，$b=2$となるから，直線ABの式は，$y=-x+2$

問3　【解き方】右の「座標平面上の三角形の面積の求め方」を利用する。

直線ABとy軸との交点をCとする。Cは直線ABの切片だから，C(0，2)，OC＝2とわかる。

よって，$\triangle OAB=\frac{1}{2}\times OC\times$(AとBのx座標の差)＝$\frac{1}{2}\times 2\times\{1-(-2)\}=3$

> **座標平面上の三角形の面積の求め方**
>
> 下図において，△OEF＝△OEG＋△OFG＝△OMG＋△ONG＝△MNGだから，
>
> △OEFの面積は以下の式で求められる。
>
> **$\triangle OEF=\frac{1}{2}\times OG\times$(EとFのx座標の差)**
>
> 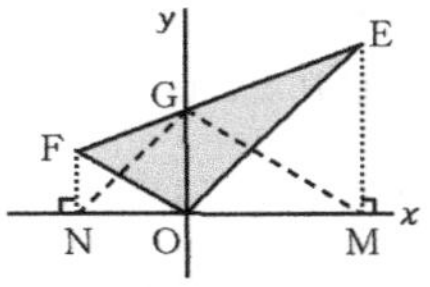
>

問4(1)　【解き方】直線ℓがBを通るとき，△OBQの底辺をQBとすると，高さはBのy座標の1である。

直線OAの式を$y=cx$としてAの座標を代入すると，

$4=-2c$より，$c=-2$

直線ACの式$y=-2x$にQのy座標の$y=1$を代入すると，$1=-2x$　　$x=-\frac{1}{2}$

よって，QB＝(QとBのx座標の差)＝$1-(-\frac{1}{2})=\frac{3}{2}$だから，$\triangle OBQ=\frac{1}{2}\times\frac{3}{2}\times 1=\frac{3}{4}$

(2)　【解き方1】直線ℓとABの交点をRとする。$\triangle AQR=\frac{1}{2}\triangle OAB=\frac{3}{2}$だから，△AQRの面積をtの式で表し，tの方程式を立てる。

直線ABの式$y=-x+2$にRのy座標の$y=t$を代入すると，$t=-x+2$　　$x=-t+2$

直線OAの式$y=-2x$にQのy座標の$y=t$を代入すると，$t=-2x$　　$x=-\frac{1}{2}t$

QR＝(QとRのx座標の差)＝$(-t+2)-(-\frac{1}{2}t)=-\frac{1}{2}t+2$だから，

$\triangle AQR=\frac{1}{2}\times QR\times$(AとQのy座標の差)＝$\frac{1}{2}(-\frac{1}{2}t+2)(4-t)$

よって，$\frac{1}{2}(-\frac{1}{2}t+2)(4-t)=\frac{3}{2}$を解くと，$t=4\pm\sqrt{6}$となる。$0<t<2$より，$t=4-\sqrt{6}$

【解き方2】(1)のときQがあった位置に点Dをとると，△ADB∽△AQRとなる。相似な図形において面積比は相似比の2乗に等しいことを利用して，右図のATとASの比を求める。

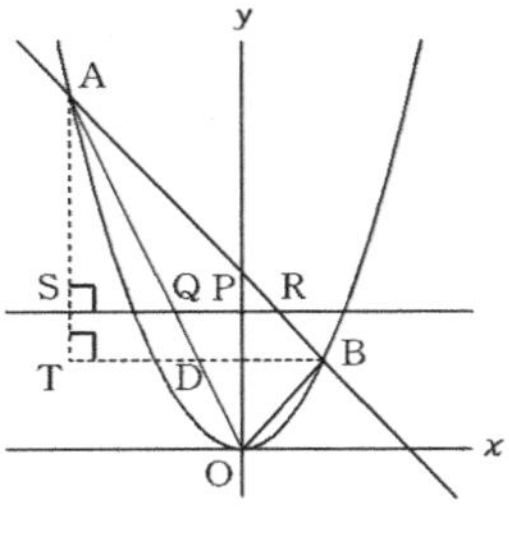

$\triangle ADB=\triangle OAB-\triangle ODB=3-\frac{3}{4}=\frac{9}{4}$，$\triangle AQR=\frac{3}{2}$だから，

$\triangle ADB:\triangle AQR=\frac{9}{4}:\frac{3}{2}=3:2$

したがって，△ADBと△AQRの相似比は$\sqrt{3}:\sqrt{2}$だから，$AD:AQ=\sqrt{3}:\sqrt{2}$

△ATD∽△ASQだから，$AT:AS=AD:AQ=\sqrt{3}:\sqrt{2}$

AT＝(AとTのy座標の差)＝$4-1=3$だから，$AS=\frac{\sqrt{2}}{\sqrt{3}}AT=\frac{\sqrt{2}}{\sqrt{3}}\times 3=\sqrt{6}$

tはSのy座標だから，t＝(Aのy座標)－AS＝$4-\sqrt{6}$

4　問1　辺ADと交わる辺(③辺CD，④辺AE)や辺ADと平行な辺(①辺EH)は辺ADと同一平面上にあるので，ねじれの位置にはない。②辺BFは辺ADと同一平面上になく，ねじれの位置にある。

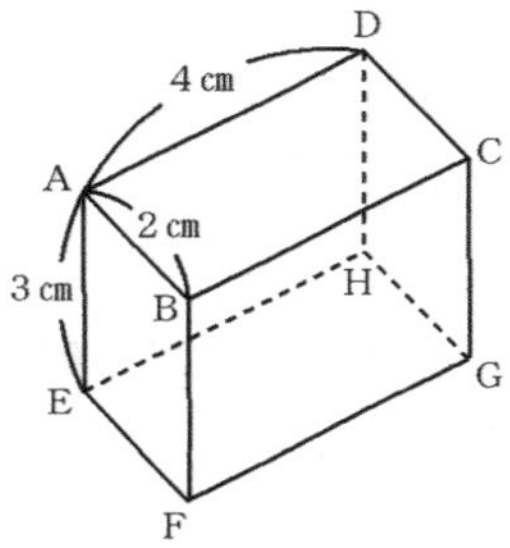

問2　【解き方】柱体の側面積は，(底面の周の長さ)×(高さ)で求められる。

面ABCDと面EFGHを底面とする。2つの底面積の和は，$(2\times 4)\times 2=16$(cm²)

底面の周の長さは$(2+4)\times 2=12$(cm)だから，側面積は，$12\times 3=36$(cm²)

よって，表面積は，16＋36＝52(cm²)

問３(1)　三角柱ＢＣＤＨＥＦの辺ＤＦの長さは，直方体ＡＢＣＤＥＦＧＨの辺ＤＨと辺ＢＦの長さの和だから，

３＋３＝６(cm)

(2)　**【解き方】立体の表面に長さが最短になるようにひかれた線は，展開図上で直線となる。したがって，右図のような三角柱ＢＣＤＨＥＦの展開図の一部で考える。**

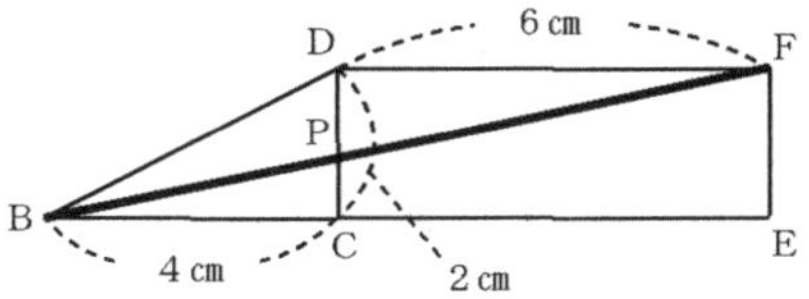

ＤＦ//ＢＥより，△ＢＣＰ∽△ＦＤＰだから，

ＣＰ：ＤＰ＝ＢＣ：ＦＤ＝４：６＝２：３

よって，ＣＰ：ＣＤ＝２：(２＋３)＝２：５だから，$\mathrm{CP}=\frac{2}{5}\mathrm{CD}=\frac{2}{5}\times 2=\frac{4}{5}$(cm)

5　問１　ＢＣ＝10－４＝６(cm)でＤはＢＣの中点だから，$\mathrm{BD}=\frac{1}{2}\mathrm{BC}=3$(cm)，$\mathrm{OD}=\mathrm{OB}-\mathrm{BD}=\frac{10}{2}-3=2$(cm)

問２　ＯＥは円の半径だから，ＯＥ＝５cm

∠ＯＤＥ＝90°だから，三平方の定理より，$\mathrm{DE}=\sqrt{\mathrm{OE}^2-\mathrm{OD}^2}=\sqrt{5^2-2^2}=\sqrt{21}$(cm)

問３　三角形の合同条件，直角三角形の合同条件，三角形の相似条件は必ず暗記しておこう。

問４　**【解き方】高さの等しい三角形の面積比は底辺の長さの比に等しいことを利用して，△ＡＦＥ→△ＡＦＧ，の順で面積を求める。**

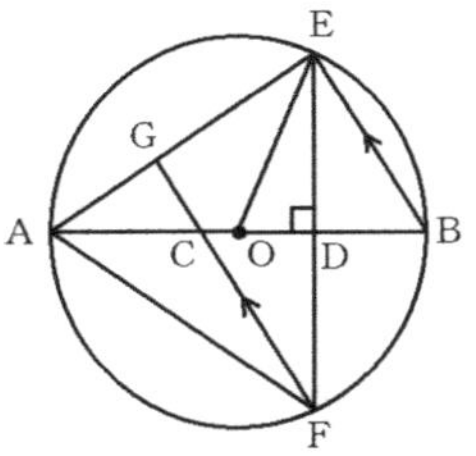

△ＯＥＤ≡△ＯＦＤより，$\mathrm{DE}=\mathrm{DF}=\sqrt{21}$cmだから，$\mathrm{EF}=2\mathrm{DE}=2\sqrt{21}$(cm)

ＡＤ＝４＋３＝７(cm)だから，$\triangle\mathrm{AFE}=\frac{1}{2}\times\mathrm{EF}\times\mathrm{AD}=\frac{1}{2}\times 2\sqrt{21}\times 7=7\sqrt{21}$(cm²)

ＧＣ//ＥＢより，ＡＥ：ＡＧ＝ＡＢ：ＡＣ＝10：４＝５：２

△ＡＦＥと△ＡＦＧは底辺をそれぞれＡＥ，ＡＧとすると高さが等しくなるので，

面積比はＡＥ：ＡＧ＝５：２となる。よって，$\triangle\mathrm{AFG}=\frac{2}{5}\triangle\mathrm{AFE}=\frac{2}{5}\times 7\sqrt{21}=\frac{14\sqrt{21}}{5}$(cm²)

6　問１　**【解き方】1000回も続けて行うことから，同じ数の並びが規則的に繰り返されると予想できる。**

【操作】を１回行うと202＋２×４＝ア210に，２回行うと21＋０×４＝21に，３回行うと２＋１×４＝イ6になる。同じ数が現れるまで2022に対して【操作】を行うと，

1回　2回　3回　4回　5回　6回　7回　8回

2022→210→21→６→24→18→33→15→21→…となる。したがって，２回目以降は21から15までの６個の数が繰り返し現れる。

【操作】を20回行うと，(20－１)÷６＝３余り１より，２回目以降は21から15までの６個の数が３回繰り返されてから，４回目の繰り返しの１つ目の数の21で終わる。この間に６はウ3回現れている。

【操作】を1000回行うと，(1000－１)÷６＝166余り３より，２回目以降は21から15までの６個の数が166回繰り返されてから，167回目の繰り返しの３つ目の数のエ24で終わる。

問２(1)　２けたの数10ａ＋ｂから一の位を取り去った数はａだから，【操作】を１回行うと，オａ＋４ｂとなる。

10ａ＋ｂ＝ａ＋４ｂをｂについて解くと，ｂ＝カ３ａとなる。

(2)　ａは１～９の整数，ｂは０～９の整数だから，ｂ＝３ａを満たす(ａ，ｂ)の組は，(１，３)(２，６)(３，９)の３組ある。よって，求める数は，13，26，39である。

問３　13の倍数になることを証明するのだから，【操作】を１回行ったあとの数であるＸ＋４ｃを変形して，13(　　　)とすることを考える。

《2022　英語　解説》

1　問１　No.1　絵より，Ｂ「猫がテーブルの下で寝ています」が適当。Ａ「猫がデーブルの上に座っています」，Ｃ

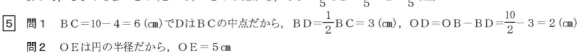

「2匹の猫が椅子の近くで眠っています」は不適当。　**No.2**　A「午後3時に庭に行くことができます」が適当。
B「毎日庭に入ることができます」，C「庭で野球ができます」は不適当。

問2　【放送文の要約】参照。

No.1　質問「先月図書館のイベントに行ったのは誰ですか？」…ウ「大和の母」が適当。　**No.2**　質問「なぜジュディは図書館で驚いたのですか？」…イ「図書館には美味しいレストランがあったからです」が適当。

No.3　質問「今回彼らは，どれくらいの間本を借りることができますか？」…ウ「3週間」が適当。

【放送文の要約】

ジュディ：大和，新しい図書館に連れて来てくれてありがとう。私はこんなところがあるなんて知らなかったわ。

大和　　：母から聞いたんだ。No.1ウ母は先月この図書館のイベントに参加したよ。

ジュディ：この図書館は他のとは全然ちがうわ。No.2イここで美味しいレストランを見つけてびっくりしたわ。

大和　　：そうだね。面白い本と美味しい料理があるね！

ジュディ：素敵だわ！今日は12冊の本を借りて，2週間借りることができるのね。

大和　　：いや。3週間だよ。10冊以上借りたからね。

ジュディ：そっか。わかったわ。No.3ウ今日から3週間ね。次にここに来たらまた美味しいものが食べられるわ！

問3　【放送文の要約】参照。

No.1①　質問「朝，歌ったのは誰ですか？」…ア「高校の先生方」が適当。　②　質問「発表についての質問があれば，真人はどこに行くべきですか？」…ウ「理科室」が適当。

【放送文の要約】

これで午前のプログラムは終了です。No.1①ア今朝は先生方の合唱を楽しみました。そして，科学部がいくつかの植物について素晴らしい発表を行いました。No.1②ウ発表についての質問があれば，理科室に行ってください。部員があなたの質問に答えてくれます。これから昼食の時間になります。しかしその前に，私はみなさんにいくつかの重要なことを話します。まず，雨が降っているため，No.2イ屋外のテーブルや椅子を使用することはできません。教室で昼食をとってください。次に，No.2イダンスは2時に開始し，スピーチは1時に開始します。短編映画の時間は変更しません。1時前にここに戻ってきてください。昼食をお楽しみください！

2　【本文の要約】参照。

問1A　try を入れる。文末に last year「昨年」があるので過去形にする。　**B**　直前に be 動詞があるので，現在進行形の形にする。　・look for ～「～を探す」

問2　「そのときに何をしたか覚えていますか？」が入るのは，直後にジムが実際にやった観光プログラムを答えているXである。

問3　ア「プログラムⅠでは，×お寺や温泉に行くことができます」　イ○「プログラムⅡに参加すると，日本の芸術を見ることができます」　ウ「プログラムⅢでは，多くの観光地に×歩いて行かなければなりません」
エ×「プログラムⅡは，プログラムⅢよりも参加費用がかかります」…プログラムⅡの方が安い。

問4①　香菜の3回目の発言より，温泉を楽しむことと，自然観光地を訪れることは同じくらい人気がある。

②　ジムの4回目の発言より，図表の3番目と5番目は食べ物に関することである。

問5　発表原稿「私たちの市は緑茶で有名なので，私たちのプランは外国人にお茶会に参加して，浴衣を着る機会を提供します。郷土料理の茶そばも食べられます。このプランを立てるために，私たちは市のプログラムと『外国人が日本の地方でやりたいことは1何(＝What)か？』に関する図表を調べました。すると，私たちの市には2食べ物(＝food)に関するプログラムがないことがわかりました。3伝統的な(＝traditional)日本文化を体験するプランを作りたいので，お茶会と浴衣を用意しています。私たちのプランでは，人々は多くの4お金(＝money)を使わなくて済みます。ここにはお茶農家の方々がたくさんいらっしゃるので，お茶会のお茶が安く手に入ります。茶そばは高価ではありません。私たちのプランが人々に市について知ってもらうのに役立つことを願っています」

問6　質問「私は夏と冬に長期の休みがあります。私が日本を訪れるならどちらの季節がいいですか？」…スペルミスや文法のミスがない自信のある文を書こう。(夏の例文)「夏がいいです。なぜなら，あなたは美しい海で泳ぐことができるからです」(冬の例文)「冬がいいです。なぜなら，あなたは多種多様な冬のスポーツを楽しむことができるからです」

【本文の要約】

ジム　　：私たちの市の外国人向けプログラムについて教えてください。

佐藤さん：わかりました。私たちの市には現在３つのプログラムがあります。それらについて何か知っていますか？

香菜　　：駅でポスターを見たことがありますが，詳しいことは知りません。

ジム　　：去年初めてこの市に来たとき母とそれらのひとつAに挑戦しました(＝tried)。それからプログラムを変更しましたか？

佐藤さん：いいえ，していません。Xそのときに何をしたか覚えていますか？

ジム　　：そうですね，日本の絵を見て楽しみました。初めて見ました。

佐藤さん：なるほど。では，プログラムⅡに参加したのですね。この市のプログラムの情報を見てください。

香菜　　：うわー，いろいろなプログラムがあって，面白そうです。

ジム　　：佐藤さん，私たちはプランに役立つアイデアBを探しています(＝are looking for)が，何も見つかりません。

佐藤さん：では，この図表が参考になります。外国人が地方を訪れたときにやりたいことを示しています。

香菜　　：温泉を楽しむことは，リストの中で最も人気のある活動ですね。あら，問4①ウ自然観光地を訪れるのと同じくらい人気があるんですね。

ジム　　：その通りだね。買い物が図表にないことに驚いたけど，50％以上の人が郷土料理に興味を持っていることは理解できるよ。問4②ア図表の３番目と５番目は，食べ物に関する活動だね。

香菜　　：食べ物に関するものは市のプログラムの情報にはありません。そのようなプランはどうですか？

佐藤さん：いいですね。情報と図表をチェックすることで良いアイデアが得られましたね。それでは，さらに詳しい情報をお伝えします。伝統文化に挑戦したい外国人はたくさんいます。また，プログラムが高価すぎれば，彼らは参加したくないでしょう。

ジム　　：ありがとうございます，佐藤さん。じゃあ，僕たちのプランを立てよう！

3　**問1A**　直後に春希が「２時です」と答えているので，スミス先生はコンサートが始まる時間を尋ねたと考えられる。「何時に～？」＝What time ～ ?や「いつ～？」＝When ～?を使った疑問文にする。　**B**　直前のスミス先生の質問「このちらしの最後の文はどういう意味？」より，「ゲストがギターの弾き方を教えてくれる」という内容の文にする。「(人)に(こと／もの)を教える」＝teach＋人＋こと／もの　「～のし方」＝how to ～

問2　下線部の質問「それでは，あなたは高校生になる前の春休みの間に何をしたいですか？」に対して，春希の答えを考える。無理に難しい表現は使わなくてもいいので，文法・単語のミスをしないよう注意しながら文を書こう。書き終わった後に見直しをすれば，ミスは少なくなる。(例文１)「今は本を読む時間がないので，たくさんの本を読みたい」　(例文２)「高校でテニス部に入りたいので，毎日テニスを練習したい」　(例文３)「自分で昼食を作るつもりなので料理を練習したい」

4 **問1** 言語と文化を学ぶ場であること，レッスンに多種多様なメンバーが来ていることなどから，エが適当。

問2 第1段落の最後の1文から，あてはまる部分を日本語で答える。

問4 エ「ヨシコはオーストラリアに留学し，そこで親友を作りました」→イ「トムの母はトムに古くて特別な扇子を贈りました」→ア「トムはリサの市の国際交流員として働き始めました」→ウ「トムはカルチャーフェスティバルで初めてヨシコに会いました」

問5 トムが下線部(b)のように言った理由は，直後の2文に書かれている。

問6 ア×「リサはトムの日本語が上手になったと思いました。なぜなら，彼が大丈夫という言葉をよく使っていたからです」…本文にない内容。　イ×「トムが気に入っている扇子には，英語が彼の将来にとって大切であることを意味するメッセージが書かれています」…本文にない内容。　ウ○「トム，トムの母，そしてリサの祖母には，共通の好きな日本語の言葉があります」　エ×「リサは祖母に，トムの母にもう一度会うためにオーストラリアを訪れるように言いました」…本文にない内容。　オ○「フェスティバルでの経験は，リサに言語と文化を学ぶ新たな理由を与えました」

問7 リサの日記「私は今日の体験を忘れません。トム先生は私の祖母の古い[①ア友人(＝friend)]の息子だったのです。彼の扇子に書かれた言葉を見たとき，私は初めて気付きました。それはトム先生の母が私の祖母から[②エ受け取った(＝got)]ものでした。世界は狭いですね！人と人との架け橋になれて本当にうれしかったです。この体験を通して，オーストラリアで働くという[③イ夢(＝dream)]を見つけることができました。今日からもっと一生懸命勉強します」

【本文の要約】

リサは英語を勉強するのが好きな中学生です。彼女は毎週土曜日に自分の市のカルチャーセンターで授業に参加します。彼女はこのレッスンが大好きです。なぜなら，英語でさまざまな文化について他人と話すことができるからです。[Aエ言語と文化に興味がある人は，このレッスンで歓迎されます。]ですから，多種多様なメンバーがそろっています。学生，仕事をされている方，年配の方，そして外国人がいます。先生はトムです。彼は30歳で，オーストラリア出身です。彼は2年間市内の国際交流員を務めています。このレッスンは彼にとっても特別で興味深い仕事です。なぜなら，彼は普段市役所で働いているからです。問2<u>彼は日本人の職員と一緒に市の英語のウェブサイトを作成し，日本人の職員が外国から来た人と話をするのを手伝っています。</u>

トムは母が日本が大好きだったので日本を選びました。何年も前，トムの母がオーストラリアの大学生だったとき，彼女は日本の女の子に会いました。彼女らは同じ授業を受講し，一緒に昼食をとり，週末に買い物に行きました。すぐに彼女らは親友になりました。それ以来，トムの母は日本とその文化が大好きです。トムの母が大好きな言葉のひとつは大丈夫です。トムがオーストラリアを離れて日本で働き始める前に，母はトムにその漢字が書かれた日本の扇子を贈りました。トムの母は言いました。「日本の夏は暑く感じるかもしれないけど，この扇子があるから[Bイそれについては心配いらないわ]。気分が乗らない時はこの扇子を見てね。大丈夫よ」

あるレッスンで，トムはリサにこう言いました。「間違えても心配ないです。あなたの英語は上達しています。大丈夫です」リサは言いました「ありがとうございます，でもなぜあなたは日本語で大丈夫と言うのですか？」トムは言いました。「問6ウ<u>母と私はこの言葉が大好きなんです。</u>この言葉は人々を元気づける力があると思います。リサ，この漢字が書かれた扇子を見てください。少し古くなりましたが気に入っています」「うわー。日本の美しい扇子ですね」とリサは言いました。その時，リサは扇子に2つの名前と年が書かれていることに気付きました。－オリビアとヨシコ，

1981年ーリサは「ヨシコ…この女性は…もしかして」と思いました。しかし，彼女は何も言いませんでした。

リサの市では毎年８月にカルチャーフェスティバルが開催され，３人の国際交流員が３か国の文化を人々に紹介します。リサは祖母をフェスティバルに連れて行き，トムに言いました。「こちらは私の祖母です。彼女は何年も前にオーストラリアに住んでいました」リサの祖母は言いました。「こんにちは，トム先生。私はあなたの国の文化について学ぶためにここに来ました」「来てくれてありがとうございます。今日はとても暑いですね。大丈夫ですか？」トムはそう言って扇子を開きました。祖母は言いました。「トム先生！扇子を見せてください…。信じられないかもしれないけど，これは40年前に私がオーストラリアの友達にあげた扇子です」トムは尋ねました。「40年前？1981年ですか？…あなたは私の母の友達のヨシコさんですか？」リサの祖母は言いました。「ええ，そうです。あなたは扇子に書かれた私の名前を何度も見ていたんですね」リサは言いました。「あの名前と年を初めて見たとき，すべてを理解しました！それで祖母と一緒にここに来ました」リサの祖母はトムに言いました。「オーストラリアでの最後の日にこの扇子をあなたのお母さんにあげました。問6ウ私は大丈夫という言葉が好きなので，彼女が元気じゃないときはいつもそれを使って彼女を元気づけました。彼女は私に，私たちの名前と年と合わせて，その言葉を漢字で大きく書くように頼みました。それ以来，大丈夫は私にとって大切な言葉です」リサは言いました。「トム先生，あなたのお母さんと私の祖母に再会してほしいです。あなたのお母さんに今すぐインターネット上でこのフェスティバルに参加して，祖母と話すよう頼んでもいいですか？」トムは言いました。「はい，やりましょう。ヨシコさん，準備はいいですか？」「はい，いいです！」とヨシコは答えました。

（彼女らはインターネット上で英語で話しました。）

彼女らが話したあと，トムはリサに微笑んで言いました。「あなたは今日，人々の間の架け橋になりましたね！問5あなたがおばあさんと一緒にこの場所に来てくれたので，母は親友に会うことができました。そして，あなたは母にインターネットでこのフェスティバルに参加するよう頼んでくれたので，彼女らは再びお互いに話す機会を得ました」リサはとても喜んで言いました。「この経験は私が新しい世界を開くのに役立ちました。問6オ今日，私は夢を見つけました。人と人との架け橋になりたいです。トム，あなたは日本でオーストラリアのために働いているので，私は将来オーストラリアで日本のために働きます。そこであなたのお母さんに会えるかもしれません！」リサは言語と文化をもっと一生懸命に勉強し始めました。

《2022　理科　解説》

1　問２　シマウマの目は横向きについているので，広い範囲を見ることができ，捕食者の接近に気づきやすい。ライオンの目は正面についているので，立体的に見える範囲が広く，獲物との距離をはかるのに適している。

問３　目で受け取った刺激の信号は，せきずいではなく，直接脳に伝わることに注意しよう。

問５　うでを曲げた状態から伸ばすときには，ＧとＨの筋肉はウのように動く。

2　問１　小球の質量は変化しないから，速さが最も大きいのは運動エネルギーも最も大きいときである。また，小球がもつ運動エネルギーは，Ａで小球がもつ位置エネルギーが移り変わったものだから，小球がもつ位置エネルギーが最も小さい(高さが最も低い)Ｂで，小球がもつ運動エネルギーが最も大きい(速さが速い)。

問２　力学的エネルギーの保存より，どの点を通るときも小球がもつ位置エネルギーと運動エネルギーの和はａとなるから，ＣとＥでの運動エネルギーは$a-\frac{2}{8}a=\frac{3}{4}a$，Ｄでの運動エネルギーは$a-\frac{1}{2}a=\frac{1}{2}a$となる。

問３　図４より，小球を離す高さが８㎝のとき，小球の質量が30ｇでは木片が動いた距離は４㎝，小球の質量が60ｇでは木片が動いた距離は８㎝だから，小球を離す高さが同じであれば，小球の質量と木片が動いた距離には比例の関係があると考えられる。したがって，(30ｇ，４㎝)や(60ｇ，８㎝)を通る比例のグラフをかけばよい。

問４　図４より，小球を離す高さが６㎝のとき，小球の質量が20ｇでは木片が動いた距離は２㎝とわかる。したがって，小球の質量が80ｇでは木片が動いた距離は $2\times\frac{80}{20}=8$ (㎝)となる。

3　**問１**　ア，イ×…酸素は水に溶けにくく，わずかに溶けた水溶液は中性を示す(リトマス紙の色はどちらも変わらない)。　エ×…酸素にはものを燃やすはたらきがある。

問２　ａでは酸素，ｂでは水素が発生する。

問３，４　気体Ａはアンモニア〔NH_3〕である。アンモニアは水に溶けやすく，空気より密度が小さいから，上方置換法で集める。なお，なお，水に溶けやすく，空気より密度が大きい気体は下方置換法，水に溶けにくい気体は水上置換法で集める。

問５　化学変化の前後で，反応に関わる物質全体の質量は変わらない(質量保存の法則)から，密閉容器内で反応が起こった後のＹの質量はＸと等しい。これに対し，反応後に容器のふたを開けたると，容器内で発生した気体が空気中に逃げるので，Ｚの質量はＸ，Ｙに比べて小さい。

4　**問１**　震度は０，１，２，３，４，５弱，５強，６弱，６強，７の10段階に分けられる。

問２　震源に近い地点ほど震度が大きいから，図１で，震度６弱が記録された地点の真下付近に震源があると考えられる。よって，その地点から最も遠いイで，地震の波が伝わる時刻が最も遅かったと考えられる。

問４　マグニチュードは地震の規模を表し，数値が１大きくなるとエネルギーは約32倍，２大きくなると1000倍になる。

5　**問３**　実験開始から48時間で，ＡＢ間の長さは１㎜から６㎜になったから，６－１＝５(㎜)伸びた。

問４　ア，イ×…図２より，ＡＢ間とＢＣ間は22時間後までの同じように長さが変化していて，ＣＤ間は48時間後まで長さが変化してない。　ウ×…図３より，染色体が見られないＢ～Ｄでは細胞分裂が起こっていないと考えられる。

問５　図４で，複製された２本ずつの染色体が１本ずつに分かれることで，体細胞分裂では１つの細胞に含まれる染色体の数が(複製される前の)もとの細胞と同じになる。

6　**問１**　Ｘ．電磁誘導によって流れる電流を誘導電流という。

問２　図２のときと比べて，棒磁石の下の極か，棒磁石の下の極とコイルの距離の変化のどちらか一方が逆になると，誘導電流の向きも逆になる。図２では，棒磁石の下の極がＮ極，棒磁石の下の極とコイルの距離が近づくから，Ｎ極が遠ざかるアで，検流計の針が逆向きにふれる。なお，イ～エでは，検流計の針が図２と同じ向きにふれる。

問３　ａ×…火力発電は化石燃料を燃やすことで発電している。化石燃料は有限である。

問４　必要な風力発電機は560000÷800＝700(基)だから，必要な面積は0.10×700＝70(㎢)である。

7　**問１，２**　亜鉛と銅では，亜鉛の方がイオンになりやすいため，銅イオンが存在する硫酸銅水溶液に亜鉛片を入れると，亜鉛が電子を放出し，亜鉛イオンになって水溶液中に溶け出す。亜鉛が放出したイオンを水溶液中の銅イオンが受け取って銅原子となるため，亜鉛片には赤色の銅が付着する。また，硫酸銅水溶液の青色は銅イオンによるものであり，銅イオンの数が少なくなると青色がうすくなる。

問４　銅よりもイオンになりやすい亜鉛が放出した電子は，Ｘの向きに導線を通って銅板へ移動する。電子は－極から＋極へ移動するから，亜鉛板が－極，銅板が＋極である。

8　**問１**　夕方の西の空に観察できる金星をよいの明星といい，明け方の東の空に観察できる金星を明けの明星という。

問２　図の１回目の金星のように，地球と金星を結んだ直線と，金星と太陽を結んだ直線が垂直に交わるとき，金星の太陽側の半分が光って見える。よって，右半分が光っているウが正答となる。なお，天体望遠鏡で観察すると，肉眼で見るのとは上下左右が反対に見える。

問４　図の１回目と２回目の金星の位置の変化から，３回目の金星は，地球から見て太陽の右側にくると考えられる。地球から見て，太陽の右側にある金星は明けの明星，太陽の左側にある金星はよいの明星である。

問５　イは地球，ウは水星，エは土星について説明したものである。

《2022　社会　解説》

[1] **問１**　日本は遣唐使を送り，唐の進んだ制度や文化を学んでいた。奈良時代の唐には，シルクロードを通って西アジアから様々な宝物が伝わっており，その一部は遣唐使によって日本に持ちこまれ，東大寺の正倉院に納められた。

問２　エが正しい。平安時代末期に平清盛は武士として初めて太政大臣に就任した。ア(室町時代)はR，イ(安土桃山時代)はS，ウ(平安時代初期)はPにあたる。

問３　Bのみ誤りだからイを選ぶ。下線部は元寇の記述であるが，六波羅探題を設置したのは承久の乱後である。元寇後には，北九州を守るために異国警固番役が置かれた。

問４　元寇(1274 年 文永の役・1281 年 弘安の役)～鉄砲伝来(1543 年)にあたることから，ウが正しい。大航海時代(15～16 世紀)は室町時代後半～安土桃山時代にあたる。ポルトガルやスペインとの南蛮貿易は，キリスト教布教を目的にした宣教師や貿易商人と行われていた。アは 1776 年，イは紀元前 18 世紀，エは 11 世紀。

問５[T]　鎖国体制が完成した後も，キリスト教の布教を行わないオランダとの貿易は長崎の出島で続けられ，江戸幕府はオランダ風説書によって海外の貴重な情報を入手し，貿易を独占していた。　[U]　シーボルトは，国外持出し禁止の大日本沿海輿地全図をドイツに持ち帰ろうして国外追放された事件でも知られる。

[2] **問１**　イが正しい。学制(1872 年)では，満６歳以上の男女全てが小学校で初等教育を受けることとされた。アは 1932 年，ウは 1911 年，エは 1922 年。

問２　伊藤博文は，大隈重信を政府から下野させ，10 年後の国会開設を決めると，明治天皇の命を受けて君主権の強いプロイセン(ドイツ)の憲法を学んで帰国した後，内閣制度を創設し，初代内閣総理大臣に就任した。

問３　両方とも正しいからアを選ぶ。　A．工場法(1911 年)では，年少者と女性の１日 12 時間をこえる就業や深夜労働を禁止した。　B．足尾銅山鉱毒事件(19 世紀後半)では，足尾銅山から出た鉱毒が渡良瀬川に流れこみ，流域で農業や漁業を営んでいた人々が大きな被害を受けた。衆議院議員であった田中正造は，帝国議会でこの事件を取り上げて明治政府の責任を追及し，議員を辞職した後も，鉱毒問題の解決に努めた。

問４　第一次世界大戦の講和条約であるベルサイユ条約により，ドイツは植民地を失い，巨額の賠償金や軍備縮小が課された。

問５[P]　普通選挙法と同時に治安維持法を制定して，社会主義の動きを取り締まった。

[Q]　右表参照。

選挙法改正年 (主なもののみ抜粋)	直接国税の要件	性別による制限	年齢による制限
1889 年	15 円以上	男子のみ	満 25 歳以上
1925 年	なし	男子のみ	満 25 歳以上
1945 年	なし	なし	満 20 歳以上
2015 年	なし	なし	満 18 歳以上

問6　イ．世界恐慌の始まり(1929年)→ウ．日本の国際連盟脱退(1935年)→ア．第二次世界大戦の開始(1939年)

問7　ウ．沖縄が日本に返還された1972年まで，沖縄ではドル紙幣が流通し，車は右側を走るなど，日本本土とは異なったルールが適用されていた。また，1951年のサンフランシスコ平和条約の締結時，日本国内にアメリカ軍が駐留することを認めた日米安全保障条約も結ばれた。

3　**問1**(1)　エが正しい(右図参照)。　(2)　熊本県の阿蘇山のカルデラは世界最大級の大きさであり，内部には草原が広がり，農業や牧畜が営まれている。　(3)　高松市(③)は瀬戸内の気候だから，比較的温暖で1年を通して降水量が少ないウを選ぶ。
アは釧路市(①／北海道の気候)，イは金沢市(②／日本海側の気候)，エは那覇市(④／南西諸島の気候)。
(4)　茶の産地である牧之原，カツオの水揚げ量日本一の焼津港，二輪車(オートバイ)の生産が盛んな浜松市，パルプの生産が盛んな富士市がある静岡県(D)と判断する。Cは青森県，Eは和歌山県，Fは島根県。

問2(1)　イが正しい。　ア．人口は統計資料を調べる。　ウ．公園の利用状況は聞き取りやアンケートで調べる。エ．通行する車の台数は交通量を調べる。　(2)　Xのみ誤りだからウを選ぶ。(実際の距離)＝(地図上の長さ)×(縮尺の分母)より，一辺の実際の距離は4×25000＝100000(cm)＝1000(m)＝1(km)。よって，Gの範囲の実際の面積は1×1＝1(㎢)である。

問3　小型・軽量で単価の高い半導体などの電子部品は航空輸送，重量の重い自動車や石油・石炭といった原料や燃料などは海上輸送が利用されている。

4　**問1**(1)　スカンディナビア半島の西側にフィヨルドが見られる。　(2)　緯線と経線が直角に交わった地図Ⅰで，最短距離(大圏航路)は極側にたわんだ曲線になることから，アを選ぶ。　(3)　イが正しい。　X．ケープタウンは東経18度に位置する。経度差15度で1時間の時差が生じるから，日本とケープタウンの経度差が135－18＝117(度)で，時差は117÷15＝7.8(時間)になる。ケープタウンは日本より時刻が遅れているので，午前6～7時となる。
Y．北半球の日本と南半球のケープタウンでは季節が逆になる。　(4)　サンベルトはヒスパニックやアフリカ系などの安価で豊富な労働力や安い地価を背景に発展したが，現在はインターネット関連の情報技術産業や宇宙関連産業が発達している。　(5)　緯度0度の赤道は，南アメリカ大陸のアマゾン川河口を通るので，Fのエクアドルを選ぶ。また，「エクアドル」はスペイン語で赤道を意味する。Eはキューバ，Gはボリビア，Hはウルグアイ。

問2　エ．人口はアジア州とアフリカ州が圧倒的に多いことから，Qを人口と判断できるので，Pは面積となる。先進国の多いヨーロッパ州は，開発途上国の多いアフリカ州よりもエネルギー消費率が高いことから，Tをヨーロッパ州と判断できる。

問3　氷雪地域では雪や氷を，熱帯雨林地域では植物を材料にしていることから導く。

5　**問1**　日本国憲法は「基本的人権の尊重」を基本原理としており，自由権・社会権・参政権などを保障している。

問2　Bのみ誤りだからイを選ぶ。憲法改正の発議は国会の持つ権限である。

問3　エが正しい。第二審を求めるのが控訴審，高等裁判所→最高裁判所に第三審を求めるのが上告審である(三審制)。　ア．「行政裁判」ではなく「民事裁判」である。行政裁判は，住民が行政を裁判所に訴えて開かれる。イ．「刑事裁判」ではなく「民事裁判」である。刑事裁判は，検察官が容疑者を被告人として起訴することで始まる。ウ．司法権の独立は，裁判所が国会や内閣などの機関から影響を受けないことである。また，第一審は地方裁判所以外にも，簡易裁判所や家庭裁判所で行われることもある。

問５　三権分立によって権力の集中やらん用を防いでいることが書けていれば良い。

6　問１(1)　銀行などの金融機関を仲立ちとして資金の貸し借りを行うことを間接金融と言う。　(2)　株式会社の運営は株主総会で選ばれた取締役が従事する。

問２　Ａのみ誤りだからウを選ぶ。クーリング・オフは，訪問販売などによって契約した場合，一定の期間内であれば，無条件で解約できる制度である。

問３　１ドル＝200円と１ドル＝100円では，１ドル＝100円のときの方が円の価値が高いことになる。

問４　パリ協定では，すべての国で地球温暖化の抑制に向けた具体的な数値目標を掲げることが求められている。

問５ S　17の目標の「ＳＤＧｓ(持続可能な開発目標)」が掲げられ，環境・経済・人間社会のバランスがとれた社会を取り戻し継続していくことが世界中で目指されている。　T　フェアトレードによって，途上国では児童労働を生み出す貧困の連鎖を断ち切ることができる。　U　男女共同参画社会基本法は，男女双方の人権を尊重し，責任をともに分かちあうことを目的として制定された。

■ ご使用にあたってのお願い・ご注意

（1）問題文等の非掲載

著作権上の都合により，問題文や図表などの一部を掲載できない場合があります。

誠に申し訳ございませんが，ご了承くださいますようお願いいたします。

（2）過去問における時事性

過去問題集は，学習指導要領の改訂や社会状況の変化，新たな発見などにより，現在とは異なる表記や解説になっている場合があります。過去問の特性上，出題当時のままで出版していますので，あらかじめご了承ください。

（3）配点

学校等から配点が公表されている場合は，記載しています。公表されていない場合は，記載していません。

独自の予想配点は，出題者の意図と異なる場合があり，お客様が学習するうえで誤った判断をしてしまう恐れがあるため記載していません。

（4）無断複製等の禁止

購入された個人のお客様が，ご家庭でご自身またはご家族の学習のためにコピーをすることは可能ですが，それ以外の目的でコピー，スキャン，転載（ブログ，ＳＮＳなどでの公開を含みます）などをすることは法律により禁止されています。学校や学習塾などで，児童生徒のためにコピーをして使用することも法律により禁止されています。

ご不明な点や，違法な疑いのある行為を確認された場合は，弊社までご連絡ください。

（5）けがに注意

この問題集は針を外して使用します。針を外すときは，けがをしないように注意してください。また，表紙カバーや問題用紙の端で手指を傷つけないように十分注意してください。

（6）正誤

制作には万全を期しておりますが，万が一誤りなどがございましたら，弊社までご連絡ください。

なお，誤りが判明した場合は，弊社ウェブサイトの「ご購入者様のページ」に掲載しておりますので，そちらもご確認ください。

■ お問い合わせ

解答例，解説，印刷，製本など，問題集発行におけるすべての責任は弊社にあります。

ご不明な点がございましたら，弊社ウェブサイトの「お問い合わせ」フォームよりご連絡ください。迅速に対応いたしますが，営業日の都合で回答に数日を要する場合があります。

ご入力いただいたメールアドレス宛に自動返信メールをお送りしています。自動返信メールが届かない場合は，「よくある質問」の「メールの問い合わせに対し返信がありません。」の項目をご確認ください。

また弊社営業日（平日）は，午前９時から午後５時まで，電話でのお問い合わせも受け付けています。

2025春

教英出版

株式会社教英出版

〒422-8054　静岡県静岡市駿河区南安倍３丁目 12-28

TEL　054-288-2131　　FAX　054-288-2133

URL　https://kyoei-syuppan.net/

MAIL siteform@kyoei-syuppan.net

教英出版の高校受験対策

高校入試 きそもんシリーズ

何から始めたらいいかわからない受験生へ

基礎問題集

- 出題頻度の高い問題を厳選
- 教科別に弱点克服・得意を強化
- 短期間でやりきれる

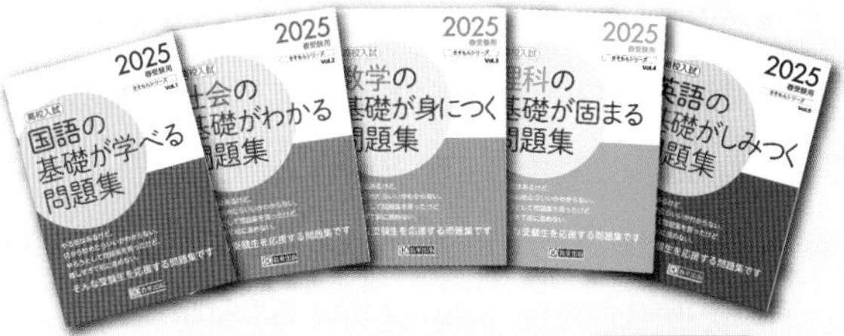

6月発売

［国・社・数・理・英］

各教科 定価：638円（本体580円＋税）

ミスで得点が伸び悩んでいる受験生へ

入試の基礎ドリル

- 反復練習で得点力アップ
- おかわりシステムがスゴイ!!
- 入試によく出た問題がひと目でわかる

9月発売

［国・社・数・理・英］

各教科 定価：682円（本体620円＋税）

高校入試によくでる中１・中２の総復習

高校合格へのパスポート

- １課30分で毎日の学習に最適
- 選べる３つのスケジュール表で計画的に学習
- 中２までの学習内容で解ける入試問題を特集

5教科収録

5月発売

定価：1,672円
（本体1,520円＋税）

受験で活かせる力が身につく

高校入試 ここがポイント！

- 学習の要点をわかりやすく整理
- 基本問題から応用問題まで，幅広く収録
- デジタル学習で効率よく成績アップ

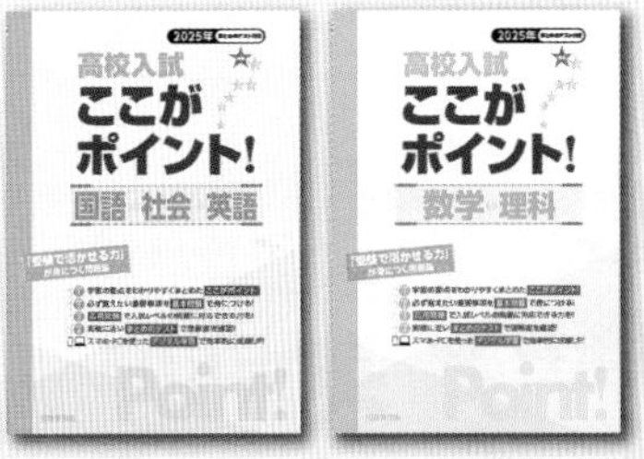

国語・社会・英語　数 学・理 科

6月発売

定価：1,672円
（本体1,520円＋税）

「苦手」から「得意」に変わる

英語リスニング練習問題

- 全７章で，よく出る問題をパターン別に練習
- 解き方のコツや重要表現・単語がわかる
- 各都道府県の公立高校入試に対応

CD付

10月発売

定価：1,980円
（本体1,800円＋税）

学校別問題集

北海道

①札幌北斗高等学校
②北星学園大学附属高等学校
③東海大学付属札幌高等学校
④立命館慶祥高等学校
⑤北海高等学校
⑥北見藤高等学校
⑦札幌光星高等学校
⑧函館ラ・サール高等学校
⑨札幌大谷高等学校
⑩北海道科学大学高等学校
⑪遺愛女子高等学校
⑫札幌龍谷学園高等学校
⑬札幌日本大学高等学校
⑭札幌第一高等学校
⑮旭川実業高等学校
⑯北海学園札幌高等学校

青森県

①八戸工業大学第二高等学校

宮城県

①聖和学園高等学校(A日程)
②聖和学園高等学校(B日程)
③東北学院高等学校(A日程)
④東北学院高等学校(B日程)
⑤仙台大学附属明成高等学校
⑥仙台城南高等学校
⑦東北学院榴ケ岡高等学校
⑧古川学園高等学校
⑨仙台育英学園高等学校(A日程)
⑩仙台育英学園高等学校(B日程)
⑪聖ウルスラ学院英智高等学校
⑫宮城学院高等学校
⑬東北生活文化大学高等学校
⑭東北高等学校
⑮常盤木学園高等学校
⑯仙台白百合学園高等学校
⑰尚絅学院高等学校(A日程)
⑱尚絅学院高等学校(B日程)

山形県

①日本大学山形高等学校
②惺山高等学校
③東北文教大学山形城北高等学校
④東海大学山形高等学校
⑤山形学院高等学校

福島県

①日本大学東北高等学校

新潟県

①中越高等学校
②新潟第一高等学校
③東京学館新潟高等学校
④日本文理高等学校
⑤新潟青陵高等学校
⑥帝京長岡高等学校
⑦北越高等学校
⑧新潟明訓高等学校

富山県

①高岡第一高等学校
②富山第一高等学校

石川県

①金沢高等学校
②金沢学院大学附属高等学校
③遊学館高等学校
④星稜高等学校
⑤鵬学園高等学校

山梨県

①駿台甲府高等学校
②山梨学院高等学校(特進)
③山梨学院高等学校(進学)
④山梨英和高等学校

岐阜県

①鶯谷高等学校
②富田高等学校
③岐阜東高等学校
④岐阜聖徳学園高等学校
⑤大垣日本大学高等学校
⑥美濃加茂高等学校
⑦済美高等学校

静岡県

①御殿場西高等学校
②知徳高等学校
③日本大学三島高等学校
④沼津中央高等学校
⑤飛龍高等学校
⑥桐陽高等学校
⑦加藤学園高等学校
⑧加藤学園暁秀高等学校
⑨誠恵高等学校
⑩星陵高等学校
⑪静岡県富士見高等学校
⑫清水国際高等学校
⑬静岡サレジオ高等学校
⑭東海大学付属静岡翔洋高等学校
⑮静岡大成高等学校
⑯静岡英和女学院高等学校
⑰城南静岡高等学校
⑱静岡女子高等学校
⑲常葉大学附属常葉高等学校
常葉大学附属橘高等学校
常葉大学附属菊川高等学校
⑳静岡北高等学校
㉑静岡学園高等学校
㉒焼津高等学校
㉓藤枝明誠高等学校
㉔静清高等学校
㉕磐田東高等学校
㉖浜松学院高等学校
㉗浜松修学舎高等学校
㉘浜松開誠館高等学校
㉙浜松学芸高等学校
㉚浜松聖星高等学校
㉛浜松日体高等学校
㉜聖隷クリストファー高等学校
㉝浜松啓陽高等学校
㉞オイスカ浜松国際高等学校

愛知県

①[国立]愛知教育大学附属高等学校
②愛知高等学校
③名古屋経済大学市邨高等学校
④名古屋経済大学高蔵高等学校
⑤名古屋大谷高等学校
⑥享栄高等学校
⑦椙山女学園高等学校
⑧大同大学大同高等学校
⑨日本福祉大学付属高等学校
⑩中京大学附属中京高等学校
⑪至学館高等学校
⑫東海高等学校
⑬名古屋たちばな高等学校
⑭東邦高等学校
⑮名古屋高等学校
⑯名古屋工業高等学校
⑰名古屋葵大学高等学校
(名古屋女子大学高等学校)
⑱中部大学第一高等学校
⑲桜花学園高等学校
⑳愛知工業大学名電高等学校
㉑愛知みずほ大学瑞穂高等学校
㉒名城大学附属高等学校
㉓修文学院高等学校
㉔愛知啓成高等学校
㉕聖カピタニオ女子高等学校
㉖滝高等学校
㉗中部大学春日丘高等学校
㉘清林館高等学校
㉙愛知黎明高等学校
㉚岡崎城西高等学校
㉛人間環境大学附属岡崎高等学校
㉜桜丘高等学校

㉝光ヶ丘女子高等学校
㉞藤ノ花女子高等学校
㉟栄徳高等学校
㊱同朋高等学校
㊲星城高等学校
㊳安城学園高等学校
㊴愛知産業大学三河高等学校
㊵大成高等学校
㊶豊田大谷高等学校
㊷東海学園高等学校
㊸名古屋国際高等学校
㊹啓明学館高等学校
㊺聖霊高等学校
㊻誠信高等学校
㊼誉高等学校
㊽杜若高等学校
㊾菊華高等学校
㊿豊川高等学校

三重県

①暁高等学校(3年制)
②暁高等学校(6年制)
③海星高等学校
④四日市メリノール学院高等学校
⑤鈴鹿高等学校
⑥高田高等学校
⑦三重高等学校
⑧皇學館高等学校
⑨伊勢学園高等学校
⑩津田学園高等学校

滋賀県

①近江高等学校

大阪府

①上宮高等学校
②大阪高等学校
③興國高等学校
④清風高等学校
⑤早稲田大阪高等学校
（早稲田摂陵高等学校）
⑥大商学園高等学校
⑦浪速高等学校
⑧大阪夕陽丘学園高等学校
⑨大阪成蹊女子高等学校
⑩四天王寺高等学校
⑪梅花高等学校
⑫追手門学院高等学校
⑬大阪学院大学高等学校
⑭大阪学芸高等学校
⑮常翔学園高等学校
⑯大阪桐蔭高等学校
⑰関西大倉高等学校
⑱近畿大学附属高等学校
⑲金光大阪高等学校
⑳星翔高等学校
㉑阪南大学高等学校
㉒箕面自由学園高等学校
㉓桃山学院高等学校
㉔関西大学北陽高等学校

兵庫県

①雲雀丘学園高等学校
②園田学園高等学校
③関西学院高等部
④灘高等学校
⑤神戸龍谷高等学校
⑥神戸第一高等学校
⑦神港学園高等学校
⑧神戸学院大学附属高等学校
⑨神戸弘陵学園高等学校
⑩彩星工科高等学校
⑪神戸野田高等学校
⑫滝川高等学校
⑬須磨学園高等学校
⑭神戸星城高等学校
⑮啓明学院高等学校
⑯神戸国際大学附属高等学校
⑰滝川第二高等学校
⑱三田松聖高等学校
⑲姫路女学院高等学校
⑳東洋大学附属姫路高等学校
㉑日ノ本学園高等学校
㉒市川高等学校
㉓近畿大学附属豊岡高等学校
㉔夙川高等学校
㉕仁川学院高等学校
㉖育英高等学校

奈良県

①西大和学園高等学校

岡山県

①[県立]岡山朝日高等学校
②清心女子高等学校
③就実高等学校
(特別進学コース〈ハイグレード·アドバンス〉)
④就実高等学校
(特別進学チャレンジコース·総合進学コース)
⑤岡山白陵高等学校
⑥山陽学園高等学校
⑦関西高等学校
⑧おかやま山陽高等学校
⑨岡山商科大学附属高等学校
⑩倉敷高等学校
⑪岡山学芸館高等学校(1期1日目)
⑫岡山学芸館高等学校(1期2日目)
⑬倉敷翠松高等学校
⑭岡山理科大学附属高等学校
⑮創志学園高等学校
⑯明誠学院高等学校
⑰岡山龍谷高等学校

広島県

①[国立]広島大学附属高等学校
②[国立]広島大学附属福山高等学校
③修道高等学校
④崇徳高等学校
⑤広島修道大学ひろしま協創高等学校
⑥比治山女子高等学校
⑦呉港高等学校
⑧清水ヶ丘高等学校
⑨盈進高等学校
⑩尾道高等学校
⑪如水館高等学校
⑫広島新庄高等学校
⑬広島文教大学附属高等学校
⑭銀河学院高等学校
⑮安田女子高等学校
⑯山陽高等学校
⑰広島工業大学高等学校
⑱広陵高等学校
⑲近畿大学附属広島高等学校福山校
⑳武田高等学校
㉑広島県瀬戸内高等学校(特別進学)
㉒広島県瀬戸内高等学校(一般)
㉓広島国際学院高等学校
㉔近畿大学附属広島高等学校東広島校
㉕広島桜が丘高等学校

山口県

①高水高等学校
②野田学園高等学校
③宇部フロンティア大学付属香川高等学校
（普通科〈特進·進学コース〉）
④宇部フロンティア大学付属香川高等学校
（生活デザイン·食物調理·保育科）
⑤宇部鴻城高等学校

徳島県

①徳島文理高等学校

香川県

①香川誠陵高等学校
②大手前高松高等学校

愛媛県

①愛光高等学校
②済美高等学校
③FC今治高等学校
④新田高等学校
⑤聖カタリナ学園高等学校

福岡県

①福岡大学附属若葉高等学校
②精華女子高等学校（専願試験）
③精華女子高等学校（前期試験）
④西南学院高等学校
⑤筑紫女学園高等学校
⑥中村学園女子高等学校（専願入試）
⑦中村学園女子高等学校（前期入試）
⑧博多女子高等学校
⑨博多高等学校
⑩東福岡高等学校
⑪福岡大学附属大濠高等学校
⑫自由ケ丘高等学校
⑬常磐高等学校
⑭東筑紫学園高等学校
⑮敬愛高等学校
⑯久留米大学附設高等学校
⑰久留米信愛高等学校
⑱福岡海星女子学院高等学校
⑲誠修高等学校
⑳筑陽学園高等学校（専願入試）
㉑筑陽学園高等学校（前期入試）
㉒真颯館高等学校
㉓筑紫台高等学校
㉔純真高等学校
㉕福岡舞鶴高等学校
㉖折尾愛真高等学校
㉗九州国際大学付属高等学校
㉘祐誠高等学校
㉙西日本短期大学附属高等学校
㉚東海大学付属福岡高等学校
㉛慶成高等学校
㉜高稜高等学校
㉝中村学園三陽高等学校
㉞柳川高等学校
㉟沖学園高等学校
㊱福岡常葉高等学校
㊲九州産業大学付属九州高等学校
㊳近畿大学附属福岡高等学校
㊴大牟田高等学校
㊵久留米学園高等学校
㊶福岡工業大学附属城東高等学校（専願入試）
㊷福岡工業大学附属城東高等学校（前期入試）
㊸八女学院高等学校
㊹星琳高等学校
㊺九州産業大学付属九州産業高等学校
㊻福岡雙葉高等学校

佐賀県

①龍谷高等学校
②佐賀学園高等学校
③佐賀女子短期大学付属佐賀女子高等学校
④弘学館高等学校
⑤東明館高等学校
⑥佐賀清和高等学校
⑦早稲田佐賀高等学校

長崎県

①海星高等学校（奨学生試験）
②海星高等学校（一般入試）
③活水高等学校
④純心女子高等学校
⑤長崎南山高等学校
⑥長崎日本大学高等学校（特別入試）
⑦長崎日本大学高等学校（一次入試）
⑧青雲高等学校
⑨向陽高等学校
⑩創成館高等学校
⑪鎮西学院高等学校

熊本県

①真和高等学校
②九州学院高等学校（奨学生・専願生）
③九州学院高等学校（一般生）
④ルーテル学院高等学校（専願入試・奨学入試）
⑤ルーテル学院高等学校（一般入試）
⑥熊本信愛女学院高等学校
⑦熊本学園大学付属高等学校（奨学生試験・専願生試験）
⑧熊本学園大学付属高等学校（一般生試験）
⑨熊本中央高等学校
⑩尚絅高等学校
⑪文徳高等学校
⑫熊本マリスト学園高等学校
⑬慶誠高等学校

大分県

①大分高等学校

宮崎県

①鵬翔高等学校
②宮崎日本大学高等学校
③宮崎学園高等学校
④日向学院高等学校
⑤宮崎第一高等学校（文理科）
⑥宮崎第一高等学校（普通科·国際マルチメディア科·電気科）

鹿児島県

①鹿児島高等学校
②鹿児島実業高等学校
③樟南高等学校
④れいめい高等学校
⑤ラ・サール高等学校

新刊
もっと過去問シリーズ

愛知県

愛知高等学校
7年分（数学・英語）

中京大学附属中京高等学校
7年分（数学・英語）

東海高等学校
7年分（数学・英語）

名古屋高等学校
7年分（数学・英語）

愛知工業大学名電高等学校
7年分（数学・英語）

名城大学附属高等学校
7年分（数学・英語）

滝高等学校
7年分（数学・英語）

※もっと過去問シリーズは入学試験の実施教科に関わらず、数学と英語のみの収録となります。

教英出版
〒422-8054
静岡県静岡市駿河区南安倍3丁目12−28
TEL 054-288-2131
FAX 054-288-2133
詳しくは教英出版で検索
教英出版 検索
URL https://kyoei-syuppan.net/

受検番号	番

令和６年度学力検査問題

国　　語

（50分）

注　　意

1　「始め」の合図があるまで、この問題冊子を開いてはいけません。

2　解答用紙は中にはさんであります。

3　「始め」の合図があったら、まず、受検番号を問題冊子および解答用紙の受検番号欄に記入しなさい。

4　問題は 一 ～ 四 で、１ページから８ページまであります。

5　答えは、すべて解答用紙に記入しなさい。

6　「やめ」の合図で、鉛筆を置きなさい。

長崎県公立高等学校

問　　題

一 次の文章を読んで、あとの問いに答えなさい。

バレーボールのクラブチーム「ゴールドウィングス」のキャプテンである小学校六年生の新田空良《にったそら》は、アタッカーにボールを上げるセッターのポジションを務めていた。六年生の六人を中心としたチームは練習に励んでいたが、全国大会の出場をかけた県大会の当日、試合会場に向かう途中で、チームメイトで六年生の大和《やまと》が、空良の目の前で事故に遭った。空良は病院に同行し、チームは県大会に出場できなかった。

本文は、県大会の翌日に空良が学校から帰り、バレーボールの練習を休もうかと考えている場面である。

六人で、大会に出たかったなあ……。

ボールを手にとり、天井に向けて上げてみる。

ポスッ……ポスッ……ポスッ、ポスッ……。

「二十三、二十四……」

気がつけば、数を数えながら注(1)頭上トスを続けていた。

何やってんだろ、おれ。

ベッドからおりると、体が自然に注(2)アシカトスを始めた。ボールはおれの手から糸が出ているみたいにきれいに真上に上がっては、すいよせられるようにもどってくる。

とうとうおれは、一度もボールを落とさないまま、おでこの上でボールをとらえ続けることができた。

「やっ……た」

小さな声がもれる。

なんで今ごろ、完璧にできるようになるんだよ。

毎日続けてきたから……？ ①気持ちとは裏腹に、体は着実に力をつけていることを教えてくれようとしているみたいだ。

「ははは」

たいしてうれしいと思ってないのに、a乾いた笑いがこみあげてくる。

そして気づいてしまった。もう消えていたと思った②胸の奥の火が、かすかにくすぶっていることに。

おれは急いでボールやタオルをリュックにつめこむと、自転車で家を出た。玲《れい》の家の前に着くと、インターホンをbならしたが、返答はない。

「玲ーっ」

トントン、と玄関のc扉をたたいても、家の中からカタカタッという音がしただけだった。

居留守かよ。玲のバカ。ヘタレ。

おれは心の中で悪態をつくと、サドルにまたがった。

まあ、こんなことがあったばかりじゃ、しかたねーけどさ。

おれだって、さっきまでサボろうって思ってたし……。

おれは重くなりそうな気持ちをふりはらうように、ギュッギュッとペダルを強くこいだ。

「うそでしょ……」

練習時間にはぎりぎり間にあったが、六年生で練習に来ていたのは、おれ一人だった。

五年生や小さいメンバーはコートの中にいるのに、一人ぼっちになったような気がした。

「空良くん、よく来たね」

注(3)太一《たいち》監督に声をかけられると、③鼻の奥がジンと熱くなる気がした。

「あの……どこが優勝したんですか？」

おれはつい、県大会の結果を聞いてしまった。知ったって、どうしようもないのに。

「光が丘クラブと城山ＪＶＣで決勝戦が行われて、光が丘が圧勝したそうです」

太一監督が静かに答えた。

やっぱり、全国に行くのは光が丘か。

もう終わったんだ、と自分にいい聞かせると、かすかにわきあがってきたような気がした力が体からいっきにぬけていった。

太一監督がゆっくりと口を開く。

「本当はぼく……あのとき、一瞬迷ったんです」

「えっ」
「大和くんのことは本当に心配だった。でも、このためにみんなが必死で練習してきた目標をつぶしてしまっていいのかって……」
　太一監督がめがねをはずすと、目をタオルでおさえた。
「だけど、『おれも……試合には行かない』という空良くんのひとことでハッとさせられました。みんなはぼくよりも、④きみが決めたことなら納得するだろう。そう思いました」
「そんな……どうして……」
「こんな日も、ちゃんと練習に来たじゃないですか。自主練も、ずっとやっていたんでしょう?」
「えっ、なんで知っとるんですか?」
「きみの動きを見ていれば、みんなわかっていたと思いますよ」
　太一監督がコートに目を向ける。
　コートの中では、リョータたちが、おれがいつもやっているアシカトスの練習をやり始めていた。
　Ⅰ目線はリョータたちに向けたまま、おれは太一監督にいった。
「おれ、さっき家でアシカトスをやってたんですけど、初めて最後までボールを落とさずにできたんです」
「さっき?」
「なんで今ごろになって……って感じですよね」
　おれが力なくいうと、太一監督はⅡ遠くを見るような目をした。
「実はぼく……小学生のときはレシーバーでしたが、中学でセッターになったんです」
「えっ、太一監督もセッターだったんですか?」
「うん。同じ学年に注(4)北見佑飛《きたみゆうひ》選手がいてね。ゴールドウィングスでいっしょにプレーしていたんだ。佑飛にどうしてもぼくがトスを上げたくて、中学ではセッターの猛練習をしたんですよ」
「うそっ……!　なんで今まで教えてくれなかったんですか?」
　北見選手といっしょにプレー?
　太一監督が、北見選手にトスを上げていたってこと?
　口をぽかんと開けていると、太一監督は床に目を落とした。
「ぼくは、北見選手をずっと近くで見ていたせいか、自分の限界を感じてしまって……。身長ものびなくてね。高校では北見選手にあこがれてバレー部に入った仲間が多く、レギュラーになれなくて、途中でやめてしまったんです。注(5)太造《たいぞう》監督にも『おまえの弱さにがっかりした。バレーじゃなくて、気持ちの弱さに』といわれました……。だから、『バレーをやっていた』ってみんなに胸をはっていえなかったんです」
　太一監督、そうだったんだ……。
　たしかに、あんなにすごい選手とプレーしていたら、自分と比べてしまってもしかたないかもしれない。
「でも、たとえいっしょに試合ができなかったとしても、同じバレー部のメンバーとして注(6)春高を目指せば良かったと、すごく後悔しました。だから、みんなには、身長や才能を気にせず、自分なりの勝ち方をたくさん見つけてほしいって思ってるんです」
　太一監督は顔を上げた。
「でも、⑤とりもどせない過去や、人にいいたくないほどくやしかったことって、意外と未来につながるんだなあって、最近、感じてるんです」
「未来に……?」
「はい。ぼくがもう一度コーチとしてがんばりたいと思ったのは、完全燃焼できなかったからだと思うんです。ずーっとずーっとくすぶっていたおかげで、空良くんたちと出会うことができました」
　Ⅲ太一監督がようやく笑顔を見せた。
「完全燃焼できなかった火は、意外と強いんですよ」
　完全燃焼できなかった火……。
　Ⅳおれたちも、いっしょかもしれない。
　太一監督はまっすぐにおれの目を見つめていった。
「さあ、練習を始めましょうか」

（高田由紀子《たかだゆきこ》『金色の羽でとべ』）

注(1)　頭上トス…空良が取り組んでいるボールを上げる練習。
注(2)　アシカトス…空良が取り組んでいるボールを上げる練習。アシカショーのアシカの動きに似ている。
注(3)　太一監督…ゴールドウィングスの監督。監督になる前はコーチを務めていた。
注(4)　北見佑飛選手…空良と同じ小学校を卒業したプロバレーボール選手。チームのアタッカーで、空良の憧れの選手。
注(5)　太造監督…ゴールドウィングスの元監督。
注(6)　春高…全日本バレーボール高等学校選手権大会の愛称。

問一　‖線部a～cについて、漢字は読みをひらがなで書き、カタカナは漢字に直せ。

問二　――線部①の意味として最も適当なものを次から一つ選び、その記号を書け。

ア　本心では納得できないが　　イ　思いと正反対に
ウ　心が満たされずに　　エ　予想とは異なって

問三　――線部②の比喩表現は、どのようなことを表しているか。三十字以内で書け。

問四　――線部③とあるが、このときの「空良」を説明したものとして最も適当なものを次から一つ選び、その記号を書け。

ア　六年生で練習に来たのは自分一人だったことで、仲間と心を一つにできていなかったのだと痛感し、ひどく落ち込んでいる。
イ　練習に六年生が来ていないことに驚く自分に対して、平然とした態度で接してくる監督の無神経さに、言葉を失っている。
ウ　大会に出られなかった悔しさから練習を休もうとしたことを見透かすような監督の言葉に、泣きたい気持ちになっている。
エ　六年生が練習に来ておらず寂しい思いでいたときに、自分を優しくねぎらう監督の言葉を聞いて、涙が出そうになっている。

問五　――線部④とあるが、「太一監督」がこのように考えた理由を説明したものとして最も適当なものを次から一つ選び、その記号を書け。

ア　これまで大和と練習に励んできた空良は、大和をけがで欠いては勝てないと分かっているはずだから。
イ　自主練に励むほどバレーボールに熱心な空良は、一度決めたことを曲げないと部員は知っているから。
ウ　バレーボールの練習に熱心に取り組んできた空良に対して、部員たちは大きな信頼を寄せているから。
エ　これまでチームを引っ張ってきてくれた空良ならば、チームに新しい目標を与えてくれるはずだから。

問六　――線部⑤について、「太一監督」は自らのどのような経験に基づいて言っているか。解答欄に合う形で五十字以内で書け。

[　　　　　　　　]という経験。

問七　〰〰線部Ⅰ～Ⅳについて説明したものとして最も適当なものを次から一つ選び、その記号を書け。

ア　〰〰線部Ⅰでは、空良が自分たちの無念を晴らそうと練習に励んでいる後輩たちを見て、誇らしげに思いながら期待している。
イ　〰〰線部Ⅱでは、落胆するあまり皮肉めいた言葉を口にする空良に対して、太一監督がどのように接すればよいか迷っている。
ウ　〰〰線部Ⅲでは、太一監督が自分の言葉をかみしめている空良の様子を見て、空良を元気づけることができたと確信している。
エ　〰〰線部Ⅳでは、空良が太一監督の話と現在の自分たちの境遇とを重ねながら、太一監督の励ましを受け止めようとしている。

二　次の文章を読んで、あとの問いに答えなさい。

昔、注(1)魏《ぎ》の文王、我《わ》れは注(2)賢王なりと思ひて、注(3)臣下の中に（に対して、）、「朕《ちん》、賢王なるや（私は、賢王であるか）」と問ひ給《たま》ふに（お尋ねになったところ、）、仁佐《じんざ》といふ注(4)大臣、①「君は賢王にてはおはせず（文王様は賢王ではいらっしゃいません）」とまうす。「いかなれば（なぜか）」と宣《のたま》へば（おっしゃると、）、「注(5)天の与ふる位を受くるこそ賢とはまうせ（天が与える王位を受けるなら賢といいますが、）、威を以《もつ》て位に居給ふ（力によって王位にいらっしゃる、）、これ（これは、文王が）賢王の儀に非《あら》ず（行いではありません）」といへり。伯父の王位をうち落として、かの后《きさき》をとりて（伯父の后を奪って）我が后とし給へる事をまうしけるにこそ（なさったことをいったものです。）。さて②瞋《いか》りて（それで怒って）座席を追ひ立てらる。次に郭《くわく》課《か》といふ大臣に、「朕は賢王なりや（私は賢王であるか）」と問ひ給へば（お尋ねになったところ、）、「賢王とこそまうさめ（賢王といえるでしょう）」とまうす。「何の故（どうしてか）」と③宣へば（おっしゃると、）、「賢王には必ず賢臣生まる」とまうしければ、この詞《ことば》を感じて（に感動して、）、仁佐召し返し（(を)呼び戻し、）、政（政治を）正しくし、賢王の名を得たりといへり（賢王と称賛されたという話だ。）。君も臣も賢なる世こそあらまほしく侍《はべ》れ（君主も臣下も優れている世が望ましいことです。）。

（『沙石集《しゃせきしゅう》』）

注(1)　魏の文王…「魏」は古代中国にあった国名。「文王」はその国の王の名。
注(2)　賢王…立派な王。
注(3)　臣下…王に仕える家来。
注(4)　大臣…王に仕える家来の中で、政務を行う高位の者。
注(5)　天…すべての物を造ったとされる存在。古代中国では、天が徳のある者に王位を与えるものとされていた。

問一　‖線部を現代かなづかいに直して書け。

問二　──線部①の理由を「仁佐」はどのように述べているか。「仁佐」の発言から十字以内で抜き出して書け。

問三　──線部②について説明したものとして最も適当なものを一つ選び、その記号を書け。

ア　文王が、仁佐の無作法な言動に怒り、その場から立ち去ったということ。
イ　仁佐が、王にふさわしくない文王に怒り、文王を王座から追放したということ。
ウ　文王が、賢王ではないと否定されたことに怒り、仁佐を追放したということ。
エ　仁佐が、自分の意見に納得しない文王に怒り、その場から立ち去ったということ。

問四　──線部③の主語として最も適当なものを次から一つ選び、その記号を書け。

ア　文王　　イ　仁佐　　ウ　伯父　　エ　郭課

問五　この話において、「文王」が賢王と称賛されたのはなぜか。空欄にあてはまる内容を　A　はあとの【選択肢】から最も適当なものを一つ選んでその記号を書き、　B　は二十字以内で書け。

文王が、郭課の言葉から、　A　ような臣下を持つ王が賢王であるということを理解し、　B　から。

【選択肢】
ア　王のあやまちを率直に指摘できる
イ　王にふさわしい人物を推薦できる
ウ　王の位を受け継ぐ力を持っている
エ　王の望んでいることに黙って従う

三　次の文章を読んで、あとの問いに答えなさい。

ヒトは脳が大きくなって、動物とは違う能力をもつようになりました。意識というはたらきです。意識はたぶん動物でももっていますが、ヒトの意識は「同じ」と「違う」を理解できます。意識は脳の中で発生する能力と思われるので、その脳に入ってくる「入力」は知覚あるいは感覚と①呼ばれます。感覚は世界の違いを捉えますが、ヒトの意識はそこから「同じ」を創り出します。「同じ」という能力は、ヒトの意識の特徴と言っていいと思います。このことは注(1)『遺言』（新潮新書）の中で詳しく説明しておきました。「同じ」という能力は交換を生み、お金を生み、相手の立場を考えるという能力を生み出します。

人間は「同じ」も「違い」もわかる。でも、猿はたぶん「違い」しかわかりません。その違いはいつ頃生まれるのか？

アメリカの科学者が、自身の子どもが生まれたとき、同じ頃に生まれたチンパンジーの子を見つけてきて一緒に育てました。

ほぼ同時期に生まれたその子どもとチンパンジーの発育を比較したところ、生後三年までは、なんとチンパンジーの能力のほうが上でした。特に運動能力は優《まさ》っています。

ところが四歳から五歳になると、人の発育が急に進みます。チンパンジーは身体は発育するのですが、知能はそれ以上発達しないのです。

おそらく三歳から五歳の間に、人とチンパンジーを分ける何かが起こるのでしょう。

それを確かめた実験もあります。

参加するのは三歳児と五歳児。舞台に箱Aと箱Bを用意します。

そこにお姉さんが登場します。箱Aに人形を入れ、箱にふたをして舞台から去ります。

次に、お母さんが現れます。箱Aに入っている人形を取り出し、箱Bに移します。そして、箱Bにふたをして立ち去ります。

再びお姉さんが舞台に現れます。

そこで、舞台を見ていた三歳児と五歳児に、研究者が質問します。

「お姉さんが開けるのは、どちらの箱？」

三歳児は「箱B」と答えます。自分はお母さんが人形を移したことを知っているため、お姉さんも箱Bを開けると考えてしまいます。

一方、五歳児は「箱A」と答えます。なぜならお姉さんは、お母さんが人形を移したのを見ていないからです。もちろんこちらが正解です。

三歳児と五歳児は、なぜ違った答えをしたのでしょう？

五歳児は「自分がお姉さんの立場だったら」と考えました。お姉さんと自分を交換して考えられるのです。

三歳児には「お姉さんの立場に立つ」ということができません。「人形は箱Bに入っている」ということを自分が知っているように、お姉さんも知っていると思ってしまうのです。

この②他者の心を理解するというはたらきを「心の理論」と呼びます。発達心理学では「心を読む」と表現しますが、私は「交換する」と考えます。必ずしも心を読む必要はなく、「相手の立場だったら」と自分が考えればいいのです。

この、自分と相手を交換するというはたらきも人間だけのものです。

心の理論が示すように、人間の脳は、できるだけ多くの人にaキョウツウの了解事項を広げていくように発展してきました。人間の脳は、個人間の差異を無視して、同じにしよう、同じにしようとする性質をもっています。だから、言語からb抽出された論理は、圧倒的な説得性をもちます。論理に反することを、脳はなかなか受け付けないのです。

私たちは生まれたときから、言葉に囲まれて育ちます。生まれたときには、すでに言葉がある。だから言葉を覚えていくということは、周りにある言葉に脳を適応させていくことにほかなりません。

　言葉は自分の外側にあるものです。私が死んでも言葉がなくなるわけではありません。脳がcエンザン装置だとすると、言葉は外部メモリ、つまり記憶装置です。そこには文字によって膨大な記憶が蓄えられています。

　言葉だけではありません。言葉よりもう少し広い概念が「記号」です。絵画や映像、音楽は言葉ではありませんが、人に何かを伝える記号です。

　記号の特徴は、不変性をもっていることです。だから違うものを「同じ」にできる。③「黄色」という言葉は私が死のうが残り続けます。

　でも、現実は変わり続けています。こんなことは昔の人はよく知っていました。「　　」も「万物は流転《るてん》する」も、変わり続ける現実を言い表した言葉です。

　しかしいまや、記号が幅を利《き》かせる世界になりました。④記号が支配する社会のことを「情報社会」と言います。記号や情報は動きや変化を止めるのが得意中の得意です。

　現実は千変万化して、私たち自身も同じ状態を二度と繰り返さない存在なのに、情報が優先する社会では、不変である記号のほうがリアリティをもち、絶えず変化していく私たちのほうがリアリティを失っていくという現象が起こります。

　そのことを指して私が創った言葉が「脳化社会」という言葉です。

（養老孟司《ようろうたけし》『ものがわかるということ』）

注(1)『遺言』…二〇一七年に出版された養老孟司氏の著書。

問一　═線部a～cについて、漢字は読みをひらがなで書き、カタカナは漢字に直せ。

問二　──線部①「呼ばれます」を単語に区切ったものとして適当なものを次から一つ選び、その記号を書け。

ア　呼ばれ／ます　**イ**　呼ば／れ／ます

ウ　呼ばれ／ま／す　**エ**　呼／ばれ／ます

問三　──線部②とあるが、本文の［　　］で囲まれた実験の中で、五歳児は、お姉さんの立場に立って、お姉さんの心についてどのように理解したのか。五十字以内で書け。

問四　次の【会話】は、──線部③について**生徒**と**先生**が話している場面である。【会話】の［Ⅰ］にあてはまる内容を二十字以内で書け。

【会話】

生徒　「『黄色』という言葉は私が死のうが残り続けます」とは、言葉のどのような働きのことを言っているのでしょうか。

先生　この直前で筆者が述べている、「違うものを『同じ』にできる」と合わせて考えてみましょう。例えば、「夏草に黄色き魚を釣り上げし」という句があります。魚の黄色と夏草の緑色の対照をよんだ句ですが、この句がよまれて百年ほどたちます。百年前によまれた黄色い魚そのものを私たちは見ることができませんが、私たちはこの句によまれた風景を思い浮かべることができますね。

生徒　そうか。つまり、「『黄色』という言葉は私が死のうが残り続けます」とは、言葉には［Ⅰ］という働きがあることを言っているのですね。

問五　本文の［　　］にあてはまる言葉として最も適当なものを次から一つ選び、その記号を書け。

ア　温故知新　**イ**　七転八倒　**ウ**　喜怒哀楽　**エ**　諸行無常

問六　――線部④について説明したものとして最も適当なものを次から一つ選び、その記号を書け。

ア　差異を無視して同じにしようとする脳の働きが次々に記号を作り出していくため、人間は情報を記憶できなくなっていく。

イ　変化を止めることが得意な記号や情報が人間の変化までも妨げてしまうことによって、社会のリアリティが失われている。

ウ　不変の記号がリアリティをもち、かつては自明であった、現実は変わり続けるものであるという事実が見失われつつある。

エ　多様な情報が飛び交っているため、個別の差異をもつ人間との交流より、単純化された仮想空間での人間関係が好まれる。

問七　本文の内容や構成について説明したものとして最も適当なものを次から一つ選び、その記号を書け。

ア　人間の脳が大きくなった歴史的な過程を示すことにより、人間だけが「同じ」と「違う」を理解できる理由を説明している。

イ　人間とチンパンジーの研究に続けて、人間の子どもを対象とした実験を引用し、人間固有の「心の理論」を説明している。

ウ　人間の脳の性質と言葉の論理性がつながりやすいことを述べたのちに、人間が記号を生み出してきた理由を説明している。

エ　言葉を膨大な情報を蓄える記憶装置にたとえることにより、同じ記号である絵画や映像、音楽との相違点を説明している。

四

N中学校のAさん、Bさん、Cさんは、総合的な学習の時間に、自分たちが住むN町について調べ、それを観光客に紹介する活動を行うことにした。次の**【話し合い】**は、活動について話し合いをしている場面である。**【話し合い】**及び**資料1**から**資料4**をふまえて、あとの問いに答えなさい。

【話し合い】

A　調べたことをどうやって紹介しようか。①観光客の年代別のアンケート結果をまとめた**資料1**と**資料2**から読み取れることを書き出そう。

B　書き出した内容もふまえて、私たちが手作りで、より多くの人に配れるものを作ることを考えると、町のことを一枚の紙の中に書くことができるマップ作りが取り組みやすいね。私たちの町を楽しんでもらえるように、みんなが使いやすいマップを作ることにしよう。

C　ひとまず、町にある名所・旧跡を書いた**N町マップの案**を作ってみたよ。

A　これに情報を加えて、まち歩きも楽しめるように工夫しよう。

C　それなら、歩いて観光するときの参考になるように、階段や急な坂道の情報も入れておこう。

B　いいね。他にも、この土地に住んでいる私たちしか知らないような情報を書いたら、まち歩きをより楽しんでもらえるね。景色がきれいなフォトスポットをカメラの絵で示して、そこで撮った写真も載せてはどうかな。

A　写真よりもイラストの方がぬくもりがあるような気がするけれど、みんなはどう思う。

C　そうだね。せっかく手作りのマップにするから、心を込めて景色のイラストを描こう。地元の飲食店もイラスト付きで載せようよ。

B　確かにイラストの方がいいね。名所・旧跡の紹介文は、地図の下の方にまとめて書いて整理しよう。また、マップ上の名所・旧跡に番号をつけて、紹介文もその番号と対応させて表示したらどうかな。

A　その他に、［Ⅰ］という工夫や、［Ⅱ］という工夫もできるね。

C　素敵な**N町マップ**が完成しそうだね。みんなで多くの人に届けよう。

資料1

旅行中に利用した情報源（複数回答）

	10歳代	30歳代	50歳代	70歳代以上
紙のパンフレット・ガイドブック	34.6%	31.7%	40.9%	45.1%
地図系アプリ	30.8%	20.4%	20.3%	13.7%
※1 SNS	38.5%	27.9%	14.5%	2.0%
紙のまち歩きマップ	19.2%	13.3%	20.1%	31.4%
※2 クチコミ・比較サイト	11.5%	15.4%	13.6%	5.9%

※1　インターネット上の登録会員向けの情報交換・交流サイト
※2　商品やサービスについて人が自由に評価を書きこむサイト
（長崎市「令和4年度長崎市日本人観光客動向分析結果報告」から作成）

資料2

旅行先での過ごし方（複数回答）

	10歳代	30歳代	50歳代	70歳代以上
名所・旧跡の観光	64.0%	60.3%	69.9%	74.0%
地元のおいしいものを食べる	52.0%	61.1%	61.2%	64.0%
まち歩き・都市散策	36.0%	39.7%	44.7%	51.0%
宿でのんびり過ごす	26.0%	25.1%	12.2%	12.0%
温泉や露天風呂	10.0%	21.3%	13.2%	18.0%

（長崎市「令和4年度長崎市日本人観光客動向分析結果報告」から作成）

資料3

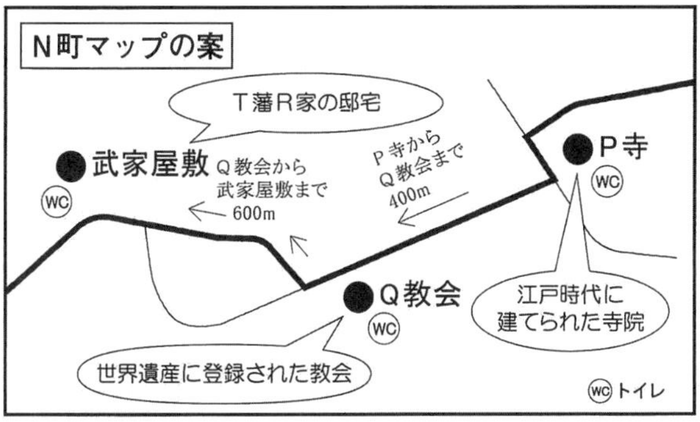

資料4

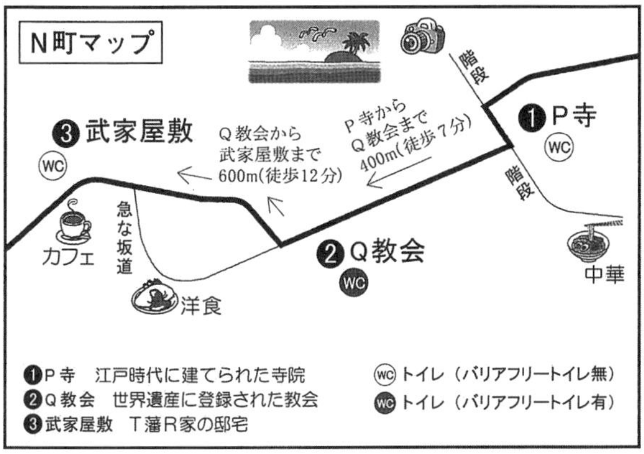

問一　――線部①について、**資料1**と**資料2**から読み取れる内容として**適当でないもの**を次から一つ選び、その記号を書け。

ア　紙のパンフレット・ガイドブックは10歳代を除く他の年代で情報源として最も多く利用され、全年代で三割以上である。

イ　SNSは70歳代以上では情報源としてあまり利用されておらず、年代が下がるにつれて利用する割合が高くなる。

ウ　70歳代以上と10歳代の旅行先での過ごし方を比べると、名所・旧跡の観光をする割合の差が他の項目に比べて最も小さい。

エ　旅行先でまち歩き・都市散策をして過ごす観光客の割合はどの年代でも三番目に多く、かつ三割を超えている。

問二　Aさんたちは、**資料3**に工夫を加えて**資料4**を作成した。**【話し合い】**及び**資料3**、**資料4**をもとに、[I]・[II]にあてはまる内容を、それぞれ二十字以内で書け。

問三　**【話し合い】**の展開を説明したものとして最も適当なものを次から一つ選び、その記号を書け。

ア　活動の目的や実現性を意識して、意見を述べたり調整したりしながら話し合いを進めている。

イ　客観的な情報に基づいて自分たちの活動の成果を検証し、今後の活動について検討している。

ウ　三人の立場や役割をはっきりと決めて、互いの意見を尊重しつつ計画的に議論を深めている。

エ　自分たちの活動と似た取組や先行事例と比較することで、独自性のある活動を模索している。

受検番号	番

令和６年度学力検査問題

数　　学

（50分）

注　　意

1　「始め」の合図があるまで、この問題冊子を開いてはいけません。

2　解答用紙は中にはさんであります。

3　「始め」の合図があったら、まず、受検番号を問題冊子および解答用紙の受検番号欄に記入しなさい。

4　問題は 1 ～ 6 で、１ページから６ページまであります。

5　答えは、すべて解答用紙に記入しなさい。
答えは、特別に指示がない場合は最も簡単な形にしなさい。なお、計算の結果に $\sqrt{\ \ }$ または π をふくむときは、近似値に直さないでそのまま答えなさい。

6　「やめ」の合図で、鉛筆を置きなさい。

1 次の（1）～(10) に答えなさい。

（1） $3-2\times\left(-\dfrac{1}{2}\right)$ を計算せよ。

（2） $\sqrt{48}+\dfrac{3}{\sqrt{3}}$ を計算せよ。

（3） 家から学校までの通学路の距離は 5 km ある。通学路の途中に本屋があり、家から本屋まで時速 3 km で歩くと a 時間かかる。このとき、本屋から学校までの距離を a を用いて表せ。

（4） 連立方程式 $\begin{cases} 2x-y=5 \\ 3x+2y=-3 \end{cases}$ を解け。

（5） 2 次方程式 $x^2-3x-4=0$ を解け。

（6） ある高校の 1 クラスの生徒 40 人で、当たりくじつきのアイスを 1 人 1 本ずつ食べたところ、その中の 2 本が当たりだった。全校生徒 600 人で、このアイスを 1 人 1 本ずつ食べたとき、およそ何本が当たりであると考えられるか。

（7） $2024=\dfrac{22\times23\times24}{\boxed{}}$ と表せる。$\boxed{}$ に入る自然数を答えよ。

（8） **図1**のような円 O において、$\angle x$ の大きさを求めよ。

図1

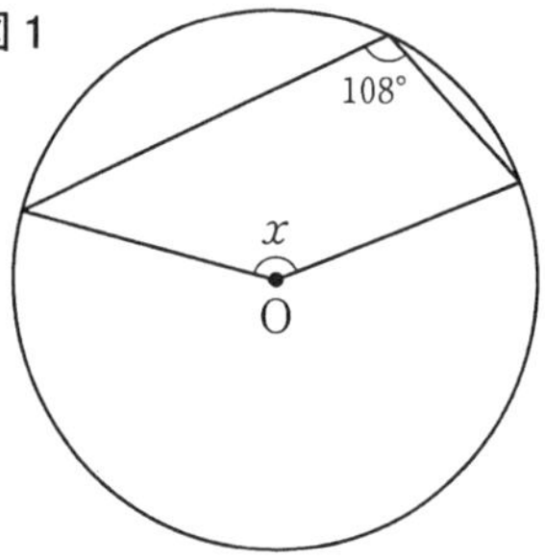

（9） **図2**のような、底面の円の半径が 3 cm、高さが 5 cm の円柱の体積は何 cm^3 か。

図2

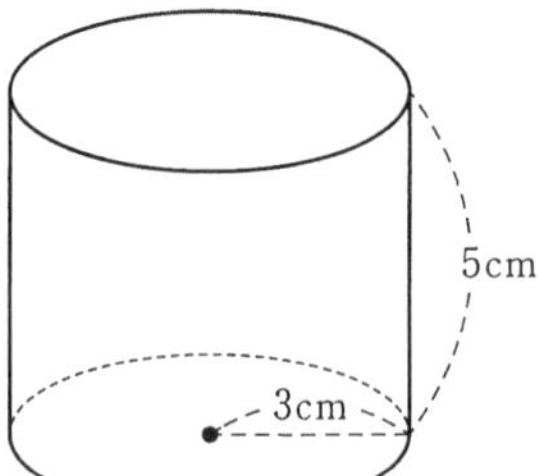

(10) **図3**において、∠ABC の二等分線上にあって、点 A からの距離が最も短い点 P を定規とコンパスを用いて解答用紙の**図3**に作図して求め、その位置を点 ● で示せ。ただし、作図に用いた線は消さずに残しておくこと。

図3

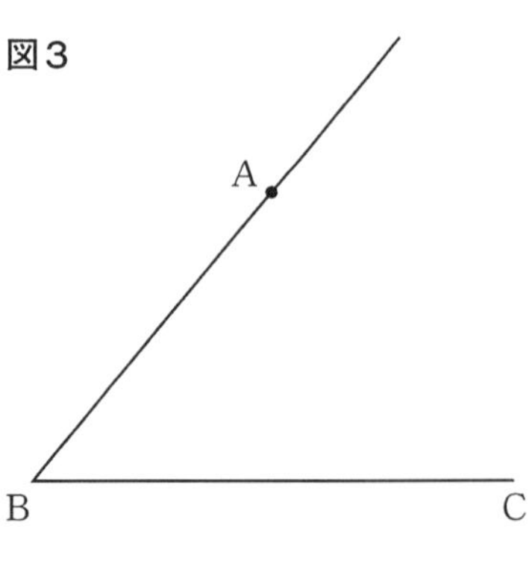

2　次の問いに答えなさい。

問1　**図1**は、ある中学校の1年生40人に対して、5月と6月に行った数学の10点満点の小テストの得点の結果をもとにそれぞれ作成したヒストグラムである。このとき、次の（1）～（3）に答えよ。

図1

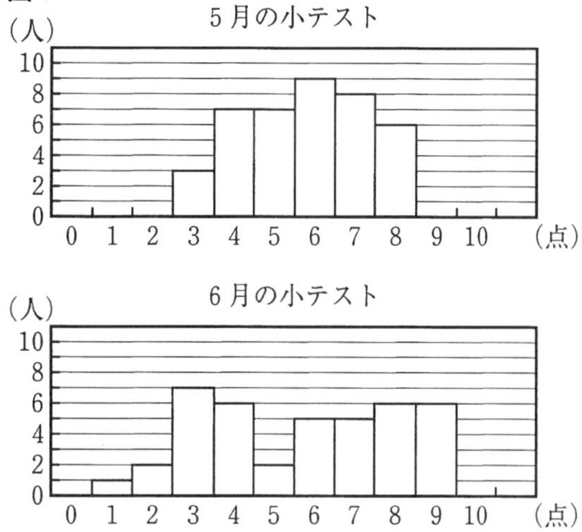

（1）　5月の小テストで、得点が4点以下の生徒は何人か。

（2）　5月の小テストの得点と6月の小テストの得点の散らばりの程度（散らばりのぐあい）はどちらが大きいか、5月の小テストのヒストグラムと6月の小テストのヒストグラムから読み取れる数値を比較して説明せよ。

（3）　次の①～④について、**図1**から読み取れることとして、必ず正しいと判断できるものを1つ選び、その番号を書け。

① 最頻値（モード）は、5月の小テストよりも6月の小テストの方が大きい。

② 中央値（メジアン）は、5月の小テストよりも6月の小テストの方が大きい。

③ 5月の小テストの得点が7点以上の生徒のうち、6人が6月の小テストで得点を伸ばした。

④ 5月の小テストの得点よりも6月の小テストの得点が低い生徒が7人以上いる。

問2　**図2**のように、箱の中に1から6までの数字が1つずつ書かれたカードが6枚入っており、この箱の中からカードを取り出す。このとき、次の（1）、（2）に答えよ。ただし、どのカードが取り出されることも同様に確からしいとする。

図2

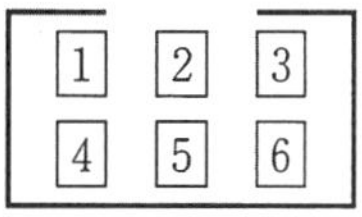

（1）　カードを1枚取り出し、取り出したカードに書かれた数字を確認してもとに戻す操作を行う。次の①～④について、正しいものを1つ選び、その番号を書け。

① この操作を5回行い、1の数字が書かれたカードを1回も取り出さなかったとき、もう1回この操作を行うと、必ず1の数字が書かれたカードを取り出す。

② この操作を60回行う。50回目までに1の数字が書かれたカードを1回も取り出さなかったとき、その後の10回の操作では、1の数字が書かれたカードを取り出しやすくなる。

③ この操作を6000回行うと、1の数字が書かれたカードを取り出す回数はおよそ1000回である。

④ この操作の回数にかかわらず、1の数字が書かれたカードを取り出した回数を操作した回数で割ると、つねに$\frac{1}{6}$になる。

（2）　カードを同時に2枚取り出す操作を1回行うとき、次の文中の［（ア）］、［（イ）］に適当な数を入れ、文を完成させよ。

「取り出した2枚のカードに書かれた数の和が3となる確率は［（ア）］であり、取り出した2枚のカードに書かれた数の和が［（イ）］となる確率は$\frac{1}{5}$である。」

問3　**図3**は、ある月のカレンダーである。このカレンダーで、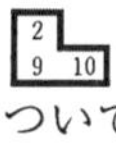

や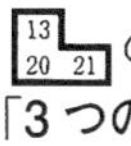

のように、で囲まれた3つの数について「**3つの数の和は3の倍数となる**」ことを文字nを使って証明せよ。ただし、証明は解答用紙の「3つの数の中で一番小さい数をnとすると、」に続けて完成させよ。

図3

日	月	火	水	木	金	土
			1	2	3	4
5	6	7	8	9	10	11
12	13	14	15	16	17	18
19	20	21	22	23	24	25
26	27	28	29	30		

3 図1、図2のように、関数 $y=x^2$ のグラフ上に2点A、Bがあり、A、Bの x 座標はそれぞれ -1、2である。原点をOとして、次の問いに答えなさい。

問1 点Bの y 座標を求めよ。

問2 関数 $y=x^2$ について、x の変域が $-1 \leqq x \leqq 2$ のときの y の変域を求めよ。

問3 直線ABの式を求めよ。

問4 図2のように、x 軸上に点P$(t,\ 0)$をとる。点Pを通り、y 軸に平行な直線を ℓ とし、直線 ℓ と直線ABの交点をQ、直線 ℓ と $y=x^2$ のグラフの交点をRとする。このとき、次の（1）、（2）に答えよ。ただし、$0<t<2$ とする。

（1） 線分QRの長さを t を用いて表せ。

（2） 線分PRの長さが線分QRの長さの2倍となるとき、t の値を求めよ。

図1

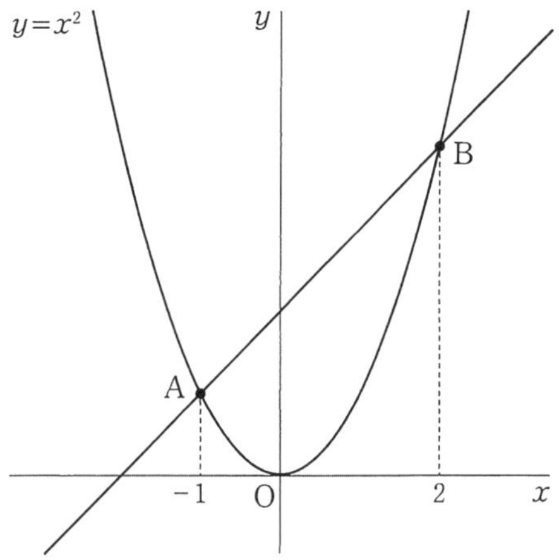

図2

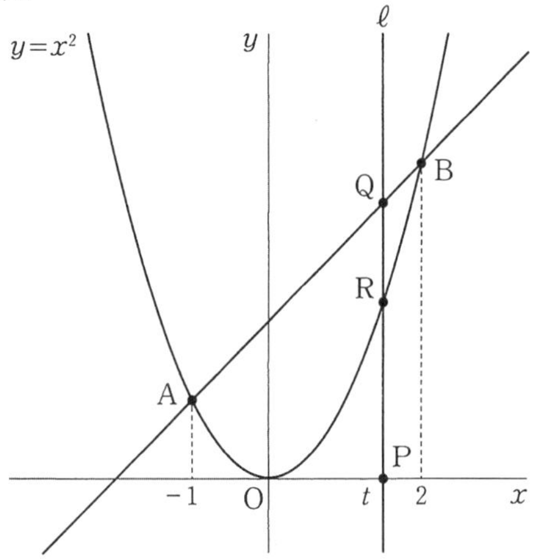

4　**図1**～**図3**のように、AD ＝ BD ＝ CD ＝ 4 cm、∠ADB ＝ ∠ADC ＝ ∠BDC ＝ 90° である三角錐《すい》ABCD がある。辺 AC の中点を E とし、辺 CD 上を動く点を F とする。このとき、次の問いに答えなさい。

問1　辺 AC の長さは何 cm か。

問2　**図2**のように、点 F が辺 CD の中点となるとき、次の（1）、（2）に答えよ。

（1）　△BCF の面積は何 cm^2 か。

（2）　三角錐 EBCF の体積は何 cm^3 か。

問3　**図3**において、2つの線分 BF、FE の長さの和 BF ＋ FE が最小となるとき、BF ＋ FE の長さは何 cm か。

図1

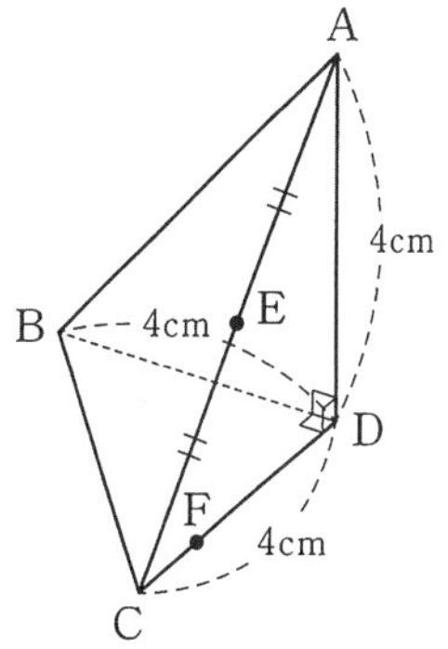

図2

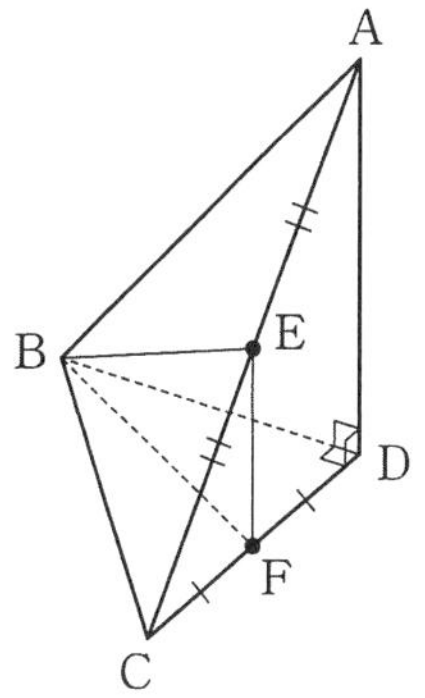

図3

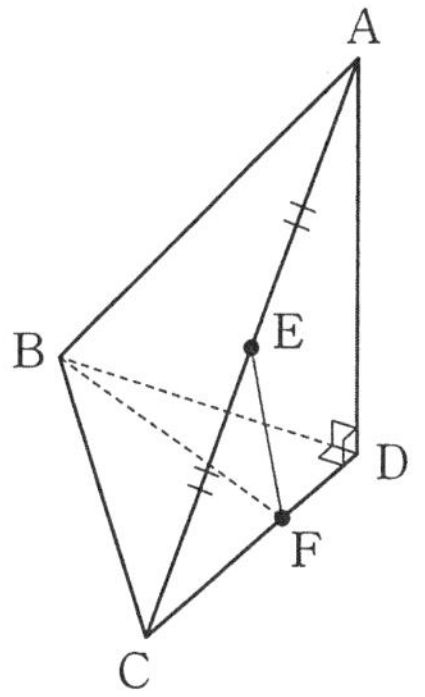

5 **図1**～**図3**のように、∠ABC ＝ ∠ACB である鈍《どん》角三角形 ABC がある。辺 BC 上に ∠BAC ＝ ∠ADB となる点 D をとると、△ABC ∽ △DBA となる。BD ＝ 3 cm、CD ＝ 5 cm とするとき、次の問いに答えなさい。

図1

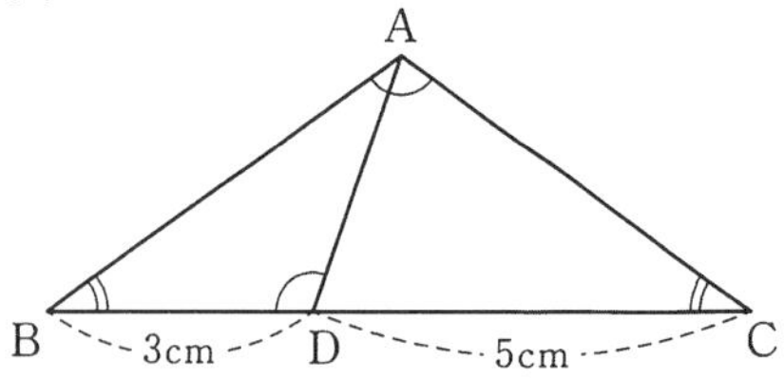

問1 線分 AD の長さは何 cm か。

問2 辺 AB の長さは何 cm か。

図2

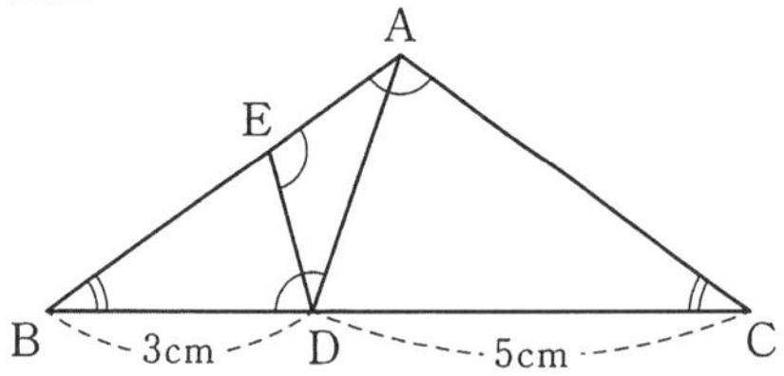

問3 **図2**のように、辺 AB 上に ∠ADB ＝ ∠DEA となる点 E をとる。このとき、次の（1）～（3）に答えよ。

（1） △CAD ∽ △BDE であることを次のように証明した。［(ア)］～［(ウ)］にあてはまる内容を書き入れて、証明を完成させよ。ただし、同じ記号には同じ内容が入る。

（証明）
△CAD と △BDE において
仮定より ∠ABC ＝ ∠ACB であるので、∠DCA ＝ ∠EBD …①
仮定より ∠ADB ＝ ∠DEA …②
また ∠CDA ＝［(ア)］° － ∠ADB …③
また ∠［(イ)］＝［(ア)］° － ∠DEA …④
②、③、④より、∠CDA ＝ ∠［(イ)］ …⑤
①、⑤より、［(ウ)］がそれぞれ等しいから
△CAD ∽ △BDE

（2） 線分 AE の長さと線分 EB の長さの比を最も簡単な整数の比で表せ。

（3） **図3**のように、線分 CE と線分 AD の交点を F とする。△ACF の面積と四角形 BDFE の面積の比を最も簡単な整数の比で表せ。

図3

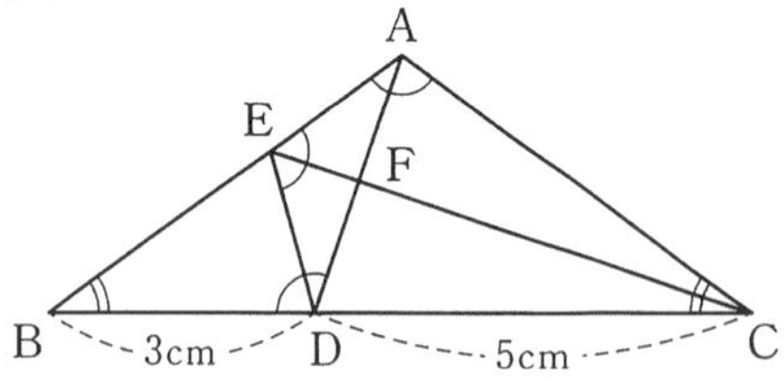

6 学さんと学さんのお姉さんは、車の**ナンバープレート**を見て数遊びをしている。2人の会話を読んで、あとの問いに答えなさい。

姉：4つの数が表示されているナンバープレートだけに注目してみよう。**図1**のように、ナンバープレートに表示されている4つの数を左から順に書き並べて、それを1段目とするね。次に、1段目の隣り合う数の差を2段目に書くことにするよ。ただし、差は0以上とするね。これを続けると、4段目の数はどんな数になるかな。例えば、ナンバープレートの表示が22-64だと、4つの数2、2、6、4を1段目に並べ、2と2の差が0、2と6の差が4、6と4の差が2だから、2段目は0、4、2が並ぶよ。これを続けると、4段目の数は2となるね。**図2**のように、ナンバープレートの表示が89-10だと、4段目の数は（ア）となるよ。

学：なるほど。22-64を2264というように、ナンバープレートの4つの数を1000以上9999以下の自然数と考えて、1段目にその自然数の各位の数を左から順に書き並べて、4段目の数を調べるということだね。

姉：そうだね。では、最初にすべての4けたの自然数について、4段目の数を調べたら、4段目の数は、2や（ア）を含めて何通りあるかな。

学：うん。調べてみるね。

（数分後）

学：すべての場合を調べなくても、1000や2000などの自然数をいくつか調べれば、4段目の数は（イ）通りあることが分かるよ。

姉：そうだね。それでは、5012や3486といった各位の数が異なる4けたの自然数の場合も、4段目の数は（イ）通りあるかな。

学：少し考えさせて。

（数分後）

学：4段目の数は（ウ）にはならないので、（イ）通りはないね。

姉：よくわかったね。それでは、最後に1234や2310や5746といった連続する4つの整数を並べかえてできる4けたの自然数で、4段目の数が奇数になるものがあるか考えてみよう。私が今まで調べた中では、見つけられなかったんだよね。でも、すべての場合を調べたわけではないから、4段目の数が奇数になるものがないとは言い切れないんだけど、どのように考えたらいいかな。

学：わかった。考えてみるね。

（数分後）

学：4段目から考えたらどうかな。4段目の数が奇数となるためには、3段目の2つの数は、偶数と奇数でなければならないね。偶数と偶数、奇数と奇数では、差は偶数となり、奇数にならないからね。

姉：なるほど。そうやって次は2段目、1段目と考えていけば、連続する4つの整数を並べかえてできる4けたの自然数で、4段目の数が奇数になるものはないことが説明できそうだね。

図1

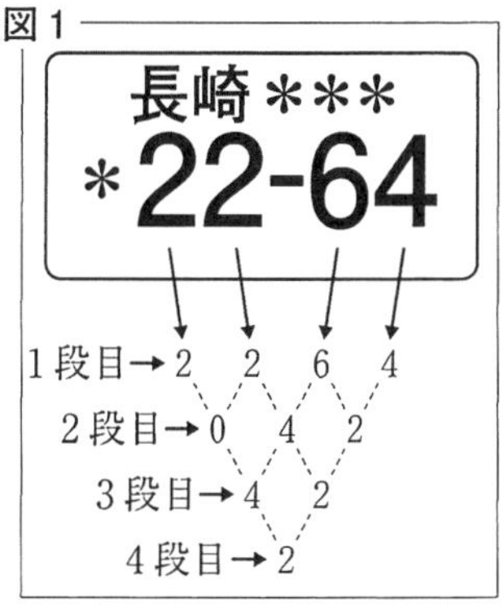

図2

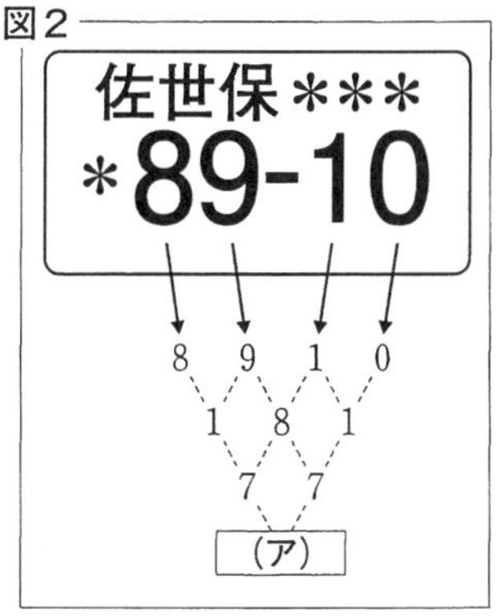

問1 （ア）～（ウ）にあてはまる数を答えよ。ただし、同じ記号には同じ数が入る。

問2 下線部で示した内容が正しいことを説明せよ。ただし、説明は解答用紙の「奇数を○、偶数を×とすると、4段目が○（奇数）となるためには、3段目は、○×か、×○でなければならない。」に続けて完成させよ。

受検番号	番

令和６年度学力検査問題

英　　語

（50分）

注　　意

1　放送で指示があるまで、この問題冊子を開いてはいけません。

2　解答用紙は中にはさんであります。

3　放送で指示があったら、まず、受検番号を問題冊子および解答用紙の受検番号欄に記入しなさい。

4　問題は 1 ～ 4 で、１ページから８ページまであります。

5　答えは、すべて解答用紙に記入しなさい。

6　「やめ」の合図で、鉛筆を置きなさい。

問　題

1 放送を聞いて、次の各問いに答えなさい。

問１ 次のNo. 1、No. 2の絵やグラフについてそれぞれ**Ａ**、**Ｂ**、**Ｃ**の三つの英文が読まれる。絵やグラフの内容を表している英文として最も適当なものを**Ａ**～**Ｃ**の中から一つずつ選んで、その記号を書け。英文は1回ずつ読まれる。

No. 1

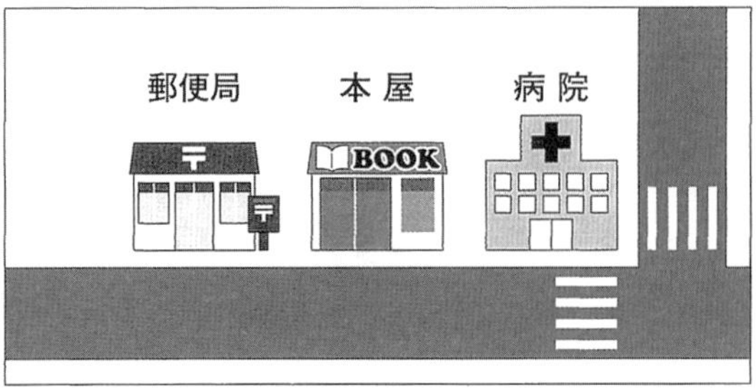

No. 2

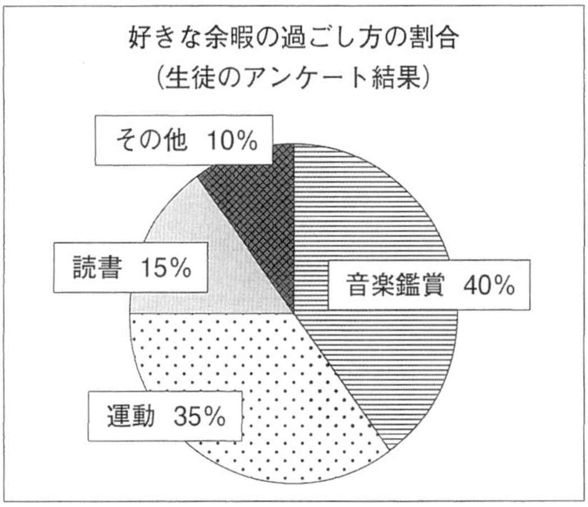

問２ これから読まれる英文は、中学生の加代（Kayo）が留学生のトム（Tom）に町を案内しているときの会話である。あとに読まれるNo. 1～No. 3の質問の答えとして最も適当なものを**ア**～**ウ**の中から一つずつ選んで、その記号を書け。英文と質問は２回ずつ読まれる。

No. 1
ア On a mountain.
イ In a shrine.
ウ In a tower.

No. 2
ア Before lunch.
イ After lunch.
ウ Before shopping.

No. 3
ア They will have lunch.
イ They will meet Tom's family.
ウ They will go to the shop.

問3　これから読まれる英文は、みどり中学校の代表生徒が、国際交流のためにニュージーランドから訪れた生徒たちに話したものである。英文を聞き、No. 1、No. 2の問いに答えよ。英文は2回読まれる。

No. 1　次の［**質問**］に対する［**答え**］の空所①、②に入る英語として最も適当なものをア～ウの中から一つずつ選んで、その記号を書け。

［**質問**］　Where will the students have a ceremony?
［**答え**］　They will have it (　　①　　).
ア　in the library
イ　in the music room
ウ　in the gym

［**質問**］　What will the students from New Zealand do after school?
［**答え**］　They will (　　②　　).
ア　visit the art museum
イ　go to the flower garden
ウ　play sports outside

No. 2　次の［**生徒たちが学校で行う活動**］について、実施する順番になるように、①～④に入る適当な絵を下の［**選択肢**］ア～エの中から一つずつ選んで、その記号を書け。

［**生徒たちが学校で行う活動**］

→ ① → ② → ③ → ④

［**選択肢**］

ア

イ

ウ

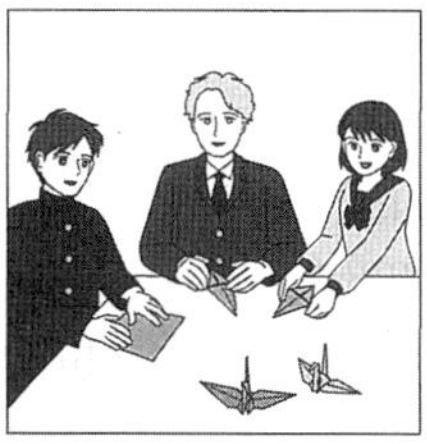

エ

2 次の会話を読んで、あとの問いに答えなさい。なお、あとの**注**を参考にしなさい。

〔中学生のマサ（*Masa*）は、所属する新聞部で行った学校給食（school lunches）についてのアンケート結果を参考にしながら、アメリカから来日したばかりのALT（外国語指導助手）であるジャネット先生（*Ms. Janet*）と話をしています。〕

Masa: Hello, Ms. Janet. Have you ever heard about Japanese school lunches?

Ms. Janet: Japanese school lunches? No, I haven't.

Masa: In Japan, about 90% of junior high schools give school lunches. Students usually eat lunch in their classrooms.

Ms. Janet: That's interesting. So, do you like school lunches?

Masa: Yes, I do. One month ago, I asked students in my school and their parents about school lunches. The results show about (A) of the students and (B) of the parents said they "like" or "somewhat like" school lunches.

Ms. Janet: That's amazing! What is the most popular menu?

Masa: The most popular menu for both students and parents is (C).

Ms. Janet: I've had it before. I like it very much.

Masa: Another popular menu is *agepan.*

Ms. Janet: What is that?

Masa: It is fried bread. *Kinako* and sugar are on it. It's very sweet and delicious! It has been my favorite food since I ate it in elementary school.

Ms. Janet: I like sweet bread, too!

Masa: If you try it, [X].

Ms. Janet: I hope I can try it at school someday. Could you tell me more about the results?

Masa: Sure. Tomato soup is the third on the parents' list, and it's the eighth for students. I really like apples, but they are not on the lists. Bananas, my second favorite fruit, are the ninth on the students' list. On the parents' list, *wakame* rice is in the same place.

Ms. Janet: *Wakame*? I don't know it.

Masa: It is a kind of seaweed. My parents told me that they felt happy when they ate *wakame* rice. It was their favorite menu in their school lunches. They often say they cannot forget it. Even now, they sometimes cook it for dinner.

Ms. Janet: I see. School lunches have been very important for students in Japan.

Masa: Yes! School lunches are not just food. They also give students experiences and (D).

Ms. Janet: Thank you, Masa. It was very interesting for me to learn about Japanese school lunches. When I was a junior high school student, I brought lunch from home.

Masa: In Japan, we sometimes bring lunch from home when we have school events.

Ms. Janet: <u>Which is better for you, bringing lunch or eating school lunches?</u>

注 somewhat どちらかというと　menu メニュー　*agepan* 揚げパン　fried 揚げた
kinako きなこ　sugar 砂糖　*wakame* わかめ　seaweed 海藻

Tom: They are beautiful. Oh, look. Is that the shrine we visited yesterday ?
Kayo: Yes, it is. It looks very small from here. We can also see a castle over there.
Tom: Wow, it's cool. I want to go there.
Kayo: Actually, we are going to visit it after lunch today.
Tom: Really ? I'm so excited.
Kayo: Well, we still have some time before lunch. Is there anything you want to do next ?
Tom: I want to buy some Japanese cups for my family.
Kayo: Let's go to the shop on the first floor of this tower.
Tom: That's a good idea !

では、質問します。

No. 1　Where are they talking ?　（約 6 秒　休止）
No. 2　When are they going to visit the castle ?　（約 6 秒　休止）
No. 3　What will they do next ?　（約 8 秒　休止）

次に、**問3**について説明します。これから読まれる英文は、みどり中学校の代表生徒が、国際交流のためにニュージーランドから訪れた生徒たちに話したものです。英文を聞き、No. 1、No. 2 の問いに答えなさい。No. 1 は **［質問］** に対する **［答え］** の空所①、②に入る英語として最も適当なものを**ア**～**ウ**の中から一つずつ選んで、その記号を書きなさい。No. 2 は、**［生徒たちが学校で行う活動］** について、実施する順番になるように、①～④に入る適当な絵を **［選択肢］ ア**～**エ**の中から一つずつ選んで、その記号を書きなさい。英文は２回読みます。では、始めます。

Welcome to our school. I'm Hiroki, a student at this school. I'm glad to see you. Now I'll tell you about today's plan. First, we will have a ceremony for you here in the library. You will meet the students and teachers at our school. In the ceremony, our chorus club will sing some Japanese songs. Let's sing together if you like. Then, we will have lunch together. After lunch, we will teach you how to make paper cranes. In the afternoon, we will have two lessons. In the P.E. lesson, we will play basketball together in the gym. Next, in the history lesson, we will teach you about Japanese history. I hope you will like it. After school, we will take you to a famous place in our town. I know you want to visit the famous art museum, but we can't visit it because it will close at 3:00 p.m. today. So, we will visit a flower garden. It is also popular among tourists. I'm sure you'll have a great time.

（約 12 秒　休止）

繰り返します。

Welcome to our school. I'm Hiroki, a student at this school. I'm glad to see you. Now I'll tell you about today's plan. First, we will have a ceremony for you here in the library. You will meet the students and teachers at our school. In the ceremony, our chorus club will sing some Japanese songs. Let's sing together if you like. Then, we will have lunch together. After lunch, we will teach you how to make paper cranes. In the afternoon, we will have two lessons. In the P.E. lesson, we will play basketball together in the gym. Next, in the history lesson, we will teach you about Japanese history. I hope you will like it. After school, we will take you to a famous place in our town. I know you want to visit the famous art museum, but we can't visit it because it will close at 3:00 p.m. today. So, we will visit a flower garden. It is also popular among tourists. I'm sure you'll have a great time.

（約 10 秒　休止）

以上で聞き取りテストを終わります。他の問題へ進んでください。

英　語

聞き取りテスト台本

※教英出版注
音声は，解答集の書籍ＩＤ番号を教英出版ウェブサイトで入力して聴くことができます。

令　6

　これから、英語の検査を行います。まず、問題冊子から解答用紙を取り出し、問題冊子と解答用紙の両方に受検番号を書きなさい。なお、書き終えたら問題冊子の１ページを開いて待ちなさい。（約 20 秒　休止）

　1 は聞き取りテストです。放送中にメモをとってもかまいません。

　それでは、**問１**について説明します。次の No. 1、No. 2 の絵やグラフについてそれぞれ**A**、**B**、**C**の三つの英文が読まれます。絵やグラフの内容を表している英文として最も適当なものを**A**～**C**の中から一つずつ選んで、その記号を書きなさい。英文は１回ずつ読みます。では、始めます。

No. 1	**A**：There is a post office next to the hospital.		（約 3 秒　休止）
	B：There is a bookstore between the post office and the hospital.		（約 3 秒　休止）
	C：There is a bookstore at the corner of the street.		（約 6 秒　休止）
No. 2	**A**：50 percent of the students like to listen to music in their free time.		（約 3 秒　休止）
	B：40 percent of the students like to play sports in their free time.		（約 3 秒　休止）
	C：15 percent of the students like to read books in their free time.		（約 6 秒　休止）

　次に、**問２**について説明します。これから読まれる英文は、中学生の加代（Kayo）が留学生のトム（Tom）に町を案内しているときの会話です。あとに読まれる No. 1～No. 3 の質問の答えとして最も適当なものを**ア**～**ウ**の中から一つずつ選んで、その記号を書きなさい。英文と質問は２回ずつ読みます。では、始めます。

Tom:　Now we have arrived at the highest floor. What a great view!
Kayo:　The weather is nice today, so we can see the mountains well.
Tom:　They are beautiful. Oh, look. Is that the shrine we visited yesterday?
Kayo:　Yes, it is. It looks very small from here. We can also see a castle over there.
Tom:　Wow, it's cool. I want to go there.
Kayo:　Actually, we are going to visit it after lunch today.
Tom:　Really? I'm so excited.
Kayo:　Well, we still have some time before lunch. Is there anything you want to do next?
Tom:　I want to buy some Japanese cups for my family.
Kayo:　Let's go to the shop on the first floor of this tower.
Tom:　That's a good idea!

　では、質問します。

No. 1	Where are they talking?	（約 6 秒　休止）
No. 2	When are they going to visit the castle?	（約 6 秒　休止）
No. 3	What will they do next?	（約 8 秒　休止）

【放送

《生徒向けアンケート結果》

Do you like school lunches ?

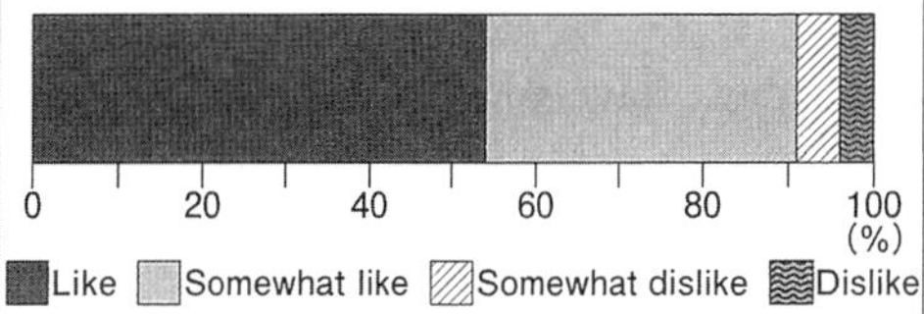

Popular School Lunches for Students

Ranking	Menu
1	Curry and rice
2	*Agepan*
3	Spaghetti
4	Fried fish
5	Fruit salad
6	Onion salad
7	Milk
8	Tomato soup
9	Bananas
10	Carrot cake

《保護者向けアンケート結果》

Did you like school lunches when you were a student ?

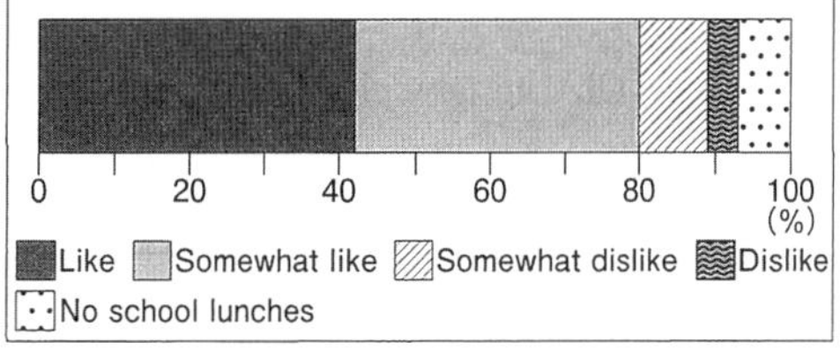

Popular School Lunches for Parents

Ranking	Menu
1	Curry and rice
2	*Agepan*
3	(①)
4	Spaghetti
5	Fried fish
6	Fruit salad
7	Carrot cake
8	Milk
9	(②)
10	Onion salad

注　dislike　嫌いである　　ranking　順位

問1　会話中の（　A　）、（　B　）に入るものの組み合わせとして最も適当なものを次のア～エの中から一つ選んで、その記号を書け。

ア　(A) 80%　　(B) 90%　　　イ　(A) 50%　　(B) 90%

ウ　(A) 90%　　(B) 80%　　　エ　(A) 90%　　(B) 40%

問2　会話中の（　C　）に入る英語として最も適当なものを次のア～エの中から一つ選んで、その記号を書け。

ア　*agepan*　　イ　curry and rice　　ウ　spaghetti　　エ　fruit salad

問3　会話中の［　X　］に入る英語として最も適当なものを次のア～エの中から一つ選んで、その記号を書け。

ア　you must stop eating it soon　　イ　you won't like to eat it

ウ　you cannot enjoy eating it　　エ　you will want to eat it again

問4　《保護者向けアンケート結果》の（　①　）、（　②　）に入る給食のメニューとして最も適当なものを次のア～エの中から一つずつ選んで、その記号を書け。

ア　Tomato soup　　イ　Bananas　　ウ　*Wakame* rice　　エ　Apples

問5　会話中の（　D　）に入る英語として最も適当なものを次のア～エの中から一つ選んで、その記号を書け。

ア　answers　　イ　rules　　ウ　problems　　エ　memories

問6　会話中の下線部の質問に対して、あなたならどのように答えるか。解答欄の Bringing lunch または Eating school lunches のいずれかを○で囲み、その理由を（　　　）に8語以上の英語で書け。なお、英語は2文以上になってもかまわない。ただし、コンマ（,）やピリオド（.）などは語数に含めない。

3 次の会話を読んで、あとの問いに答えなさい。なお、あとの注を参考にしなさい。

〔高校生のカオル（*Kaoru*）と留学生のジョン（*John*）が、教室に掲示してある**〈市立図書館の案内〉**を見ながら話をしています。〕

Kaoru: Oh, the new city library will open this Saturday. Have you ever seen it? It's near the station.

John: Yes, it's very big. [A] in the library?

Kaoru: There are about 650,000 books.

John: Really? That's great!

Kaoru: There is a large study room too.

John: I see. How about going to the library together this Saturday?

Kaoru: Sure. We can enjoy a violin concert there on that day. It will start at 10 a.m., so let's meet at 9:30 at the station.

John: OK. Any other information?

Kaoru: Yes. If you go there on that day, [B]. It has the library logo.

John: Oh, that's good. I think many people in the city are happy to have such a big library.

Kaoru: That's right. We have wanted it for a long time. It gives us a chance to read a lot of books. I want to have more good places for people in our city.

John: <u>What do you want to have, for example?</u>

〈市立図書館の案内〉

新市立図書館、4/20（土）オープン！

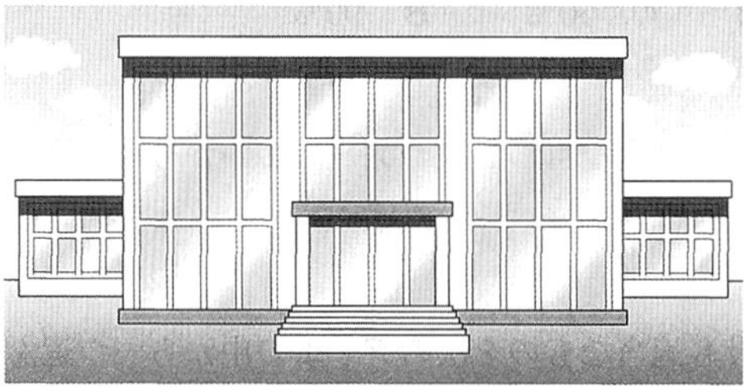

約65万冊の本を取りそろえています。
２階には広い学習室を完備！

当日はバイオリンコンサートを開催！
開演：午前10時　場所：多目的ホール

当日の来館者はバッグがもらえます！
（当館のロゴマークつき）

市民の皆さまのお越しをお待ちしています！

注 How about ～ ing?　～しませんか。　logo　ロゴマーク　chance　チャンス、機会

問１ 会話の流れに合うように、[A]、[B]ともにそれぞれ５語以上の英語を書け。

問２ 会話中の下線部の質問に対して、あなたならどのように答えるか。あなたが住んでいる市や町についてのあなたの考えを、理由を含めて、10語以上の英語で書け。ただし、図書館以外について答えること。なお、英語は２文以上になってもかまわない。また、コンマ（,）やピリオド（.）などは語数に含めない。

問題は次のページに続きます。

4 中学生の亜希（Aki）に関する次の英文を読んで、あとの問いに答えなさい。なお、あとの**注**を参考にしなさい。

Aki was excited because she was going to visit the U.K. during the summer vacation. She always wanted to talk to foreign people in English, so she decided to do a homestay there. When she talked about her plan with her English teacher, Mr. Brown, he said, "That's a good idea. You can spend a lot of time with your host family. It will be a good experience for you." He also said, "You need to learn about British culture before you go there. It's very important." However, she [A] about British culture. She thought, "I can learn about the culture during my homestay in the U.K. I want to talk with people there a lot, so studying English is more important now." She used all her free time to study English and finally left Japan.

On the first day in the U.K., Aki had a very good time. When she met her host father, David, at the airport, she was a little nervous. But soon she enjoyed talking with him because he was very friendly. Her host family lived in a small town. Aki was excited when she arrived there. Many traditional houses were made of bricks and had very small windows. Though the houses were old, they were very beautiful. They also had beautiful gardens with many colorful flowers. She felt that she came to a different world. In the evening, her host mother, Meg, cooked her some British dishes. Some people say British food is not delicious, so Aki [B]. But actually, the dishes were very good and she liked them very much. She thought that she was enjoying British culture a lot.

On the second day, her host family's friends came to their house to have lunch together. Some of them came with their children. A little boy sat by Aki. His name was Tommy and he talked to her a lot. She thought he was very cute and then touched his head gently. When David saw it, he said to her, "You shouldn't do that." He also said to Tommy's parents, "Sorry, she has just come from Japan." Aki didn't understand what was happening, but said to the parents, "I'm sorry." They smiled and said, "It's OK."

After they left, David said to Aki, "Parents in the U.K. don't want other people to touch their child's head." "Oh, really? I feel very sorry," Aki said. She thought, "Some of the things I usually do in Japan may be bad manners in the U.K. (a)I must learn more about British culture!"

A few days later, Meg showed a card to Aki and said, "This is from Tommy. His parents sent it to you." There was a picture on the card. "Tommy drew a picture of you. He liked you very much," Meg said. Aki was very happy. She saw some other cards in Meg's hand and said, "What are they?" Meg said, "They are from our friends you met here. In the U.K., we often use cards to send our messages to each other." Aki thought, "I didn't know (b)that. I have never written a card like that, but it will be a good way to thank David and Meg."

On the last day of her homestay, Aki gave a card to her host family. When they received it, they looked so glad. David said, "Aki, we are happy to receive your message, and we feel happier because you sent us the message in a way British people like." His words made Aki so happy.

It was sad to say goodbye, but the days in the U.K. and the things she learned there became great treasures for her. She thought, "In Japan I want to talk with Mr. Brown about my experiences."

注
homestay　ホームステイ　　host family　ホームステイを受け入れる家族
British　イギリスの　　David　デイビッド（人名）　　be made of ～　～でできている
brick(s)　レンガ　　Meg　メグ（人名）　　Tommy　トミー（人名）　　gently　やさしく
manners　マナー、作法　　card(s)　カード　　treasure(s)　大切なもの、宝

問1　本文中の［ A ］に入る英語として最も適当なものを次のア～エの中から一つ選んで、その記号を書け。

ア　read a lot of books　　イ　agreed with his idea
ウ　didn't stop thinking　　エ　didn't learn anything

問2　次の質問に対する答えとして最も適当なものを次のア～エの中から一つ選んで、その記号を書け。

Why was Aki excited when she arrived in a town in the U.K. on the first day?

ア　Because the houses looked the same as her house in Japan.
イ　Because the houses and the gardens were very beautiful.
ウ　Because the houses were very small and had no gardens.
エ　Because the houses didn't look old and had a lot of windows.

問3　本文中の［ B ］に入る英語として最も適当なものを次のア～エの中から一つ選んで、その記号を書け。

ア　worried a little　　イ　was not surprised　　ウ　was very tired　　エ　felt very happy

問4　次は、下線部(a)のように亜希が考えた理由である。文中の（ ① ）、（ ② ）に10字以上20字以内で、それぞれあてはまる日本語を書け。なお、句読点も字数に含む。

イギリスの親が（　　①　　）ことを好まないように、（　　②　　）の中には、イギリスでは無作法だとされるものがあるかもしれないから。

問5　次は、下線部(b)の具体的な内容を説明したものである。文中の（　　）にあてはまる日本語を書け。

イギリスの人々は、（　　　　）ということ。

問6　本文の内容と一致するものを次のア～オの中から二つ選んで、その記号を書け。

ア　Aki decided to go to the U.K. because her English teacher told her about its culture.
イ　On the first day, Aki didn't talk with her host family because she was so nervous.
ウ　When Aki said sorry to Tommy's parents, she didn't understand what was wrong.
エ　Tommy wrote some cards to Aki to ask many questions about Japanese culture.
オ　Aki's host family felt very happy because she used a card to say 'thank you' to them.

問7　次は、亜希が日本に帰った後、ブラウン先生（Mr. Brown）と行った会話の一部である。文中の（ ① ）～（ ③ ）に入る英語として最も適当なものを、それぞれア～エから一つずつ選んで、その記号を書け。

Mr. Brown: How was your homestay?
Aki: It was great. I enjoyed (①) people in the U.K. I also learned an important thing.
Mr. Brown: What is that?
Aki: One day, I did something British people didn't like. That happened because I (②) one of the manners in the U.K. Then, I realized you were (③). It is important to learn about the culture of the country before we go there.

	ア	イ	ウ	エ
(①)	traveling with	looking for	communicating with	cooking for
(②)	knew	didn't know	forgot	didn't forget
(③)	right	nervous	angry	different

受検番号	番

令和6年度学力検査問題

理　　科

（50分）

注　　意

1　「始め」の合図があるまで、この問題冊子を開いてはいけません。

2　解答用紙は中にはさんであります。

3　「始め」の合図があったら、まず、受検番号を問題冊子および解答用紙の受検番号欄に記入しなさい。

4　問題は 1 ～ 8 で、1ページから8ページまであります。

5　答えは、すべて解答用紙に記入しなさい。

選択肢（ア～エ）によって答えるときは、最も適当なものを一つ選んで、その記号を書きなさい。

6　「やめ」の合図で、鉛筆を置きなさい。

問　　題

1　次のⅠ、Ⅱの問いに答えなさい。

Ⅰ　**図1**は、生態系における炭素の循環を模式的に示したものである。ただし、**図1**の白矢印（ ⇨ ）は二酸化炭素、黒矢印（ ➡ ）は有機物の流れを示している。

図1

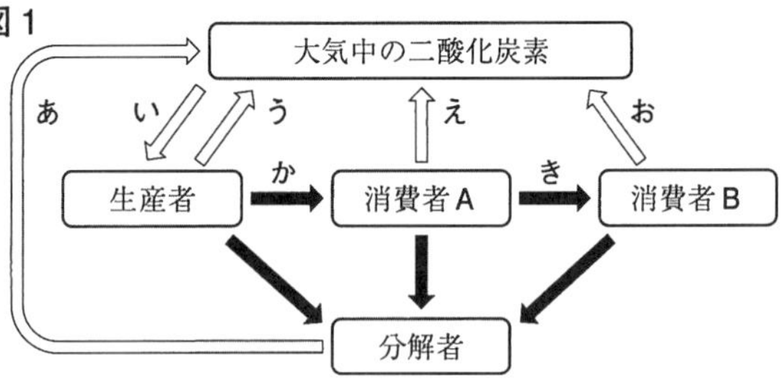

問1　光合成による炭素の流れを示しているものとして最も適当なものを、**図1**の白矢印（ ⇨ ）**あ**～**お**から一つ選べ。

問2　**図1**の黒矢印（ ➡ ）**か**、**き**のように、生物どうしは「食べる・食べられる」の関係でつながっている。このような生物どうしの一連の関係を何というか。

問3　**図2**は、**図1**の生産者、消費者A、消費者Bのいずれかの数量をX、Y、Zの四角形の大きさで表し、ピラミッド形にした模式図である。生物の数量関係は、長期的に見るとつり合いが保たれている。XとZは、それぞれ生産者、消費者A、消費者Bのいずれの生物を示しているか答えよ。

図2

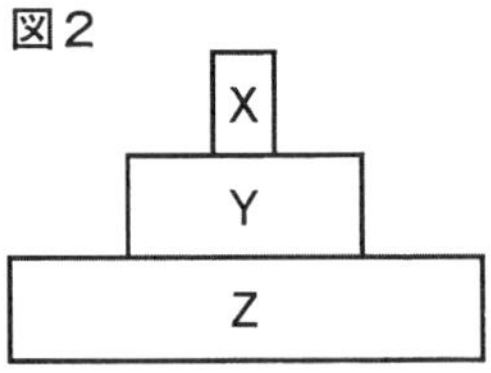

Ⅱ　分解者のはたらきを調べるために、次の**手順1**～**4**で実験を行い、その結果を下の**表**にまとめた。

手順1　養分をよく含んだ土を採取し、**図3**のように水を加えてガラス棒でよくかき混ぜ、しばらく放置したところ、沈殿物と上ずみ液の2層に分離した。

手順2　3本の試験管P、Q、Rを用意し、**図4**のように試験管Pに蒸留水、試験管Qに上ずみ液、試験管Rに上ずみ液を沸とうさせ常温にしたものを入れ、さらにすべての試験管に同量のデンプン液を加え、混ぜ合わせた。

手順3　試験管P、Q、Rの口をアルミニウムはくでおおい、放置した。

手順4　3日後、試験管P、Q、Rにそれぞれヨウ素液を数滴加えてそのようすを観察した。

図3

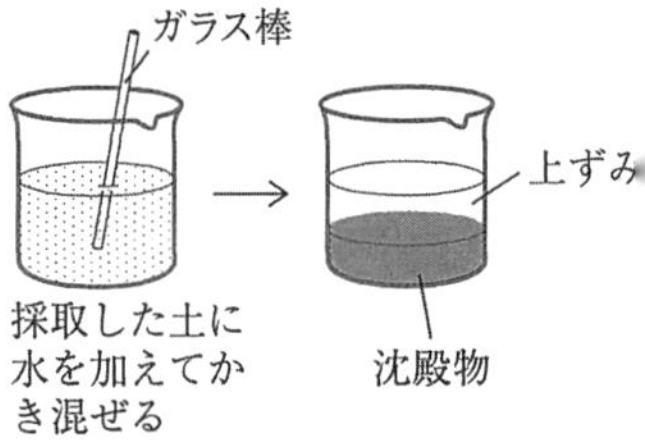

図4

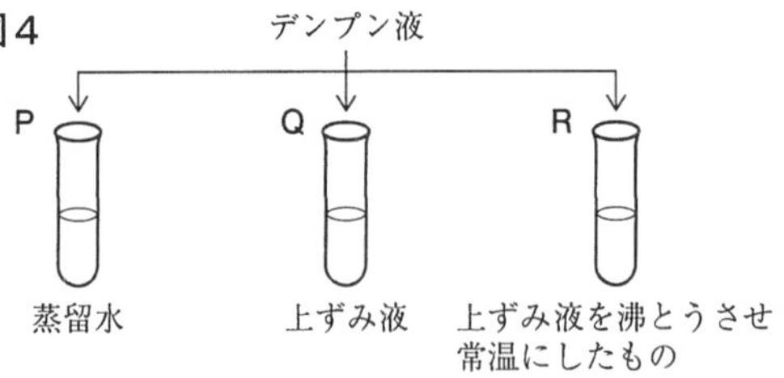

表

試験管	ヨウ素液を加えたときのようす
P	青紫色になった
Q	あまり変化は見られなかった
R	青紫色になった

問4　**表**のように、試験管Qだけが異なる結果になったのはなぜか。その理由を**分解者**という語句を用いて説明せよ。

問5　陸上の生態系において、分解者のはたらきをする細菌類は、次のどれか。

ア　カビ　　**イ**　キノコ　　**ウ**　ミミズ　　**エ**　大腸菌

2　次の文を読んで、あとの問いに答えなさい。

ハルさんは重い荷物を持ち上げられるクレーンに滑車が利用されていることに興味をもち、滑車のはたらきを調べるため、次の**実験１**、**実験２**を行った。ただし、天井に固定された滑車、動滑車および糸の質量や摩擦力は小さく、考えなくてよいこととする。また、空気の影響はなく、糸は伸び縮みしないこととする。

【実験１】 図１のように、天井に固定された滑車を使い、2.0 N の重力がはたらくおもりを上向きに 20 cm 移動させた。このとき、手は糸に重力と同じ向きの一定の力を加え、１秒あたり 2 cm の一定の速さで糸を引き下げたものとする。

図１

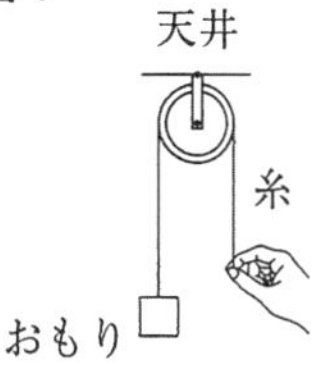

問１　図２は、**実験１**において、おもりが一定の速さで上向きに移動しているときの拡大図である。おもりにはたらく力を**すべて**解答用紙の図２に矢印で表せ。ただし、マス目の１目盛りは 0.5 N であり、おもりにはたらく重力の作用点を点（•）で表している。また、糸はおもりの上面と接着している。

図２

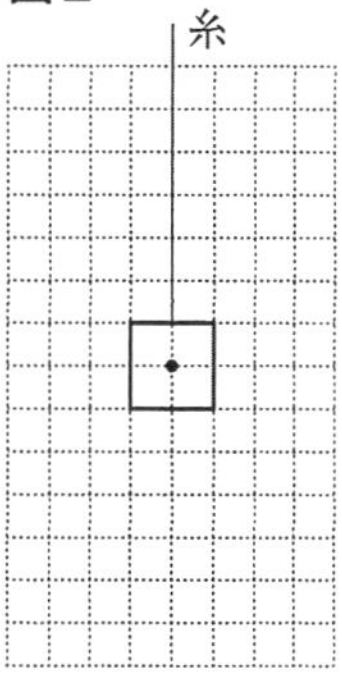

問２　**実験１**で糸を引く力がした仕事の大きさは何 J か。

【実験２】 図３のように、天井に固定された滑車と動滑車を使い、2.0 N の重力がはたらくおもりを上向きに 20 cm 移動させた。このとき、手は糸に重力と同じ向きの一定の力を加え、１秒あたり 2 cm の一定の速さで糸を引き下げたものとする。

問３　**実験２**の下線部の力の大きさは何 N か。

図３

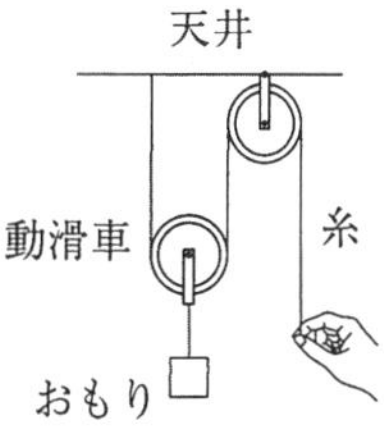

問４　**実験２**では、**実験１**の場合と比べて、「糸を引き下げる距離」、「糸を引く力がした仕事の大きさ」は、それぞれどうなるか。最も適当な組み合わせは、次のどれか。

	糸を引き下げる距離	糸を引く力がした仕事の大きさ
ア	長くなる	小さくなる
イ	短くなる	小さくなる
ウ	短くなる	変わらない
エ	長くなる	変わらない

問５　次の文の空欄（　X　）に適する語句を入れ、（　Y　）に適する語句を下の**語群**から選び、文を完成せよ。

１秒間あたりにする仕事の大きさを（　X　）という。**実験１**の糸を引く力がした仕事の（　X　）は、**実験２**の糸を引く力がした仕事の（　X　）と比べて（　Y　）。

Yの語群　大きい　小さい　変わらない

3 次のⅠ、Ⅱの問いに答えなさい。

Ⅰ　エタノールと水を用いて、物質の状態変化について調べた。

問1　**図1**のように、少量の液体のエタノールが入ったポリエチレンの袋を密封し、トレーに入れ、上から静かに熱湯を注ぐと、エタノールがすべて気体になった。袋の中のエタノールが液体から気体になるときの体積および質量の変化について、それぞれ「**大きくなる**」、「**小さくなる**」、「**変化しない**」のいずれかで答えよ。

図1

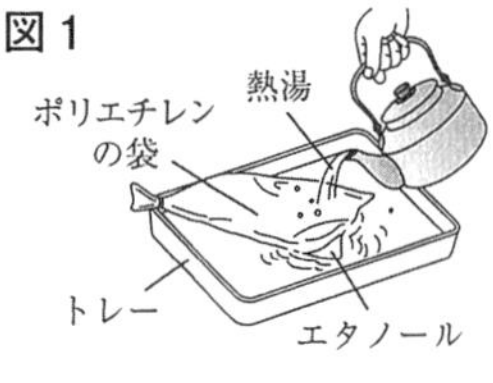

問2　**図2**のように、氷を水に入れると氷が浮いた。その理由を、**密度**という語句を用いて説明せよ。

図2

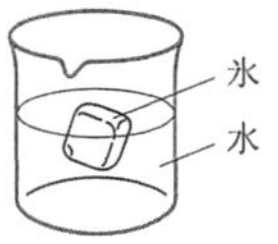

Ⅱ　混合物の分離について、次の実験を行った。

【実験】 水 15 cm³ とエタノール 5 cm³、沸とう石を枝つきフラスコに入れ、**図3**のような装置を組み立て、加熱した。加熱を始めて５分後に沸とうが始まり、ガラス管から液体が出てきたので約 3 cm³ ずつ３本の試験管に集めた。集めた順に、試験管**X**、試験管**Y**、試験管**Z**とした。

図3

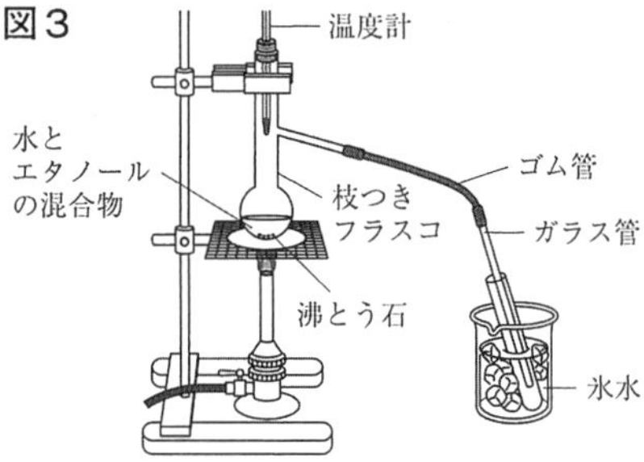

問3　**実験**のように、液体を加熱して沸とうさせ、出てくる気体を冷やして再び液体として取り出す方法を何というか。

問4　**実験**の加熱時間と温度計が示す温度の関係を表しているグラフとして最も適当なものは、次のどれか。

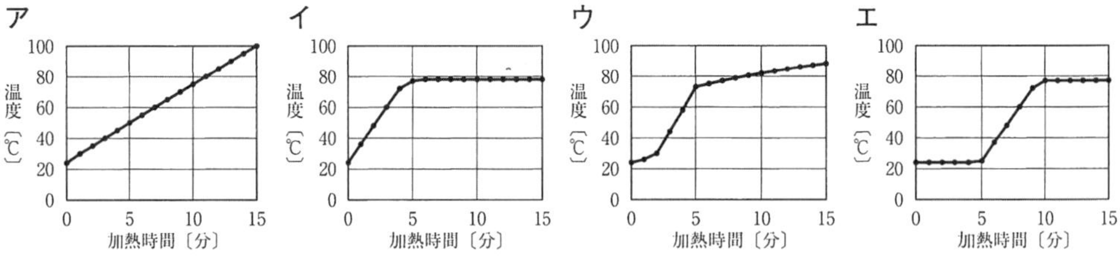

問5　**実験**で試験管**X**、**Y**、**Z**に集めた液体を、それぞれ別々の蒸発皿に同量入れ、安全に配慮しながら**図4**のようにマッチの火を近づけたところ、蒸発皿内のようすは**表**のようになった。次の文は、**表**をもとにした考察である。文中の空欄（　①　）に「**水**」、「**エタノール**」のいずれかの語句を、また、空欄 ② には**沸点**という語句を用いて適する説明を入れ、文を完成せよ。

図4

表

試験管	蒸発皿内のようす
X	長く燃えた
Y	燃えたが、すぐ消えた
Z	燃えなかった

> **表**より、試験管**X**には（　①　）が多く含まれていることがわかる。
> これは、[　②　]ためである。

4 次の文を読んで、あとの問いに答えなさい。

図1は、ある地域の地形図であり、1目盛りは水平距離 10 m を表している。**図1**の**A**地点（標高 160 m）、**B**地点（標高 180 m）、および**C**地点（標高 140 m）において鉛直方向にボーリング調査を行った。ボーリング試料を詳しく調べると、**A**地点では地表から 40 m 掘り進んだところで、**B**地点では地表から 60 m 掘り進んだところで、そして、**C**地点では地表から 40 m 掘り進んだところで、それぞれ凝灰岩層に到達した。それらの凝灰岩層は、地層の特徴から同じ凝灰岩層であることがわかった。また、この地域の地質調査から、**図1**の地域には断層はなく、地層が平行に重なっていて、同じ角度で傾いていることと、凝灰岩層は一層しかないことがわかっている。

図1

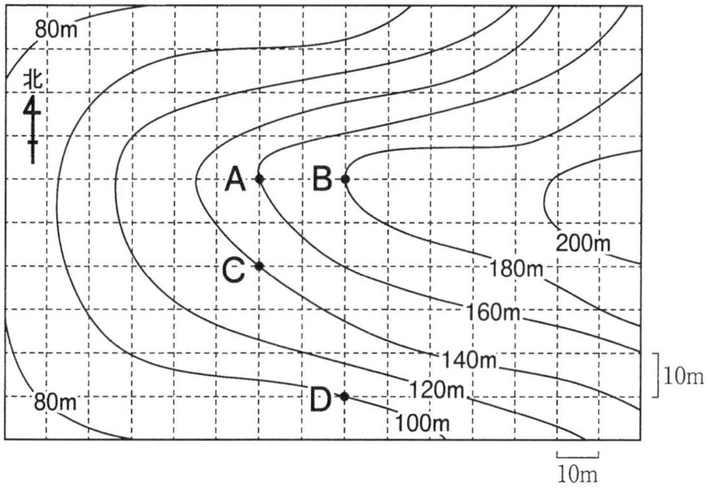

問1 **A**地点のボーリング試料中には、泥《でい》岩、砂岩、れき岩も見られた。これらは、いずれも堆積岩である。これらの岩石（**泥岩・砂岩・れき岩**）を、構成する堆積物の粒子が**大きい順**に左から並べて書け。

問2 この地域の泥岩層から**図2**の化石が見つかった。この化石の名称を答えよ。また、この地域の泥岩層が堆積した地質年代を答えよ。

図2

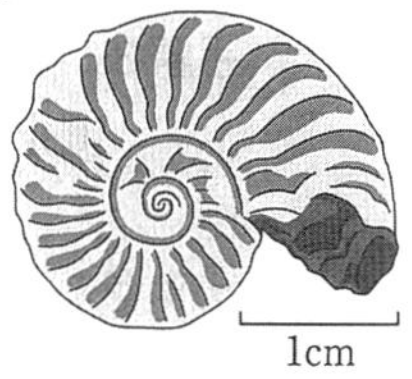

問3 地質調査から、この地域の地層はある方位に向かって下がっていることがわかっている。この地域の地層が下がっている方位として最も適当なものは、次のどれか。

ア 東　　イ 西　　ウ 南　　エ 北

問4 **図1**の**D**地点（標高 100 m）から北に向かってまっすぐ水平方向にボーリング調査を行うとき、下線部の凝灰岩層に到達するまでに掘る水平距離として最も適当なものは、次のどれか。

ア 30 m　　イ 50 m　　ウ 60 m　　エ 80 m

5　次のⅠ、Ⅱの問いに答えなさい。

Ⅰ　**図1**は、ヒトの小腸の内側のかべにある小さな突起の断面図である。

図1

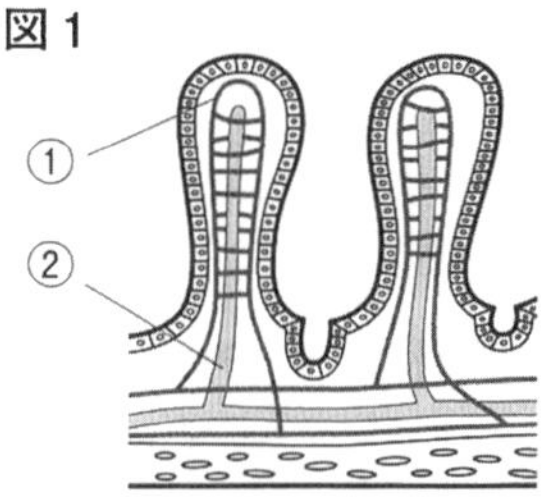

問1　**図1**の突起を何というか。

問2　体内で消化された養分の吸収について説明した次の文の空欄（　①　）、（　②　）に適する語句を入れ、文を完成せよ。なお、文中の①と②は、**図1**の①と②と同じものを示している。

> アミノ酸やブドウ糖は、**図1**の突起の表面から吸収され（　①　）に入る。一方、脂肪酸やモノグリセリドは**図1**の突起の表面から吸収され、脂肪となって（　②　）に入る。

問3　小腸にある**図1**の突起やヒトの肺にある肺胞により、小腸での養分の吸収や肺での酸素と二酸化炭素の交換を効率よく行うことができる。下線部の理由を**表面積**という語句を用いて説明せよ。

Ⅱ　ナツさんは、蒸散の量は植物の葉の表と裏で違いがあるのかについて疑問をもち、次の**予想**を立て、**手順1**～**3**の**実験**を計画した。なお、ワセリンをぬったところは、蒸散が起こらないものとする。

【予想】 蒸散は葉の表と裏の両方で行われ、蒸散する量は葉の表より裏のほうが多い。

【実験】 **手順1**　日当たりがよく、十分に水やりを行った花だんで、葉の枚数と大きさをそろえた3つのホウセンカ**A**、**B**、**C**にそれぞれ次の処理をする。

> ホウセンカ**A**　すべての葉の表にワセリンをぬる。
> ホウセンカ**B**　すべての葉の裏にワセリンをぬる。
> ホウセンカ**C**　ワセリンをぬらない。

図2

手順2　**手順1**の処理を行ったホウセンカ**A**、**B**、**C**について、よく晴れた日中に、それぞれ**図2**のようにポリエチレンの透明な袋をかぶせてひもでしばり密閉する。

手順3　3時間後、それぞれの袋の内側についた水滴など、蒸散により得られた水の質量を測定する。

問4　ナツさんの**予想**が正しいとすれば、**手順3**において水の質量が最大になるものと、最小になるものは、ホウセンカ**A**、**B**、**C**のうちどれになるか、それぞれ答えよ。ただし、ホウセンカ**A**、**B**、**C**は**手順1**の処理以外の条件はすべて同じであり、蒸散により得られた水はすべて集めることができるものとする。

問5　**図3**は、ホウセンカの根の模式図である。根からの水の吸収は、蒸散と大きく関わっており、**図3**の③から行われる。根に見られる③を何というか。

図3

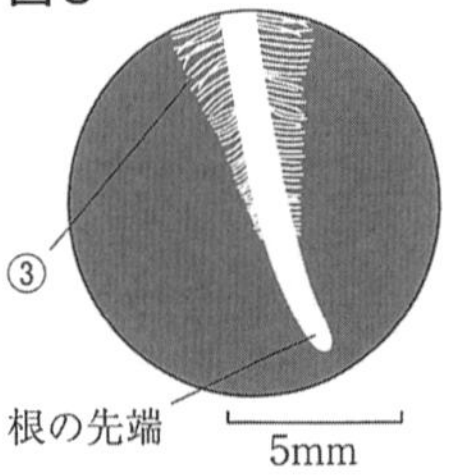

6 次の文を読んで、あとの問いに答えなさい。

図は電熱線xを含む装置Xと電熱線yを含む装置Yにそれぞれ20℃の水500 gを入れた模式図である。装置Xと装置Yの電源はそれぞれ100 Vであり、装置Xと装置Yのスイッチを入れると装置内で水の温度が上昇した。**表**は電熱線の電力と20℃の水が90℃になるまでの時間を表している。ただし、電気回路の抵抗は電熱線以外にないものとする。

図

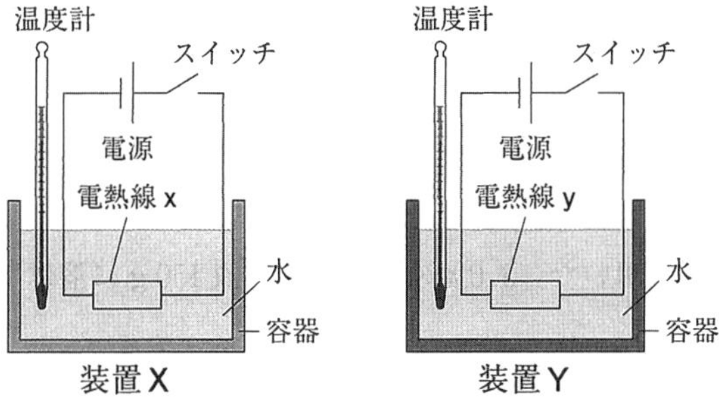

表

装置	電熱線の電力	20℃の水が90℃になるまでの時間
X	840 W	260 s
Y	770 W	300 s

問1 下線部におけるエネルギーの移り変わりを説明した次の文の空欄（ P ）、（ Q ）に適する語句を入れ、文を完成せよ。

> 電源によって供給された回路の（ P ）エネルギーは電熱線で（ Q ）エネルギーに変換され、（ Q ）エネルギーが水に吸収されることで水の温度が上昇した。

問2 装置Xの電熱線xに流れる電流は何Aか。

問3 20℃の水が90℃になるまでに、装置Yの電熱線yで消費された電力量は何Jか。

問4 水の温度が20℃から90℃になるまでに、装置Xの電熱線xが消費した電力量をa〔J〕、装置Yの電熱線yが消費した電力量をb〔J〕とする。また、20℃の水500 gが90℃に達するのに必要なエネルギーをc〔J〕とする。**表**の結果をもとに考察した次の文の空欄（ ① ）、（ ② ）に適する記号を入れ、文を完成せよ。ただし、水1 gを1℃上げるために必要なエネルギーは4.2 Jである。

> a、b、cを値の**大きい順**に左から並べると（ ① ）となり、電熱線が消費した電力量の一部は有効に利用されなかったことがわかる。このことから、より高い効率で水の温度を20℃から90℃まで上げることができたのは、装置Xと装置Yでは装置（ ② ）のほうである。

問5 10Ωの抵抗器2つ、100 Vの電源2つ、スイッチを用いて電気回路をつくる。スイッチを入れたとき回路全体の消費電力が最も大きい回路として最も適当なものは、次のどれか。

ア

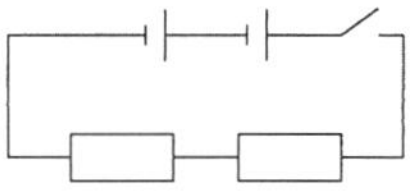

イ

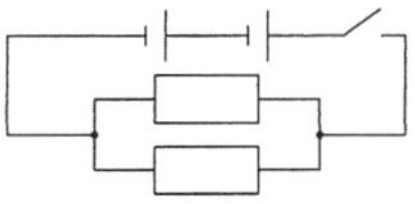

ウ

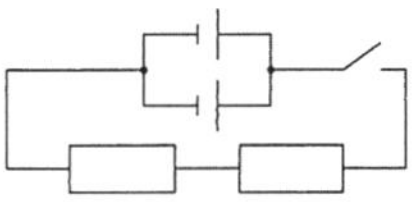

エ

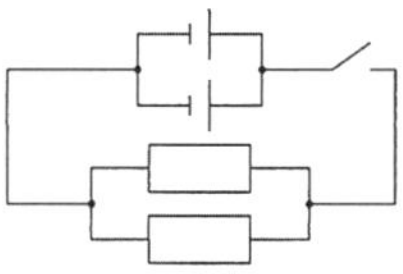

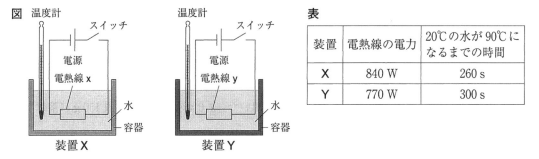

7 次の**実験**について、あとの問いに答えなさい。

【**実験**】 **図**のように、塩化銅水溶液に発泡ポリスチレンの板で固定した２本の炭素棒を差し込み、炭素棒と電源装置を導線でつなぎ、５Ｖの電圧を加えて電気分解を行った。しばらくして各炭素棒のようすを観察すると、結果は**表**のようになった。

図

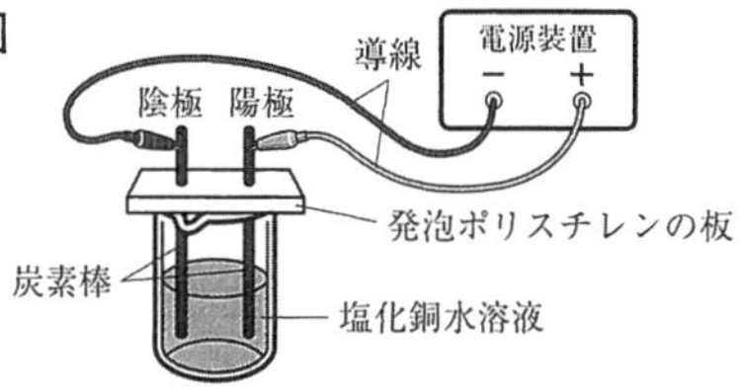

表

電極	炭素棒のようす
陰極	赤色の物質が付着した
陽極	気体が発生した

問１ **実験**では、3.0％の塩化銅水溶液 150 g を用いた。3.0％の塩化銅水溶液 150 g に溶けている塩化銅は何 g か。

問２ **実験**で、陰極に付着した赤色の物質は銅である。銅の性質として最も適当なものは、次のどれか。

ア 銅とマグネシウムでは、銅のほうがイオンになりやすい。

イ 銅と炭素では、銅のほうが酸素と結びつきやすい。

ウ 銅にマッチの火を近づけると燃えて炭になる。

エ 銅をみがくと特有の光沢があらわれる。

問３ 塩化銅が電離するようすは、化学式を用いた反応式で表すことができる。解答用紙の(　　　)に、それぞれ**イオンを表す化学式**を入れ、反応式を完成せよ。

$CuCl_2 \longrightarrow (\quad\quad) + 2(\quad\quad)$

問４ **実験**の**図**において、導線を流れる電子の移動の向きおよび水溶液中の陽イオンと陰イオンの移動の向きを表したモデルとして最も適当なものは、次のどれか。ただし、選択肢**ア**～**エ**中の矢印（ → ）は電子の移動の向き、黒矢印（ ➡ ）は陽イオンの移動の向き、白矢印（ ⇨ ）は陰イオンの移動の向きを表している。

ア

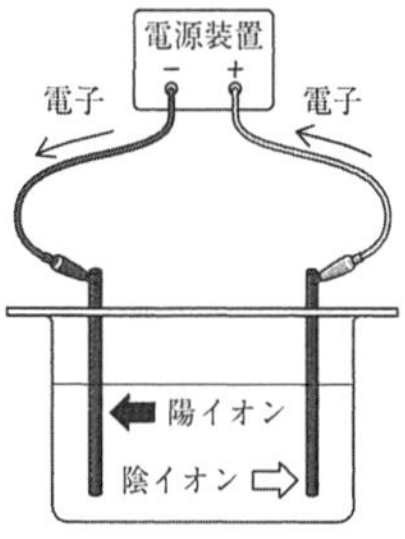

イ

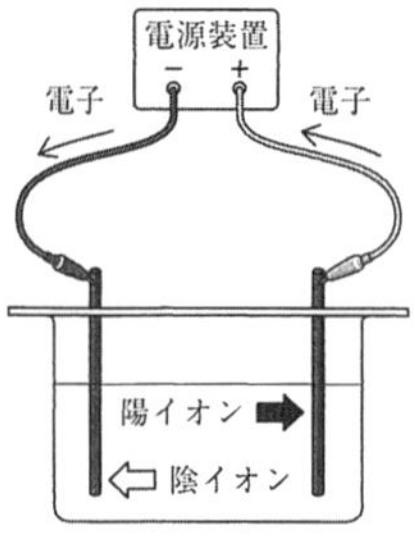

ウ

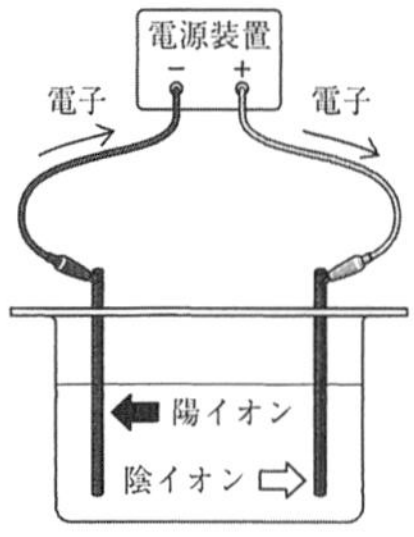

エ

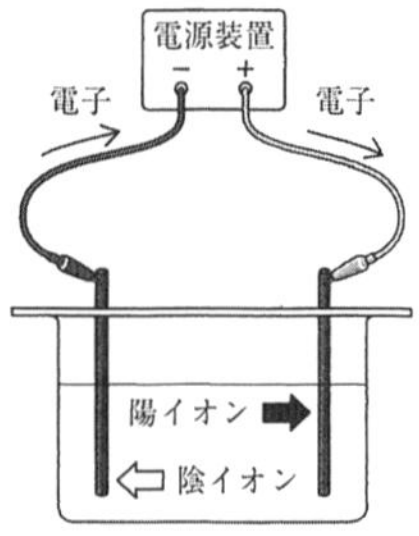

問５ 次のａ～ｄのうち、**実験**の塩化銅のように水に溶かしたときに電流が流れるものを**すべて**選べ。

ａ　砂糖　　ｂ　食塩　　ｃ　エタノール　　ｄ　水酸化ナトリウム

8　次のⅠ、Ⅱの問いに答えなさい。

Ⅰ　5月のある日の昼休み、アキさんは学校で気象観測を行った。

問1　見通しのよい場所で空を見上げると、雨は降っておらず、雲量は6であった。また、風向風速計を使って風向と風力を測定したところ、北西の風、風力3であった。このときの気象要素を表したものとして最も適当なものは、次のどれか。

ア
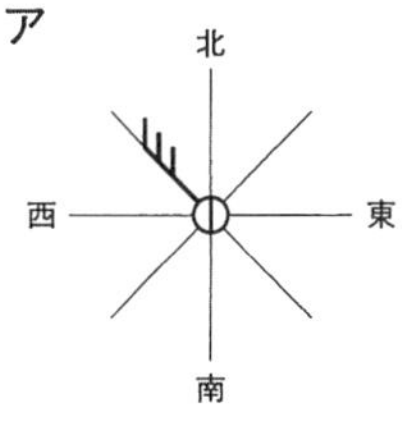

イ
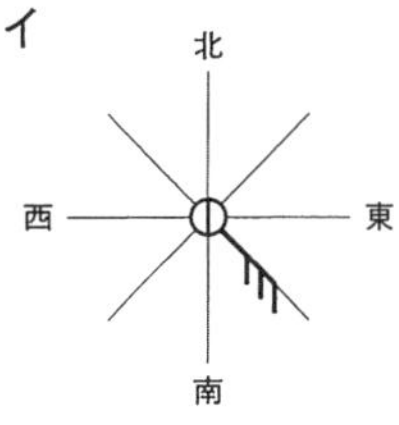

ウ
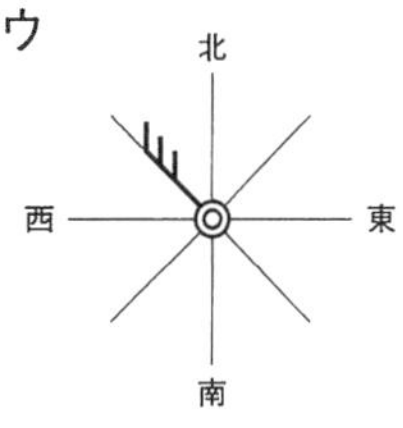

エ
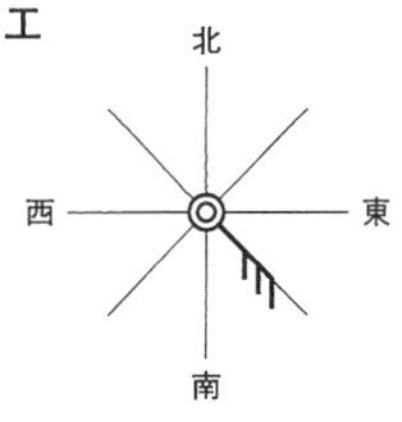

問2　乾湿計が示す温度が**図1**のようになっていた。このときの湿度は何％か。**表**の湿度表を用いて答えよ。

図1

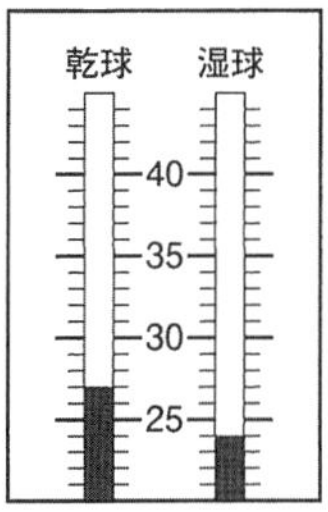

表

	乾球温度と湿球温度の差						
	1℃	2℃	3℃	4℃	5℃	6℃	7℃
乾球温度 27℃	92	84	77	70	63	56	50
26℃	92	84	76	69	62	55	48
25℃	92	84	76	68	61	54	47
24℃	91	83	75	68	60	53	46
23℃	91	83	75	67	59	52	45
22℃	91	82	74	66	58	50	43

問3　気温のはかり方として、最も適当なものは、次のどれか。

ア　地上1.5 mの直射日光のあたる風通しが良い場所ではかる。
イ　地上1.5 mの日かげで風通しが良い場所ではかる。
ウ　地上10 cmの直射日光のあたる風通しが良い場所ではかる。
エ　地上10 cmの日かげで風通しが良い場所ではかる。

Ⅱ　アキさんの中学校では、気象の自動観測を行っており、1時間に1回の間隔で記録している。

図2は、ある年の3月12日から13日にかけて得られた観測値をまとめたものであり、気温・気圧・風向の気象情報を示している。

図2

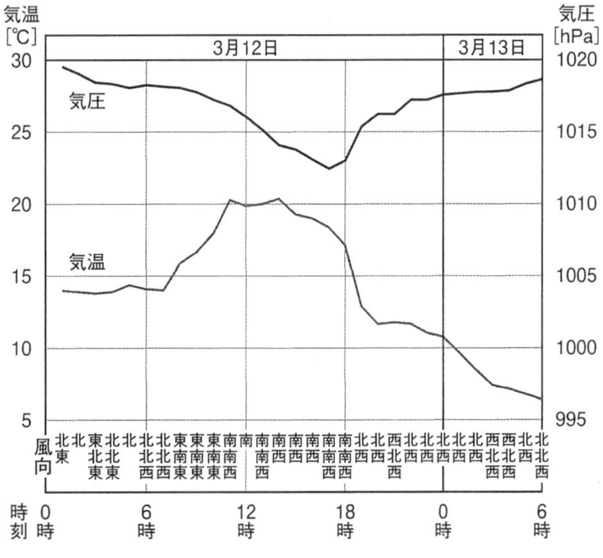

問4　観測を行った地域を寒冷前線が通過した時間帯として、最も適当なものは、次のどれか。

ア　12日6時から9時
イ　12日12時から15時
ウ　12日18時から21時
エ　13日0時から3時

問5　寒冷前線を表す記号として、最も適当なものは、次のどれか。

ア 　イ 　ウ  　エ 

2024(R6) 長崎県公立高
教英出版

受検番号	番

令和６年度学力検査問題

社　　会

（50分）

注　　意

1　「始め」の合図があるまで、この問題冊子を開いてはいけません。

2　解答用紙は中にはさんであります。

3　「始め」の合図があったら、まず、受検番号を問題冊子および解答用紙の受検番号欄に記入しなさい。

4　問題は 1 ～ 6 で、１ページから８ページまであります。

5　答えは、すべて解答用紙に記入しなさい。

選択肢（ア～エ）によって答えるときは、最も適当なものを一つ選んで、その記号を書きなさい。

6　「やめ」の合図で、鉛筆を置きなさい。

問　題

1 次の問いに答えなさい。

問1 **写真**は、紀元前1600年ごろに成立した殷《いん》の都の跡から出土したものである。殷の政治と文字について述べた次の文の **X** にあてはまる語を書け。

写真

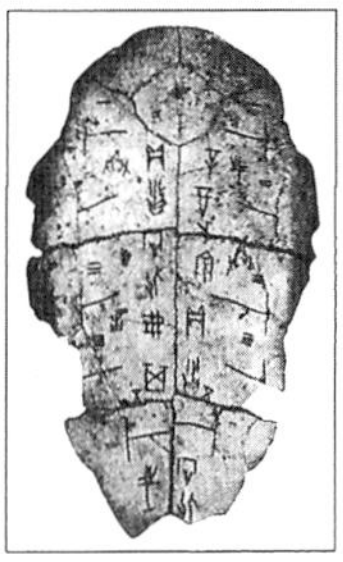

> 殷では、政治における大切なことはうらないによって決められた。うらないの結果は **X** 文字で刻まれ、これが漢字のもとになった。

問2 **年表**をみて、次の（1）～（6）の問いに答えよ。

年表

年代	で き ご と
604	十七条の憲法が制定される。
	↕ P
1221	①鎌倉幕府の軍が後鳥羽上皇《ごとばじょうこう》の軍を破る。
1467	②雪舟《せっしゅう》が明にわたる。
1603	③江戸幕府が開かれる。
	↕ Q
1841	④天保の改革がはじまる。

（1）Pの期間における日本のできごとについて述べた次のア～ウを年代の古い順に並べ、その記号を左から順に書け。

ア　大宝律令《たいほうりつりょう》が制定された。

イ　白河上皇《しらかわじょうこう》の院政がはじまった。

ウ　藤原道長《ふじわらのみちなが》が摂政となった。

（2）下線部①において、将軍と御家人は御恩と奉公によって主従関係を結んだ。御恩と奉公について述べた下の文の **Y** にあてはまる内容を簡潔に書け。ただし、次の**語**を必ず用いること。

語　領地

> 御恩とは、将軍が御家人に対して **Y** ことである。奉公とは、御家人が将軍に忠誠を誓い、京都や鎌倉などを警備し、戦いがおこったときには一族を率いて命がけで戦うことである。

（3）下線部②のころ、将軍の後継者問題や守護大名の勢力争いなどがからみあい、京都を中心に約10年続いた戦乱は何か。

（4）下線部③における初代の征夷大将軍《せいいたいしょうぐん》はだれか。

（5）Qの期間における日本の文化について述べた次のA、Bの文の正誤の組み合わせとして、正しいものは下のア～エのどれか。

A　松尾芭蕉《まつおばしょう》が『奥《おく》の細道《ほそみち》』を著した。

B　伊能忠敬《いのうただたか》が『見返《みかえ》り美人図《びじんず》』をえがいた。

ア　A＝正、B＝正　　イ　A＝正、B＝誤　　ウ　A＝誤、B＝正　　エ　A＝誤、B＝誤

（6）下線部④を行った人物と、19世紀に世界でおこったできごとの組み合わせとして、正しいものは次のどれか。

	人　物	で き ご と
ア	松平定信《まつだいらさだのぶ》	マゼランの船隊が世界一周に成功した。
イ	松平定信	清でアヘン戦争がおこった。
ウ	水野忠邦《みずのただくに》	マゼランの船隊が世界一周に成功した。
エ	水野忠邦	清でアヘン戦争がおこった。

2　カードⅠ・Ⅱは、アサヒさんが長崎県出身の人物についてそれぞれまとめたものである。**カードⅠ・Ⅱ**をみて、下の問いに答えなさい。

カードⅠ

伊東巳代治《いとうみよじ》

・　現在の長崎市出身。
・　長崎英語伝習所《でんしゅうしょ》で英語を学んだ。
・①明治政府で伊藤博文《いとうひろぶみ》の秘書官になった。
・　1889年2月11日に、天皇が臣民に与える形式で発布された　**X**　の起草に参画した。
・②日清戦争のころ、貴族院議員になった。

カードⅡ

松永安左衛門《まつながやすざえもん》

・　現在の壱岐市出身。
・③日露戦争が終わってから1930年代まで発電・送電などの電力事業に携わった。
・④第一次世界大戦が終わった後のヨーロッパを訪れ、国際会議に出席した。
・⑤高度経済成長期に産業計画会議を主宰し、日本の経済発展に貢献した。

問1　下線部①は、安定した財源を確保するため、地価を定めて土地所有者にその3％を現金で納めさせる制度を実施した。これを何というか。

問2　**X**　にあてはまる語を書け。

問3　下線部②の講和条約が結ばれた都市は、**地図**の**ア**～**エ**のどれか。

地図

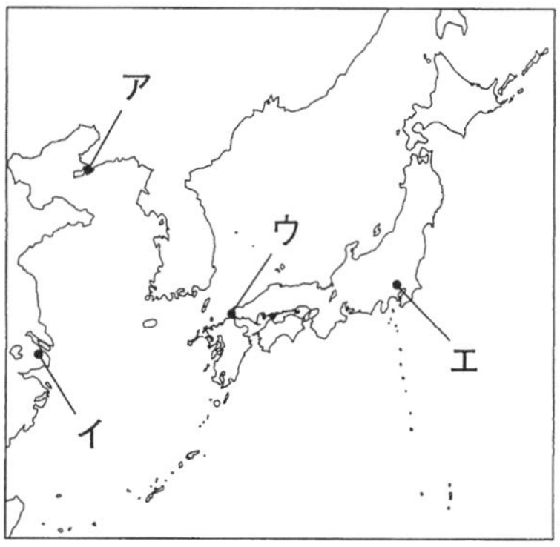

問4　下線部③の期間におけるできごとについて述べたものとして、正しいものは次のどれか。

ア　アメリカで奴隷解放宣言が出された。
イ　ドイツでワイマール憲法が制定された。
ウ　イギリスで初めて鉄道が開通した。
エ　日本で女性の選挙権が認められた。

問5　下線部④の終わりごろにおこった米騒動に興味をもったアサヒさんは、1911年の米価を100として年ごとの米価を比較した米価指数の推移を示した**グラフ**を作成した。この**グラフ**の**P**の期間において、米価指数が上昇した要因を簡潔に書け。ただし、次の**語**を必ず用いること。なお、具体的な数値を示す必要はない。

語　第一次世界大戦　シベリア出兵

グラフ

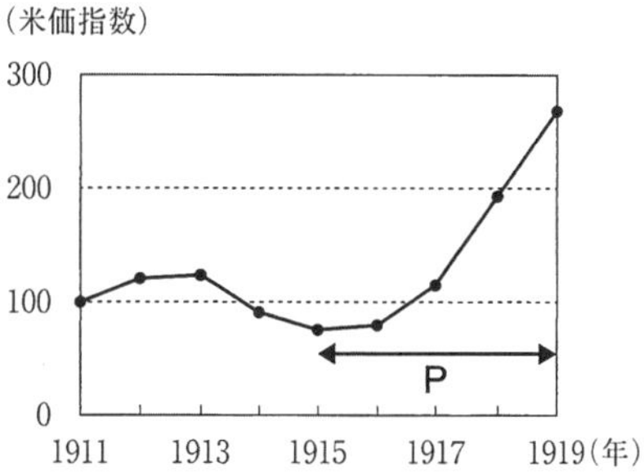

(『明治大正国勢総覧』から作成)

問6　下線部⑤の期間におけるできごとについて述べた次の**A**、**B**の文の正誤の組み合わせとして、正しいものは下の**ア**～**エ**のどれか。

A　大阪で日本万国博覧会《ばんこくはくらんかい》が開催された。
B　東海道新幹線が開通した。

ア　A＝正、B＝正　　**イ**　A＝正、B＝誤　　**ウ**　A＝誤、B＝正　　**エ**　A＝誤、B＝誤

3 次の問いに答えなさい。

問1 **地形図**をみて、下の（**1**）～（**3**）の問いに答えよ。

地形図

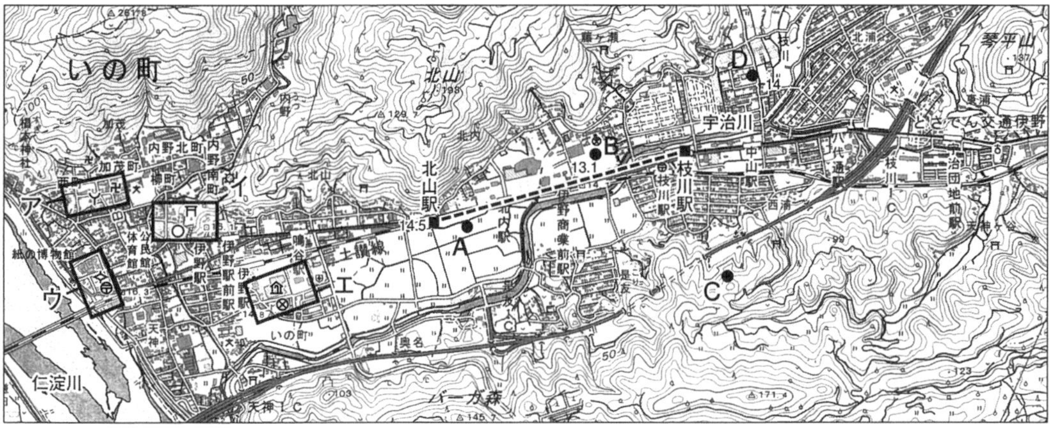

（国土地理院発行2万5千分の1地形図　『いの』の一部）

（**1**）**地形図**の ------ 線は、北山《きたやま》駅と枝川《えだがわ》駅の間の路線を示したものであり、その長さは**地形図**上で4cmである。実際の距離は何mか。

（**2**）**地形図**の［　　　］で示した**ア**～**エ**の範囲のうち、警察署を含むものはどれか。

（**3**）**地形図**にある宇治《うじ》川は、かつて氾濫《はんらん》し、**写真**のように周辺が浸水したことがある。同じような災害が発生した時、浸水する被害を最も受けにくいと考えられる地点を、**地形図**の●で示した**A**～**D**の地点から一つ選び、記号を書け。

写真

問2 **地図**をみて、次の（**1**）、（**2**）の問いに答えよ。

（**1**）**地図**の［　　　］で示した**ア**～**エ**の4県のうち、次の**条件**①、②を2つとも満たす県を一つ選び、記号を書け。また、その**県名**を**漢字**で書け。

条件①　県の北部には世界文化遺産の合掌造《がっしょうづく》り集落がある。
条件②　県境の一部は日本アルプスとよばれる山脈である。

（**2**）カオルさんは、**地図**の**利根《とね》川**と**信濃《しなの》川**の流量と近隣の降水量の変化について調べ、**グラフⅠ**と**グラフⅡ**を作成した。**グラフⅠ**は**F**の地点における利根川の流量と降水量、**グラフⅡ**は**G**の地点における信濃川の流量と降水量を示したものである。

次のページの文は、**グラフⅠ**と**グラフⅡ**について、カオルさんとミヅキさんとの間で交わされた会話の一部である。［ X ］と［ Y ］にあてはまる内容を簡潔に書け。ただし、具体的な数値を示す必要はない。

地図

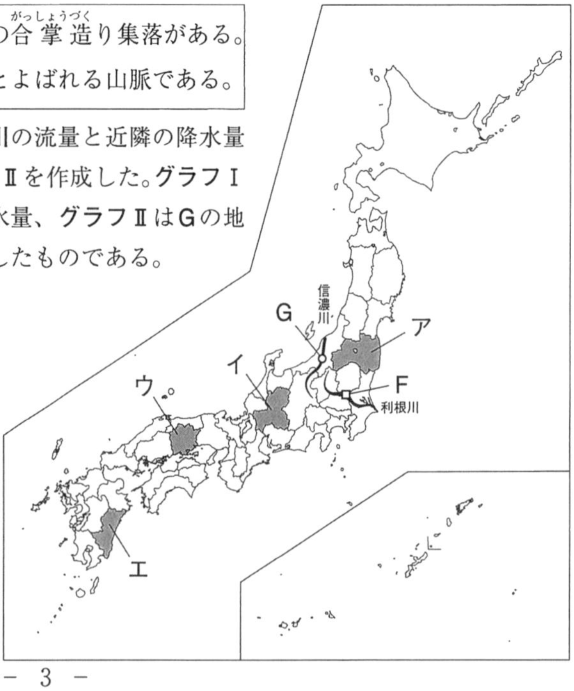

令
6

※100点満点

受検番号　番

国語 解答用紙

一

問一
a （　乾　）いた
b （　ナ　）らした
c （　扉　）

問二

問三

問四

問五

問六
という経験。

問七

問一．２点×３
問二．２点
問三．５点
問四．４点
問五．４点
問六．７点
問七．４点

二

問一

問二

問三

問四

問五
A

問一．２点
問二．３点
問三．３点
問四．３点
問五．Ａ．３点
　　　Ｂ．４点

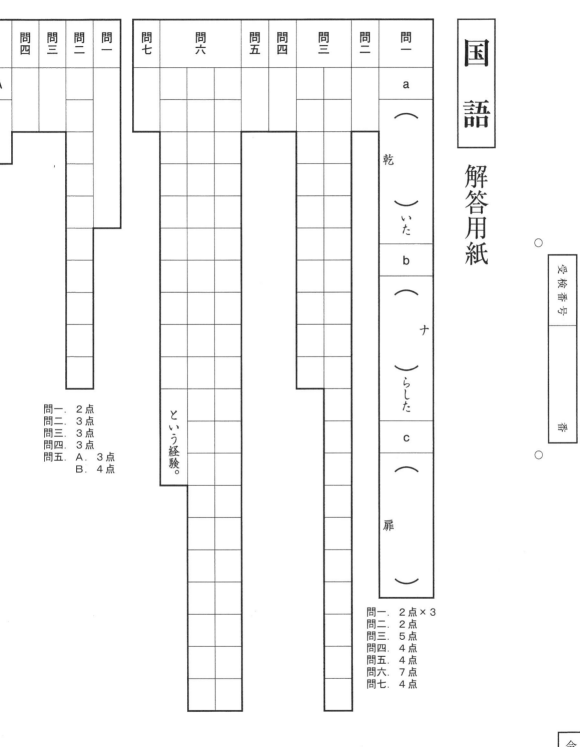

問１．２点　問２．３点　問３．３点　問４．⑴３点　⑵４点

3

問１	問４ (１)　QR ＝
問２　≦ y ≦	問４ (２)　t ＝
問３　y ＝	

問１．２点　問２．３点×２　問３．４点

4

問１　cm	問２ (２)　cm^3
問２ (１)　cm^2	問３　cm

問１．２点　問２．３点　問３．⑴１点×３　⑵３点　⑶３点

5

問１　cm	問３ (１)(ウ)
問２　cm	問３ (２)　AE：EB ＝　：
問３ (１)(ア)　°	問３ (３)　△ACF と四角形 BDFE の面積比は　：
問３ (１)(イ)　∠	

問１．(ア) ２点　(イ) ３点　(ウ) ３点　問２．４点

6

問１ (ア)	問２ 奇数を○、偶数を×とすると、4 段目が○（奇数）となるためには、3 段目は、○×か、×○でなければならない。 したがって、連続する 4 つの整数を並べかえてできる 4 けたの自然数で、4 段目の数が奇数になるものはない。
問１ (イ)	
問１ (ウ)	

3

問1

A　(　　　　　　　　) in the library?

B　If you go there on that day, (　　　　　　　　).

問2

問1．5点×2
問2．6点

4

問1

問2

問3

問4

イギリスの親が　①　　　　　　　　　　　　　　ことを好まないように、

②　　　　　　　　　　　　　　の中には、イギリスでは無作法だとされるものがあるかもしれないから。

問5

イギリスの人々は、(　　　　　　　　)ということ。

問6

問7　①　　②　　③

問1．3点
問2．3点
問3．3点
問4．4点×2
問5．5点
問6．3点×2
問7．3点×3

5

問１． ２点
問２． ３点
問３． ３点
問４． ３点
問５． ２点

問１				
問２	①		②	
問３				
問４	最大		最小	
問５				

6

問１． ２点
問２． ２点
問３． ２点
問４． ３点
問５． ３点

問１	P		Q	
問２	A	問３	J	
問４	①	→ →	②	
問５				

7

問１． ３点
問２． ２点
問３． ３点
問４． ３点
問５． ２点

問１	g	問２	
問３	$CuCl_2$ ⟶ (　　　) ＋ 2 (　　　)		
問４		問５	

8

問１． ３点
問２． ３点
問３． ２点
問４． ３点
問５． ２点

問１		問２	%
問３		問４	
問５			

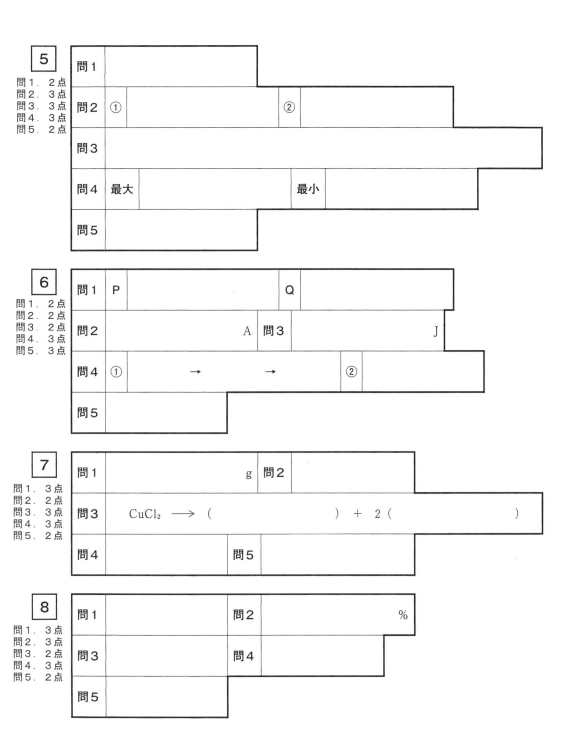

4

問1	（1）		
	（2）		
	（3）		
	（4）		
	（5）		
問2	（1）	X	
		Y	
		Z	
	（2）		

問1．２点×５
問2．⑴X．２点
　　　YZ．３点
　　⑵２点

5

問1		
問2		
問3	Y	
	Z	
問4	S	
	T	
問5		
問6		

問1．２点
問2．２点
問3．２点×２
問4．２点×２
問5．２点
問6．２点

6

問1	（1）	
	（2）	
	（3）	
問2		
問3		
問4		
問5		

問1．２点×３
問2．３点
問3．３点
問4．３点
問5．２点

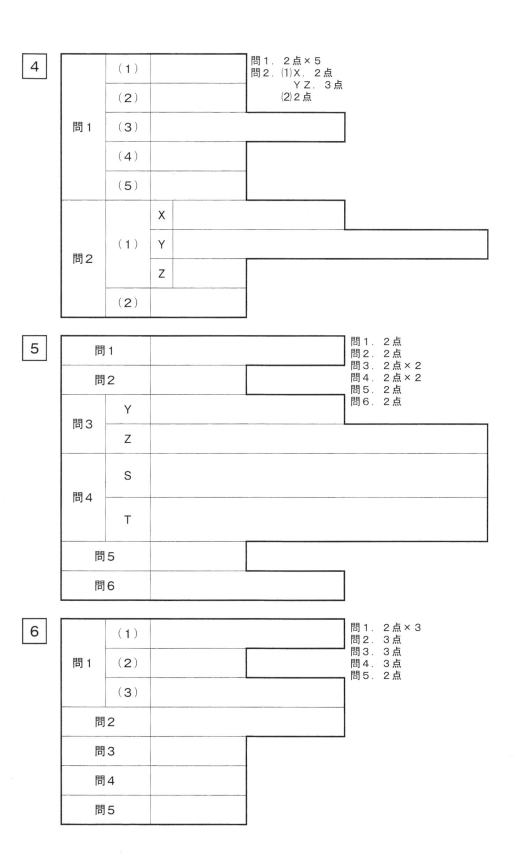

社　会　解答用紙

※100点満点

〔注意〕　選択肢(ア～エ)によって答えるときは，最も適当なものを一つ選んで，その記号を書きなさい

1

問1		
問2	(1)	→ →
	(2)	
	(3)	
	(4)	
	(5)	
	(6)	

問1．２点
問2．(1)３点
(2)４点
(3)２点
(4)２点
(5)２点
(6)３点

2

問1	
問2	
問3	
問4	
問5	
問6	

問1．２点
問2．２点
問3．２点
問4．２点
問5．４点
問6．３点

3

問1	(1)		〔m〕
	(2)		
	(3)		
問2	(1)	記　号	
		県　名	〔県〕
	(2)	X	
		Y	
問3			

問1．２点×３
問2．(1)３点
(2)３点×２
問3．２点

受検番号	番

令6

理　科　解答用紙

※100点満点

〔注意〕 選択肢（ア～エ）によって答えるときは、最も適当なものを一つ選んで、その記号を書きなさ

1

問1．2点
問2．2点
問3．3点
問4．3点
問5．2点

問1				
問2				
問3	X		Z	
問4				
問5				

2

問1．3点
問2．2点
問3．2点
問4．3点
問5．3点

問1	図2 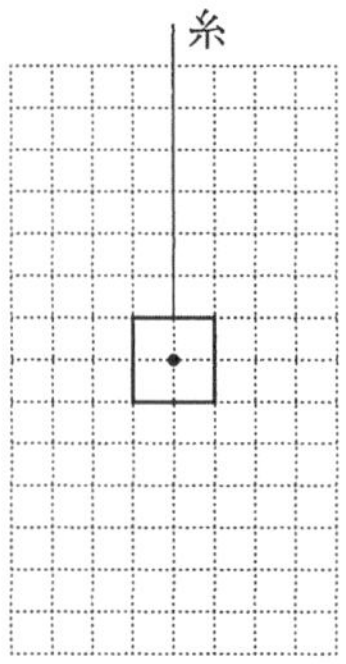	問2		J
		問3		N
		問4		
		問5	X	
			Y	

受検番号　　番

3

問1．2点
問2．2点
問3．2点
問4．3点
問5．3点

問1	体積		質量	
問2				
問3			問4	
問5	①			
	②			

4

問1．3点
問2．3点
問3．3点
問4．3点

問1	→	→		
問2	名称		地質年代	
問3			問4	

令6

英　語　解答用紙

※100点満点

1

問1	No. 1		No. 2					
問2	No. 1		No. 2		No. 3			
問3	No. 1	①		②				
	No. 2	①		②		③		④

問1．２点×２
問2．３点×３
問3．No. 1．３点×２　No. 2.

2

問1				
問2				
問3				
問4	①		②	
問5				
問6	[Bringing lunch / Eating school lunches] is better （いずれかを○で囲む） because ( ).			

問1．３点
問2．３点
問3．３点
問4．３点×２
問5．３点
問6．６点

受検番号　　番

令 6

数　学　解答用紙

※100点満点

〔注意〕 答えは、特別に指示がない場合は最も簡単な形にしなさい。なお、計算の結果に $\sqrt{\ }$ または π をふくむときは、近似値に直さないでそのまま答えなさい。

3点×10

1

(1)	(8) $\angle x =$ 　　　　°
(2)	(9) 　　　　cm³
(3) 　　　　km	(10) 図3 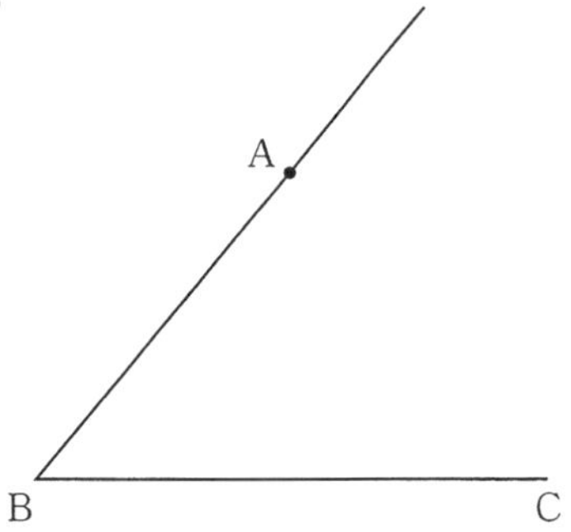
(4) $x =$ 　　　、$y =$	
(5) $x =$ 　　　、$x =$	
(6) およそ 　　　　本	
(7)	

問1．(1)2点　(2)3点　(3)2点　　問2．(1)2点　(2)(ア)2点　(イ)3点　　問3．3点

2

問1 (1) 　　　　人	問2 (2)(ア)
問1 (2)	問2 (2)(イ)
	問3 3つの数の中で一番小さい数を n とすると、 よって、3つの数の和は3の倍数となる。
問1 (3)	
問2 (1)	

受検番号　　　　番

令6

三

問一 a（キョウツウ） b（抽出） c（エンサン）

問二

問三

問四 言葉には ／ という働きがあることを言っているのですね。

問五

問六

問七

問一．２点×３
問二．３点
問三．７点
問四．５点
問五．３点
問六．４点
問七．４点

四

問一

問二 Ⅰ という工夫や、 Ⅱ という工夫もできるね。

問三

問一．５点
問二．４点×２
問三．５点

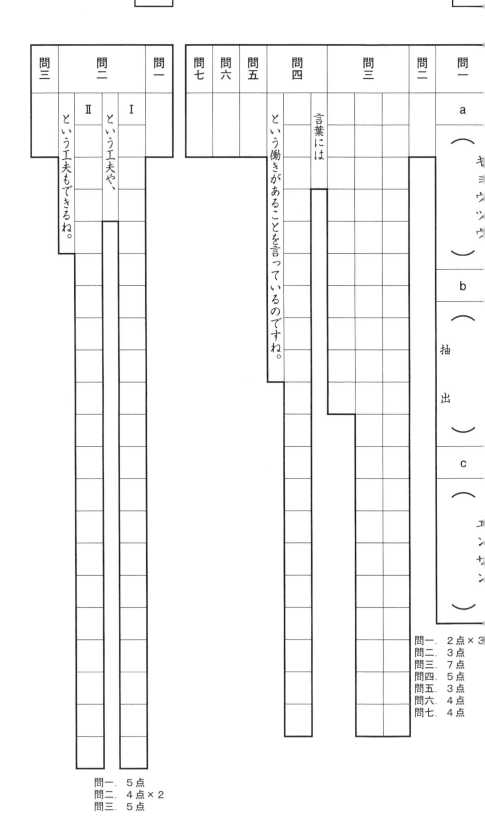

グラフⅠ　利根川の流量と降水量

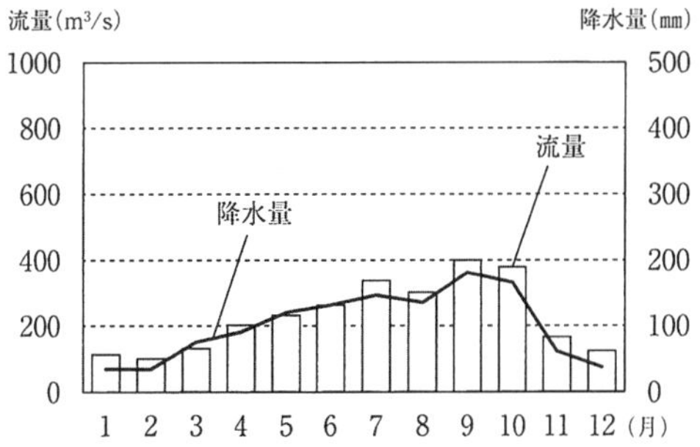

(注)「流量」とは、川を流れる水の量のことである。

グラフⅡ　信濃川の流量と降水量

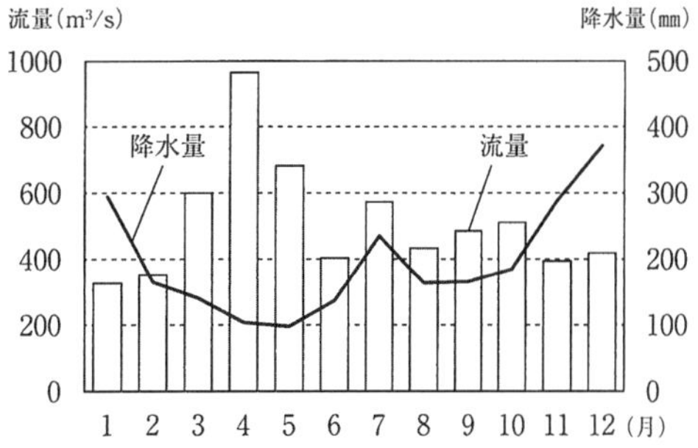

(信濃川下流河川事務所資料などから作成)

カオル：利根川の流量と降水量についてまとめた**グラフⅠ**をみてみよう。

ミヅキ：利根川の流量と降水量には、関係がありそうだね。

カオル：そうだね。**グラフⅠ**をみると、 X という関係があることがわかるね。

ミヅキ：**グラフⅠ**と**グラフⅡ**を比べると違いがわかるね。**グラフⅡ**で3月から5月に流量が他の月より増えているのは、なぜだろう。

カオル：私も不思議に思って調べてみたよ。3月から5月にかけては、 Y ことが大きな原因で、流量が増えるということではないかな。

問3　**グラフⅢ**の**P**と**Q**は、日本の15歳から64歳の人口、65歳以上の人口のいずれかであり、また、**R**と**S**は日本の自動車会社の国内生産台数、海外生産台数のいずれかである。それぞれ2000年の値を100としたときの**P**と**R**が示す項目の組み合わせとして、正しいものは下の**ア**～**エ**のどれか。

グラフⅢ

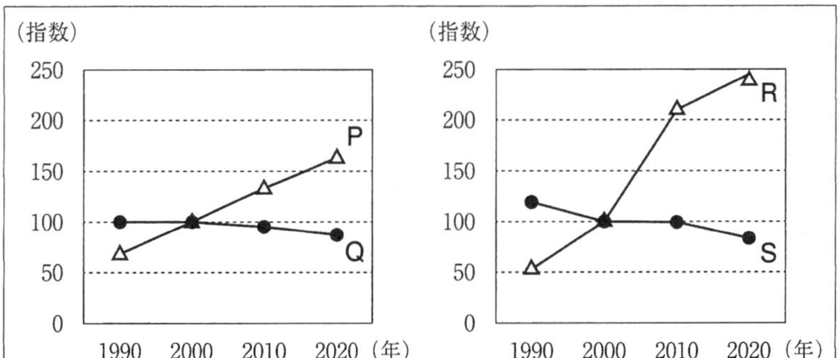

(『日本国勢図会　2023/24』から作成)

ア　**P**　15歳から64歳の人口　　**R**　自動車の国内生産台数

イ　**P**　15歳から64歳の人口　　**R**　自動車の海外生産台数

ウ　**P**　65歳以上の人口　　**R**　自動車の国内生産台数

エ　**P**　65歳以上の人口　　**R**　自動車の海外生産台数

4　次の問いに答えなさい。

問1　**地図Ⅰ**の　　　　で示した あ ～ く の国は、2023年5月に日本で開催されたＧ７広島サミット参加国のうちの８か国である。**地図Ⅰ**をみて、下の（１）～（５）の問いに答えよ。

地図Ⅰ

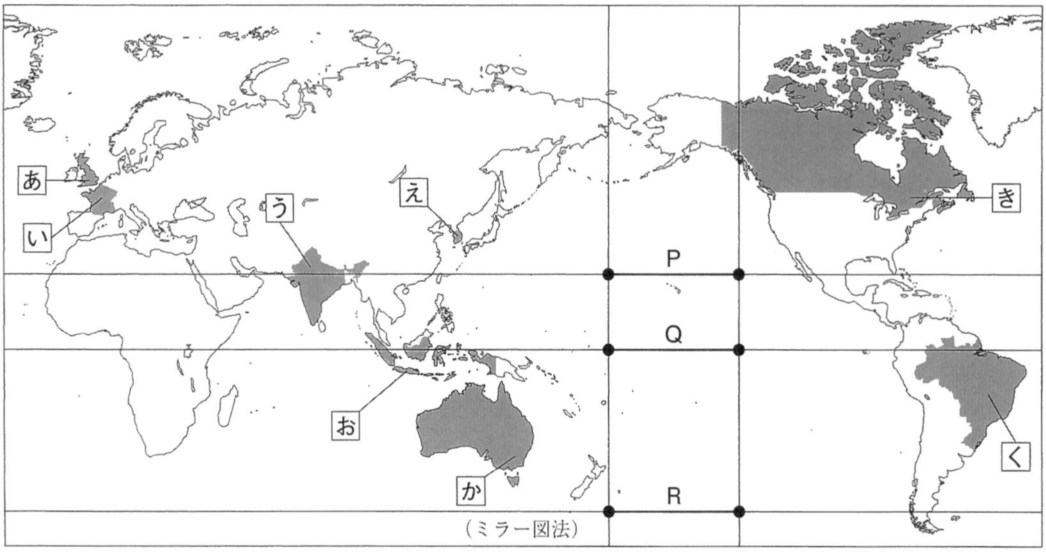

（１）**地図Ⅰ**の図法は、赤道から離れるほど、長さや面積が拡大してあらわされる特徴がある。そのため、**地図Ⅰ**の ●―● で示したＰ～Ｒは、**地図Ⅰ**上ではすべてが同じ長さの緯線であるが、実際の距離は同じではない。実際の距離が最も短くなるものは、Ｐ～Ｒのどれか。

（２） あ 、 い について述べた次のＡ、Ｂの文の正誤の組み合わせとして、正しいものは下のア～エのどれか。

Ａ　あ では、現在、ユーロが使用されている。

Ｂ　い は、小麦の自給率が100％をこえている。

ア　Ａ＝正、Ｂ＝正　　イ　Ａ＝正、Ｂ＝誤　　ウ　Ａ＝誤、Ｂ＝正　　エ　Ａ＝誤、Ｂ＝誤

（３） う の大都市の中には、仕事や高い収入を求めて農村から都市へと多くの人が移住したことで、住宅・道路・水道などの生活基盤が整わず、治安や住環境が悪い地区が形成された。このような地区を何というか。

（４）**写真**のようなプランテーションによるあぶらやしの収穫のようすがみられ、**グラフ**に示した宗教別人口割合を示す国はどこか。**地図Ⅰ**の え 、 お 、 き 、 く から一つ選び、記号を書け。

写真

グラフ

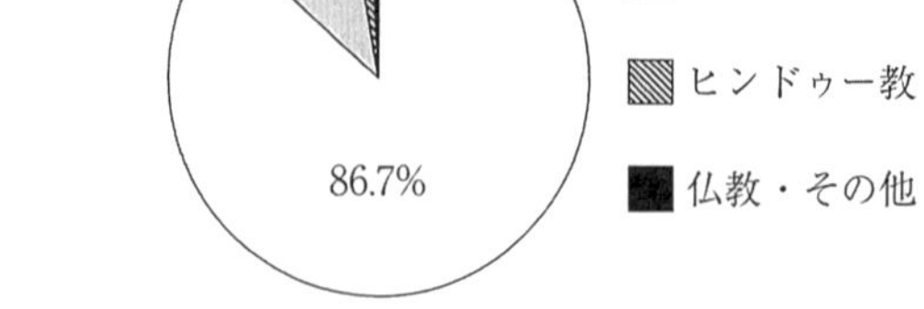

（注）　グラフの割合の合計は四捨五入の関係で100％にならない。
（外務省資料から作成）

（5） [か] について、地図Ⅱの■は、ある鉱産資源のおもな産出地を示している。この■が示す鉱産資源として、最も適当なものは次のどれか。
ア 原油　**イ** 鉄鉱石　**ウ** 石炭　**エ** ボーキサイト

地図Ⅱ

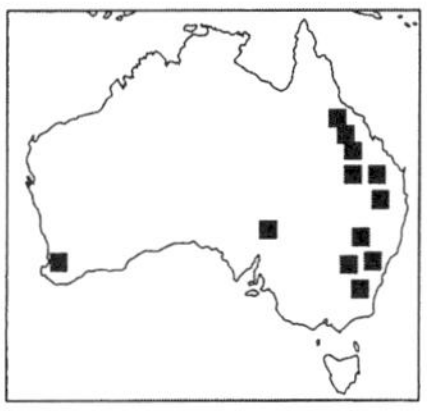

問2 ヒカルさんはG7広島サミットで重要課題の一つとされた「気候・エネルギー」に着目して**資料Ⅰ**を作成し、調べていくなかで**資料Ⅱ**をみつけた。**資料Ⅰ・Ⅱ**をみて、下の（1）、（2）の問いに答えよ。

資料Ⅰ ヨーロッパ各国の総発電量と再生可能エネルギーの内訳　（単位は億kWh）

国名	総発電量	再生可能エネルギー				
		発電量	水力	風力	太陽光	地熱
ドイツ	6,091	2,424	257	1,259	464	2
フランス	5,708	1,131	616	347	122	1
イギリス	3,228	1,205	77	643	129	—
ノルウェー	1,353	1,313	1,264	55	0	—
イタリア	2,939	1,158	482	202	237	61
アイスランド	195	195	134	0	—	60

（注） 再生可能エネルギーの発電量は水力（揚水水力を除く）、風力、太陽光、地熱、波力、潮力、バイオ燃料、可燃性廃棄物による発電量の合計を示している。

（『世界国勢図会　2022/23』、IEA資料から作成）

資料Ⅱ

ア ヨーロッパのおもな火山と河川の分布

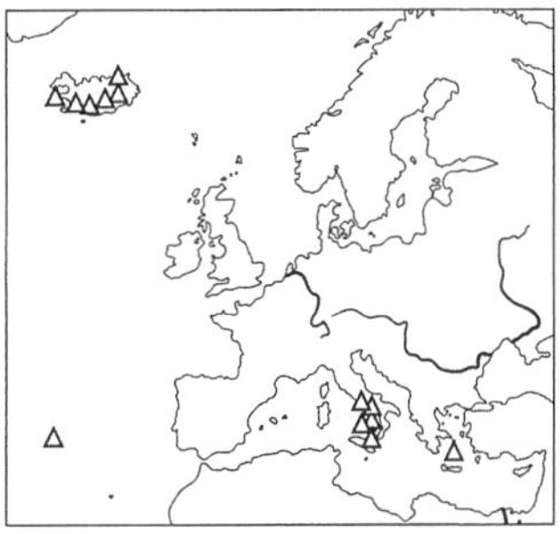

△ 火山　〜 河川

イ ヨーロッパの年平均気温と年間降水量

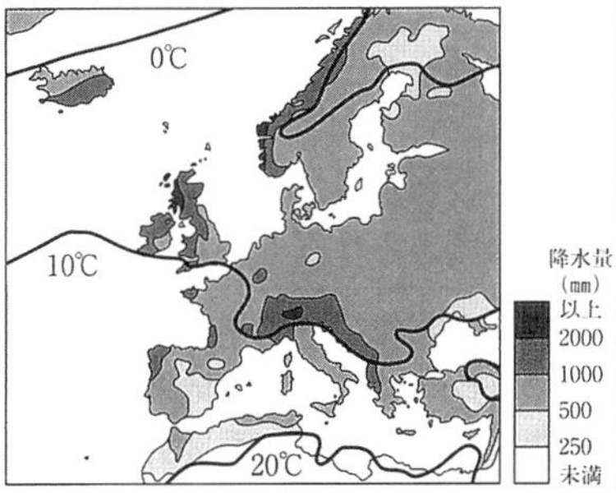

—— 0℃、10℃、20℃　年平均気温

ウ ヨーロッパの標高

（注） 色が濃いほど標高が高いことを示す。

（『理科年表　2023』などから作成）

（1） 次の文はヒカルさんとナオさんの間で交わされた会話の一部である。 [X] ～ [Z] にあてはまる内容を書け。ただし、 [Z] は**資料Ⅱ**の**ア**～**ウ**から適切なものを一つ選び、記号を書け。

ヒカル：**資料Ⅰ**をみると、ヨーロッパの再生可能エネルギーの発電量がわかるね。
ナ　オ：再生可能エネルギーの発電方法の中でも [X] の発電量は少ないんだね。でも、イタリアとアイスランドは [X] の発電量が他の国に比べて多くなっているね。なぜかな。
ヒカル：それは、イタリアとアイスランドには [Y] からではないかな。これを説明する資料としては、**資料Ⅱ**の [Z] が適切な資料になるね。

（2） **資料Ⅰ**から読み取れる内容として、最も適当なものは次のどれか。
ア ドイツは再生可能エネルギーの中では水力発電量が最も多い。
イ フランスの再生可能エネルギーによる発電量は、風力が水力を上回っている。
ウ イギリスの総発電量は6か国の中で最も多い。
エ ノルウェーの総発電量の9割以上は、水力発電によるものである。

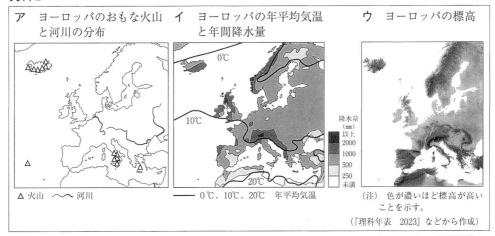

5 資料は、ヒナタさんのクラスで「だれもが暮らしやすい社会を実現する」ために、自分たちができることについて意見を出し合ったものである。資料をみて、次の問いに答えなさい。

資料

【 テーマ 】
「だれもが暮らしやすい社会を実現する」には
・①生存権について学ぶ
・②法律による権利保障を知る
・③選挙で意思表示をする
・④多様な意見を尊重する
・⑤労働のあり方を見直す
・⑥共生社会をめざす

問1　下線部①について、次の日本国憲法の条文の [X] にあてはまる語を書け。

第25条　すべて国民は、健康で文化的な [X] の生活を営む権利を有する。

問2　下線部②に関して述べた文として、正しいものは次のどれか。

ア　法律案は、必ず参議院より先に衆議院で審議される。
イ　法律案は、本会議で審議された後に委員会で審議される。
ウ　法律案の議決は、衆議院の議決より参議院の議決が優先される。
エ　法律案には、内閣が提出する法案と国会議員が提出する法案がある。

問3　下線部③に関して、次の会話文の [Y] にあてはまる語と、[Z] にあてはまる内容をそれぞれ書け。

会話文

ヒナタ：今の選挙は、有権者一人ひとりが一票ずつをもつ [Y] 選挙を原則の一つとしていると学習したよね。
サツキ：そうだね。有権者は一人一票をもっているけど、表Ⅰの A と B の選挙区の間に違いはないのかな。
ヒナタ：表Ⅰの A 選挙区と B 選挙区を比べると、当選する人数は同じだけれど、有権者数が違うということがわかるね。
サツキ：そうだね。このことから、一票の [Z] という問題があると考えられるよね。

表Ⅰ

選挙区	有権者数	当選人数
A	230,962	1
B	480,247	1

問4　下線部④に関して、表Ⅱは文化祭の取り組みを学年で一つ決めるために、すべてのクラスで投票した結果である。また、次の会話文は表Ⅱの結果をもとに、実行委員会の代表生徒が話し合った会話の一部である。[S]、[T] にあてはまる内容を書け。なお、具体的な数値を示す必要はない。

表Ⅱ　　(単位は票)

取り組み＼クラス	1組	2組	3組
劇	22	10	18
合唱	14	25	14
映画制作	4	5	8

会話文

シオン：クラスによって投票の結果に違いがありますね。この結果をふまえ、学年の取り組みは何が良いと思いますか。
マコト：私は劇が良いと思います。その理由は、[S] からです。
ユウリ：私は合唱が良いと思います。その理由は、[T] からです。
シオン：でも、マコトさんとユウリさんの意見では映画制作に投票した人の意見は反映されないですよね。少数の意見を反映しながらどのように決めたら良いか、話し合っていきましょう。

問5　下線部⑤に関して、労働基準法に定められた労働条件について述べた次の A、B の文の正誤の組み合わせとして、正しいものは下のア～エのどれか。

A　使用者は、労働者に対して、少なくとも週1日の休日を与えることが定められている。
B　労働時間は週48時間以内、1日8時間以内と定められている。

ア　A＝正、B＝正　　イ　A＝正、B＝誤　　ウ　A＝誤、B＝正　　エ　A＝誤、B＝誤

問6　下線部⑥に関して、ノーマライゼーションの理念にそい、言語や性別、障がいの有無などにかかわらず、誰もが利用しやすいようにあらかじめ製品やサービスを設計することを何というか。

6 次の問いに答えなさい。

問1 次の文を読んで、下の（1）〜（3）の問いに答えよ。

> 市場経済においては、一般的に①商品の価格は需要と供給の関係によって変化する。**図Ⅰ**をみると、商品の価格がP_1のとき、 X 。この状態では商品が売れ残る可能性があるため、商品の価格は②需要量と供給量が一致する価格であるPに近づくことが予想される。

図Ⅰ ある商品の価格と、需要量・供給量の関係

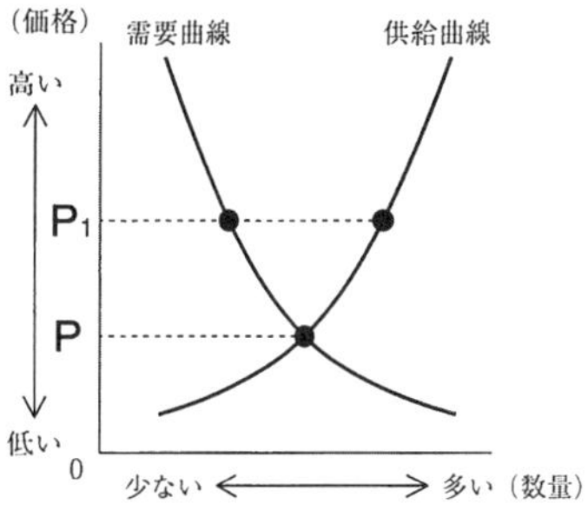

（1）下線部①に関して、一定期間継続して貨幣価値が下がり、物価が上がり続けることを何というか。

（2） X にあてはまる内容として、最も適当なものは次のどれか。

ア 供給量が需要量より多い　　**イ** 需要量が供給量より多い

ウ 需要量と供給量がともに増加する　　**エ** 需要量と供給量がともに減少する

（3）下線部②の価格を何というか。

問2 国や地方公共団体などは、市場では供給されにくい道路、港、ダムなどを整備している。このように、国民の生活や産業の基盤となる公共施設を何というか。

問3 政府は、家計や企業から集めた税金を国民が安心して生活できることなどをめざして使っている。**図Ⅱ**は「税金などの国民の負担」と「社会保障」の関係を図であらわしたものである。現在の状況を図の中心（●）とした場合、次の**生徒の意見**に示されている内容は、**図Ⅱ**中の**ア**〜**エ**のどの部分をめざす考え方になるか。最も適当なものを選べ。

図Ⅱ

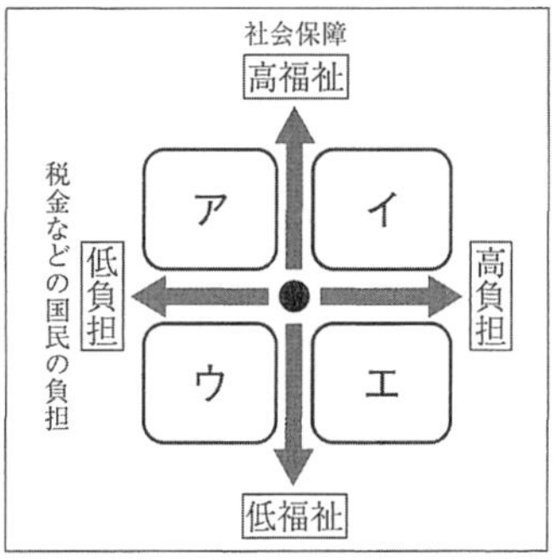

生徒の意見

> 将来、老後を年金だけで生活しなければいけないのは不安です。現役のうちから介護保険料を多く支払うことで、私たちが老後に受ける介護サービスが充実するといいですね。

問4 さまざまな地球規模の脅《きょう》威《い》に対して、一人ひとりの生命や人権を大切にし、平和や安全を実現するという考え方を示しているのは次のどれか。

ア 人間の安全保障　　**イ** 環境アセスメント

ウ 法の支配　　**エ** マイクロクレジット

問5 **表**は、国際社会における地域的な経済協力についてまとめたものである。**表**中の Y にあてはまる語として、最も適当なものは下の**ア**〜**エ**のどれか。

表

協定の種類	略　称	説　　明	例
自由貿易協定	FTA	貿易の自由化をめざす。	USMCA (アメリカ・メキシコ・カナダ協定)
経済連携協定	Y	貿易の自由化に加え、投資や人の移動など、幅広い経済関係の強化をめざす。	TPP (環太平洋パートナーシップ協定)

ア CSR　　**イ** GDP　　**ウ** ODA　　**エ** EPA

受検番号	番

令和5年度学力検査問題

国　　語

（50分）

注　　意

1　「始め」の合図があるまで、この問題冊子を開いてはいけません。

2　解答用紙は中にはさんであります。

3　「始め」の合図があったら、まず、受検番号を問題冊子および解答用紙の受検番号欄に記入しなさい。

4　問題は一～四で、1ページから8ページまであります。

5　答えは、すべて解答用紙に記入しなさい。

6　「やめ」の合図で、鉛筆を置きなさい。

7　検査終了後は、解答用紙を机の上に置いたまま退出しなさい。

長崎県公立高等学校

2023(R5) 長崎県公立高
教英出版

問　　題

一　次の文章を読んで、あとの問いに答えなさい。

プロのサッカー選手を夢見ている小学六年生の大原月人《おおはらつきと》は、元プロサッカー選手である祖父の晴男《はるお》のすすめでＪＦＡアカデミー（日本サッカー協会の設立した選手養成機関）の三日間の最終選考合宿に参加し、同い年のライバルたちと出会い、彼らの優れた才能を目《ま》の当たりにした。
本文は、合宿を終えた月人が、小桧山太陽《こひやまたいよう》と会話をした後、晴男が運転する車で帰宅する場面である。

「あの子はうまいのか?」
「からだは小さいけど、すごい注(1)フォワードだよ」
「そうか、太陽もフォワードか。で、おまえはどうだった?」
答えようとしたけど、言葉に詰まった。
ようやく合宿が終わり、張り詰めていた緊張の糸がゆるんだせいかもしれない。①不意に両眼《め》に涙が浮かび、窓の外のaフウケイがぼやけた。
「どうした?」
「だめだったと思う」
正直に答えた。
「そうか、うまくいかんかったか」
「――うん」
「じゃあ、②じいちゃんと同じだな」
「え?」
「月人、おまえに謝らにゃならん。じいちゃん、すまんが、面接でしくじってもうた」
「どうかしたの?」
「いやー、ほんとにすまん。質問にうまく答えられんかった」
「それって、どんな質問?」
「『おbマゴさんをプロのサッカー選手にしたいですか?』とコーチに聞かれた。じゃが、『はい、よろしくお願いします』とは言えんかった。じいちゃん、おまえがプロになれんでも、まっとうな人間になってくれればいい、そう思ったんよ。だからな、月人、今回の結果は気にすんな。落ちたら、じいちゃんのせいだと思え」
晴男の声はなぜかいつもより優しかった。
でも、それはちがう。
わかっていた。
じいちゃんのせいなんかじゃない。
自分の実力が足りないだけだ。
うまくいかなかったのではなく、うまくなんてないのだ。
こらえようとしたが、まぶたから涙があふれだし、勢いよく頬《ほほ》を伝った。
「じいちゃんな、おまえに感謝しとる。じつは昨日から、こっちへ来て、サッカーをしているおまえたちを見てた。いいもの見せてもらったあ。ここへ来られたのは、まちがいなく月人、おまえのおかげじゃ。この年になってそりゃあ楽しい旅ができた。ありがとな」
――やめて。
とぼくは叫びたかった。
ぼくのほうこそ、感謝している。
晴男が教えてくれなかったら、自分はここへは来ていなかった。
プロのサッカー選手を目指している同じ年頃の者たちのなかで、自分が今どのあたりに立っているのか、肌で感じることはなかっただろう。
スピードの出ないオンボロの軽トラックは、高速道路の左端の車線をあえぐように走る。次々に車に追い越されていく。
でも、しっかり前に進んでいく。
「男は泣くもんじゃ、なか」
③ハンドルを握る晴男の声がした。
でも、涙が止まらなかった。
悲しさや、悔しさだけで、泣いていたわけじゃない。
うれしくもあった。
これまで、サッカーでだれかに認められたことなどなかった。注(2)トレセンに呼ばれたことは一度もなかったし、Ｊリーグのアカデミーの注(3)セレクションでは一次すら通過できず、チームではポジションを下級生に奪われもした。
でも、今回は書類選考を経[c]て、ＪＦＡアカデミーの最終選考合宿に参加し、自分がすごいと思えるライバルたちと同じ注(4)ピッチに立った。
——上には上がいる。
そのことを肌で感じることができた。
でも、なにもできなかったかと言えば、そうではなかった。
注(5)なにより、注(6)彼らが認めてくれた。ナショトレの沢村歩夢《さわむらあゆむ》が——。
初めてピッチで会ったとき、憧れにも似た感情を抱いた、小桧山太陽が——。
ぼくがこの合宿で得た最大の収穫は、現実を知ったことかもしれない。このままではだめなのだと、リアルに思い知ることができた。
「——なあ、月人」
晴男が口を開いた。
「じいちゃん、これまで何度も聞いたよな。おまえの夢はなんぞ、って。大人はそうやって、子供の将来の夢を聞きたがるもんさ。でもな、子供が大きくなるにつれ、夢についての質問はしなくなる。おかしなもんで、な、夢の話題を避けようとする大人まで出てくる。きっと、叶《かな》わなかったときのことを心配してるつもりなんじゃろ」
「でも、それって、その子の夢だよね」
「そうなんよ。サッカーも同じこと。やるのは、子供。親やじいちゃんじゃない。夢をみるのも、子供なんよ」
「——だよね」
鼻水をすすった。
「だからな、口にせんでもいい。自分のなかで夢を温めるという方法もある。でもな、だれかに自分の夢をわかってもらえば、そこから道が拓《ひら》ける場合だってなくはない」
「そうだね。そう思うよ」
「手を挙げて、挑戦することは大切ぞ」
「うん」
注(7)「ほなら月人、あらためて聞くが、今のおまえの夢はなんぞ？」
晴男はハンドルを握り、まっすぐ前を向いたまま尋ねた。
④ぼくは鼻から息を吸いこみ、「プロのサッカー選手です」と答えた。
「まだあきらめんか？」
「うん、あきらめない」
「そうか、よう言った」
晴男は首を二度大きく縦に振った。
「夢を叶えるには、運が必要だ、そう言う人もいる。でもな、じいちゃんはちがうと思う。夢はな、偶然には叶えられんさ。月人、いいか、⑤夢は必然ぞ」
「夢は必然？」
「そう、必ずそうなると決まっとる。それだけの努力をした者にしか、奇跡は起こせん」
「奇跡？」
初めて聞く話だったが、そうかもしれない、とぼくには思えた。
たぶん、宝くじに当たるのは、夢を実現したとは言わない。
夢とは、自分でつかむものだ。
「今回おまえは、その夢との距離を自分自身で感じたはずだ。それでもあきらめないと言うなら、じいちゃんはとことん応援する。口だけでなくな。この三日間の経験は、おまえが壁にぶちあたったとき、きっとおまえを支えてくれるだろう。そういう経験は、それこそ目に見えない宝よ。人生の宝を持ってる者は、えらく強いぞ」
「はい」
「サッカーができることを、あたりまえと思うな。やりたいことや、好きなことができない子だってたくさんいる。世の中が平和だからこそ、スポーツを楽しめるんよ。感謝の気持ちを忘れたらいかん」
晴男がなにを言いたいのかわかった。

（はらだみずき『太陽と月』）

注(1) フォワード…サッカーで主に攻撃を担当する役割。
注(2) トレセン…県や地域での選抜メンバー。
注(3) セレクション…選考会。
注(4) ピッチ…サッカーのグラウンド。
注(5) ナショトレ…各地域から選抜された選手たち。
注(6) 沢村歩夢…月人が最終選考合宿で出会ったライバル。
注(7) ほなら…それでは。

問一 ＝線部a～cについて、漢字は読みをひらがなで書き、カタカナは漢字に直せ。

問二 ――線部①の意味として最も適当なものを次から一つ選び、その記号を書け。

ア 思いがけず　**イ** やっとのことで
ウ 相変わらず　**エ** 思ったとおりに

問三 ――線部②について説明したものとして最も適当なものを次から一つ選び、その記号を書け。

ア 晴男が、面接で緊張のあまり思うように話せなかったのと同様に、月人も、合宿で緊張してしまい実力を発揮できなかったということ。
イ 晴男が、面接で月人の期待するようなことが言えなかったのと同様に、月人も、合宿で晴男が期待した結果を残せなかったということ。
ウ 晴男が、面接がうまくいかず泣きそうになっているのと同様に、月人も、合宿では思いどおりに動けず泣きそうになっているということ。
エ 晴男が、面接で月人の夢を支持する答えが言えなかったのと同様に、月人も、自分の夢の実現につながるプレーができなかったということ。

問四 ――線部③の「月人」の「涙」はどのような「涙」か。本文の語句を用いて、解答欄に合う形で六十字以内で書け。

最終選考合宿に参加したことで、□ことから生まれた悲しさや悔しさ、うれしさを含んだ涙。

問五 ――線部④とあるが、このときの「月人」を説明したものとして最も適当なものを次から一つ選び、その記号を書け。

ア 夢の実現が近づき期待に胸を躍らせている。
イ 壮大すぎる目標を前に緊張でふるえている。
ウ 自分の夢に挑戦する思いを新たにしている。
エ 繰り返される質問に対していら立っている。

問六 ――線部⑤とあるが、「夢は必然」とはどういうことか。本文の語句を用いて、解答欄に合う形で二十五字以内で書け。

夢は、□ということ。

問七 本文における「晴男」の「月人」に対する接し方を説明したものとして最も適当なものを次から一つ選び、その記号を書け。

ア ライバルに追いつきたいと焦る月人をなだめ、地道に練習に取り組むことの大切さを冷静に言い聞かせている。
イ 合宿が終わって落ち込んでいる月人を励ましながら、夢の実現の難しさを説くとともに温かく後押ししている。
ウ 周囲の大人を気にして動けない月人を奮い立たせ、プロを目指していち早く行動するよう情熱的に訴えている。
エ サッカーへの情熱を失いかけている月人に寄り添いつつ、新しい目標を提示して献身的に支えようとしている。

問八 本文の表現や構成について説明したものとして**適当でないもの**を次から一つ選び、その記号を書け。

ア 「――」を用いて会話や思考に間《ま》を持たせることで、すぐには言葉が出てこない様子が表現されている。
イ 軽トラックについての描写が挿入されることで、月人が置かれている状況が象徴的に表現されている。
ウ 過去と現在の場面が交互に描かれることで、読者は登場人物の複雑な関係性を読み取ることができる。
エ 月人の視点からの語りを多用することで、読者は月人の心情に共感しながら読み進めることができる。

二

次の文章を読んで、あとの問いに答えなさい。

（鷹《たか》好きの重明親王《しげあきらしんのう》は、同じく鷹好きでよい鷹を多く育てている藤原忠文《ふじわらのただふみ》の家に出向き、お願いして優れた鷹をもらい受けた。本文はそれに続く場面である。）

さて、親王鷹を得て喜びて、みづから a据《す》ゑて（自分の手に鷹を止まらせて）京に帰り給ひけるに（お帰りになる時に、）、道に注(1)雉《きじ》の（が）野に臥《ふ》したりけるを（潜んでいたのを）見て、親王この得たる鷹を合はせたりけるに（放って雉を取らせたところ、）、其《そ》の鷹つたなくて（へたで、）、鳥をえ取らざりければ（取ることができなかったので、）、親王、「かく（このように）つたなき鷹を得させたりける」と腹立ちて、忠文の家に帰り行きて（引き返して、）、この鷹を返しければ（返したところ、）、忠文鷹を得て云《い》はく、「これはよき鷹と思ひてこそ奉《たてまつ》りつれ（差し上げたのだ。）。さらば（では）異鷹《ことたか》（別の鷹）を奉らむ」と云ひて、「かく b わざとおはしたるに（こうしてわざわざおいでになったのだから）」と①思ひて、この第一の鷹（最も優れた鷹）を与へてけり。

親王また其の鷹を据ゑて帰りけるに、注(2)木幡《こはた》の辺《ほとり》にて②試みむと思ひて、野に狗《いぬ》を入れて（放って）雉を狩らせけるに（狩らせたところ、）、雄《を》の立ちたりけるに（おすの雉が飛び立ったので、）、この鷹を合はせたりければ、其の鷹また鳥を取らずして飛びて雲に入りて失せにけり（いなくなった。）。

然《しか》れば（だから）③其の度は（今度は、）、親王何ものたまはずして（おっしゃらずに、）、京に帰りにけり。

これを思ふに、其の鷹忠文のもとにては並び無く（またとなく）賢かりけれども、親王の（が）手にて（扱うと）かくつたなくて（だらしなく）失せにけるは、④鷹も主《あるじ》を知りて有るなりけり。

（『今昔物語集《こんじゃくものがたりしゅう》』）

注(1) 雉…鳥の一種。　注(2) 木幡…現在の京都府宇治市にある地名。

問一 ══線部a・bを現代かなづかいに直して書け。ただし、aの漢字はそのままでよい。

問二 ──線部①の主語として最も適当なものを次から一つ選び、その記号を書け。

ア 親王　イ 忠文　ウ 雉　エ 第一の鷹

問三 ──線部②の意味として最も適当なものを次から一つ選び、その記号を書け。

ア 鷹に捕まるのだろう　イ 鷹に触らせないようにしよう

ウ 鷹に取らせてみよう　エ 鷹に与えることはない

問四 ──線部③とあるが、親王が京に帰る前にどういうことがあったのか。最も適当なものを次から一つ選び、その記号を書け。

ア 最初の鷹は雉を捕まえられず戻ってきたが、次の鷹は雉を捕まえずに飛び去ってしまったこと。

イ 最初の鷹は雉を捕まえたが戻ってこず、次の鷹は雉を捕まえたまま手放そうとしなかったこと。

ウ 最初の鷹は雉を怖がって捕まえられず、次の鷹は親王の怒りを恐れて逃げ出してしまったこと。

エ 最初の鷹は雉を捕まえたが逃げられてしまい、次の鷹は雉を無視して忠文のもとに帰ったこと。

問五 ──線部④とあるが、「主を知りて有る」とは鷹のどのような様子を指したものか、三十字以内で説明せよ。

三　次の【文章1】及び【文章2】を読んで、あとの問いに答えなさい。

【文章1】

われわれは自然や世の中に対して知らないことばかりですから、自分のわかっていないことを見つけ出すのは、ごく容易なことだと思うかもしれません。ところがそうではないのです。その理由には、大ざっぱにいって2種類あります。

まず、難しくてまったくよくわからないという分野について考えてみましょうか。われわれにとって、そういった分野や領域はいくらでもありますし、よくわかっていないという実感も持っています。しかし、①こういう分野や領域でどこがわかっていないのかを明確にピンポイントに言うことはまず無理です。ピンポイントに言えませんから、注(1)追究をどのようにすればいいのか、エネルギーを傾注しなければならない場所も定かではありません。

ここがわかっていないとか、ここが繋《つな》がらないとかと明確に言えるようになるのは、学習が進んである程度のことがわかった後です。a漠然とわからないとか、まったく苦手の領域で手を付けていないとか、投げ出しているという状態はいくらでもあります。しかし、ここを調べればいいとか、ここが繋がっていないとか、②ピンポイントにわからない状態になれるためには、その付近の知識がかなり注(2)システマティックにしっかりしてこないと無理なのです。

もう少し言えば、ピンポイントに問題点が指摘できるためには、必要bジョウケンとしてその手前まではわかっていなければならないのです。資料を注(3)渉猟し「こういうことだったのか」とわかり、それを足がかりとして「あそこもそうなるのだろうか」とか「では、どうしてここはそうならないのか」と、初めてわからなくなれるわけです。ピンポイントにわからなくなれるためには、足がかりが必要なのです。足がかりを構築できるまでは、ぼんやりとしたわからない状態でしかありません。ただただ苦手と感じているに過ぎない状態だと言えるかもしれません。

自分がわかっていない点をピンポイントに確定するのはなかなか困難で、それには2種類あると言いました。そのもうひとつの種類は、「知ってるつもり」という状態に関わるものです。

われわれが「知ってるつもり」でいることもいくらもあります。日常的なことでも専門的な分野においても、当たり前だと思って、なぜそうなっているのかを注(4)省察しない場合はいくらでもあります。この場合も、われわれは当たり前だとか、そういうものだと思っているのですから、明確に疑問を持つことにはなりません。

大学生と学校方向に歩いていて、以下のような会話をよく聞きました。

「cコウギで聞いたんだけど、ジャガイモは茎なんだって」
「知ってる、知ってる。サツマイモは根なんでしょ」
「そうそう」

さてそこから、どんな話になるのかなと期待してつい聞き耳を立てるのですが、その話はそこまでで、「ところで」と、まったく別のアルバイトの話などに、じつに簡単にジャンプしてしまう場合がほとんどでした。

大学生にジャガイモやサツマイモに関して個別に聞いてみると、それぞれが茎であるとか根であるとかを知らない人ももちろんいますが、知ってる人が大部分です。ただ、質問を続けていると彼らの会話が他に簡単にジャンプしてしまう理由がわかってきます。彼らはジャガイモが茎であるとかサツマイモが根であるとかは知っていますが、その知識を持っているだけなのです。その周辺の知識はまず持っていません。イモとは何かとか、どうして茎や根なのか、茎や根以外のイモはないのかとかは気にもしていません。そして、十分に③「知ってるつもり」なのです。

彼らにとって、「ジャガイモは茎」「サツマイモは根」はただの孤立した知識です。「ジャガイモは茎」「サツマイモは根」と知ってはいますが、そこから派生したり関係する周辺の知識群が存在するとは思っていません。そして彼らは「知ってるつもり」でいます。それ以上のことはないと感じているので、その話は終わって次にジャンプするのです。

大して知らないのに「知ってるつもり」で④いられるのを不思議に思われるかもしれません。それへの回答は簡単です。「知ってるつもり」の知識は、孤立した他と関連しない知識ですから、そこから疑問や推測を生み出すことなく、わからなくならないので「知ってるつもり」でいられるのです。よく知らないので疑問を生じることがないから「知ってるつもり」でいられるのです。

　対象に対して「まったくわかっていない」ので具体的な⑤手が打てないでいるのと、「知ってるつもり」でいて疑問を持たないというのは、確かに入り口としてはかなり違った状況です。しかし、そこからピンポイントにわからなくなれるための作業は似通ってくる、ないしは原理的に同じです。というのはどちらも、わからなくなれる程度に知識システムを整備し、ある程度わかってくることが必要だからです。ピンポイントにわからなくなれるメカニズムが同じなら、外面に見える入り口の様態は異なっていても⑥治療のやり方は同じになると考えて良さそうです。

（西林克彦《にしばやしかつひこ》『知ってるつもり　「問題発見力」を高める「知識システム」の作り方』）

【文章２】

　仕事を通して勉強すればするほど、やっぱり基礎が必要だと痛感するはずです。ちょっとした夏休みや冬休み、少しでも時間があるときに関連の専門書や古典的[注(5)]な基本書をきちんと読んでみると、自分が何がわからないのかがわかるはずです。「わからない」とわかったことを勉強するということです。

　これは、誰にでもできることです。金融の現場で、金利[注(6)]の動きを常に追いかけている人が、基本にかえって、金利の決まり方や貨幣論から改めてきちんと学ぶことによって、視野が広がったり、今後の動きについての見通しができるようになったりするのではないかと思うのです。

（池上彰《いけがみあきら》『学び続ける力』）

注(1)　追究…分からないことをどこまでもつきつめて明らかにしようとすること。
注(2)　システマティック…組織的・体系的である様子。
注(3)　渉猟…調査・研究のために、たくさんの書物や文書を読みあさること。
注(4)　省察…反省して、よしあしを考えること。
注(5)　古典的…古典として後世に残る価値があると認められる様子。
注(6)　金利…借りた金額に対する利息の割合のこと。

問一　═線部ａ～ｃについて、漢字は読みをひらがなで書き、カタカナは漢字に直せ。

問二　──線部①とは、どのような分野か。解答欄に合う形で、**【文章１】**より**十八字**で抜き出せ。

|　　　　　　　　　　| 分野。 |

問三　──線部②とは、どのような状態か。最も適当なものを次から一つ選び、その記号を書け。

ア　自分がどこがわかっていないかを明確に言える状態。
イ　どのように疑問を追究すればよいか定かでない状態。
ウ　わからないことを調べる意味が見いだせない状態。
エ　自然や世の中に対しての疑問がたくさんある状態。

問四　──線部③について、なぜ「知ってるつもり」になるのか。空欄にあてはまる内容として適当な言葉を**【文章１】**より［１］は**六字**で、［２］は**二十字以内**で、［３］は**五字**で抜き出せ。

「ジャガイモは茎・サツマイモは根」という［１］は持っているが、［２］は持っていないため、［３］を生み出さないから。

問五　──線部④「いられる」の「られる」と同じ働きのものを次から一つ選び、その記号を書け。

ア　先生から声をかけられる。　　イ　母のことが案じられる。
ウ　これくらいなら覚えられる。　エ　お客さまが来られる。

問六　――線部⑤「手が打てない」の「手」と同じ意味のものを次から一つ選び、その記号を書け。

ア　手のかかる子どもだ。　　イ　彼は一番手だ。

ウ　彼の行く手をさえぎる。　エ　その手は食わない。

問七　――線部⑥とあるが、【文章1】における「治療のやり方」とは【文章2】においては具体的にどうすることか。「治療」の目的を含めて四十五字以内で書け。ただし、**【文章2】の語句を用いて書くこと。**

問八　次のア～エは、【文章1】と【文章2】を読んだ生徒が、これからどのような姿勢で学んでいきたいかを述べたものである。【文章1】と【文章2】の両方の趣旨をふまえた発言として最も適当なものを一つ選び、その記号を書け。

ア　推測や思い込みで発言して誤解を招かないように、読書をとおしてしっかりとした知識を身につけたいです。

イ　一つのことを学んだらなぜそうなるのかを考えるようにし、つながりのある内容にも目を向けて学びたいです。

ウ　どの分野についても、知っているつもりにならないように気をつけて、素直な気持ちで学習に励みたいです。

エ　わからなくても諦めないことが大事だとわかったので、問題が解けるまで何度でも挑戦して力を高めたいです。

四

N中学校生徒会役員のAさん、Bさん、Cさんが、P市役所主催のウェブ会議に中学生代表として参加することになった。次の【話し合い】は、Aさんたちが会議のテーマである「利用しやすい公立図書館にするためにできること」について話し合いをしている場面である。【話し合い】及び資料1から資料4、【放送原稿】をふまえて、あとの問いに答えなさい。

【話し合い】

A　ウェブ会議に参加するのは初めてだから、参加者がどのようなことに注意しているか確認しておこう。

B　資料1と資料2を見ると、［　Ⅰ　］。

A　さまざまな人が参加するから、そこには注意して会議に参加しよう。会議ではどんな意見を出そうか。

C　中学生代表として参加するからには、中学生が実際に足を運んで利用しやすい図書館になるように、図書館にしてほしいことを提案しよう。

A　それはいいね。資料3は、P市内の中学生にとったアンケートだけど、参考になりそうだよ。

B　資料3には五つのことが書いてあるけど、図書館を増やしたり、利用できる時間を変更したりしてもらうのは難しいよね。

C　じゃあ、資料3をもとに図書館に要望することは、より多くの中学生が利用しやすくなるように、［　Ⅱ　］ということになるのかな。

A　そうなれば、足を運ぶ人も増えるかもしれないね。会議ではその要望を伝えよう。

B　資料4を見ていたら、図書館に要望するだけではなく、利用者の立場から私たち中学生が協力できることもあると気づいたよ。

A　それについては、①校内放送でみんなに呼びかけることにしよう。

資料1

ビデオ通話やウェブ会議などで気をつけていること（全体）

自分が話すタイミングに気をつけるようにしている	58.4%
はっきりとした発音で話すようにしている	53.6%
映り具合や音量の設定などに気をつけるようにしている	48.3%
話す速さに気をつけるようにしている	42.1%

（文化庁「令和２年度『国語に関する世論調査』」から作成）

資料2

ビデオ通話やウェブ会議などで気をつけていること（年代別）

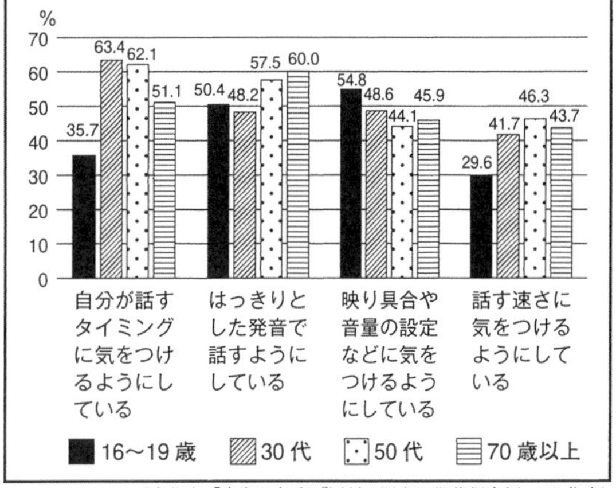

（文化庁「令和２年度『国語に関する世論調査』」から作成）

資料3

公立図書館を利用しにくい理由
（回答：Ｐ市内の中学生）

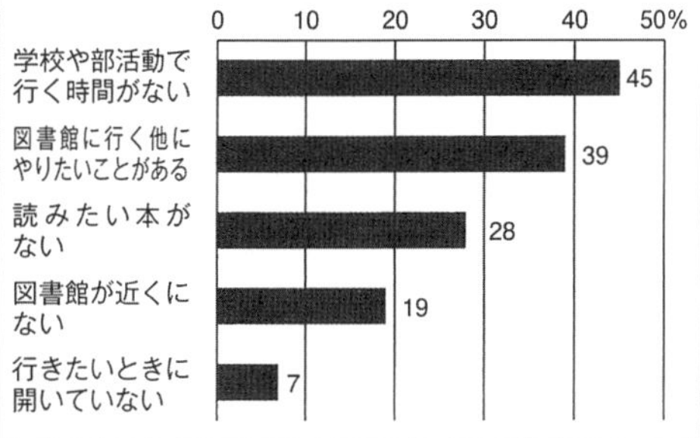

資料4

公立図書館の利用時に困っていること
（回答：Ｐ市立図書館利用者）（自由記述から抜粋）

私語が多くて読書に集中できない
館内の案内表示がわかりにくい
階段や段差が多くて歩きにくい
乳幼児が過ごせるスペースがない
荷物が座席に置かれていて座れない

問一　**資料1**と**資料2**をもとに、［Ⅰ］に入る内容として最も適当なものを次から一つ選び、その記号を書け。

ア　自分が話すタイミングに気をつける人の割合が最も高いけれど、10代後半の人は他の年代に比べてその割合が低いよ

イ　はっきりとした発音で話すようにしている人の割合は半数を超えていて、10代後半の人は30代の人よりその割合が低いよ

ウ　映り具合や音量の設定などに気をつける人の割合は半数程度だけれど、年代別では10代後半の人の割合が最も低いよ

エ　話す速さに気をつける人の割合は他の項目より低く、年代別では年代が上がるにつれてその割合が高くなっているよ

問二　**資料3**や**【話し合い】**をもとに、［Ⅱ］に入る内容を二十字以内で書け。

問三　――線部①とあるが、Ａさんたちは、**資料4**をもとに**【放送原稿】**を作成した。**資料4**から中学生が協力できる項目を**すべて選び**、それらの内容をふまえて［Ⅲ］にあてはまる形で二十五字以内で書け。

【放送原稿】

私たちは、Ｐ市役所主催の「利用しやすい公立図書館にするためにできること」というテーマのウェブ会議に参加することになりました。会議に向けて準備する中で、私たち中学生の立場でできることもあるということに気づきました。そこでみなさんに次のことを提案します。

全ての人が利用しやすくなるように、公共の図書館では［Ⅲ］しましょう。

受検番号	番

令和５年度学力検査問題

数　　学

（50分）

注　　意

1　「始め」の合図があるまで、この問題冊子を開いてはいけません。

2　解答用紙は中にはさんであります。

3　「始め」の合図があったら、まず、受検番号を問題冊子および解答用紙の受検番号欄に記入しなさい。

4　問題は 1 ～ 6 で、１ページから６ページまであります。

5　答えは、すべて解答用紙に記入しなさい。
　答えは、特別に指示がない場合は最も簡単な形にしなさい。なお、計算の結果に $\sqrt{\quad}$ または π をふくむときは、近似値に直さないでそのまま答えなさい。

6　「やめ」の合図で、鉛筆を置きなさい。

7　検査終了後は、解答用紙を机の上に置いたまま退出しなさい。

1 次の（1）〜(10) に答えなさい。

（1） $3 + 2 \times (-3)^2$ を計算せよ。

（2） $2(x + 3y) - (x - 2y)$ を計算せよ。

（3） $\dfrac{\sqrt{2} + 1}{3} - \dfrac{1}{\sqrt{2}}$ を計算せよ。

（4） $x^2 + 5x - 6$ を因数分解せよ。

（5） 2次方程式 $2x^2 + 3x - 4 = 0$ を解け。

（6） 1次関数 $y = -2x + 1$ について、x の変域が $-1 \leqq x \leqq 2$ のとき、y の変域を求めよ。

（7） $2023 = 7 \times 17 \times 17$ である。2023を割り切ることができる自然数の中で、2023の次に大きな自然数を求めよ。

（8） **図1**のように、円Oの周上に4つの点A、B、C、Dがあり、線分BDは円Oの直径である。$\angle BAC = 47°$ のとき、$\angle x$ の大きさを求めよ。

図1

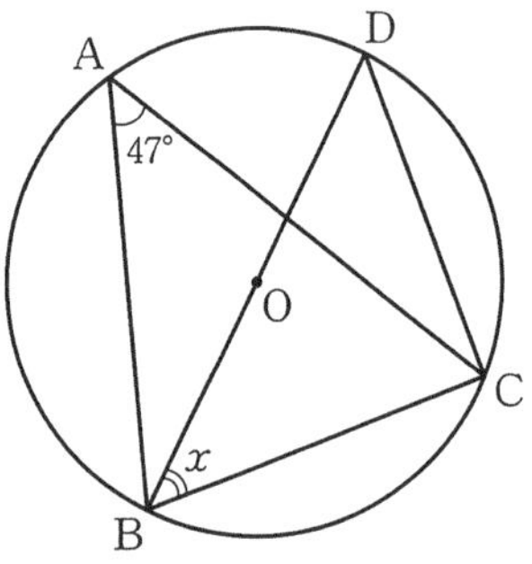

（9） **図2**のような半径が3cm、中心角が90°のおうぎ形OABを、線分OAを軸として1回転させてできる立体の体積は何 cm^3 か。

図2

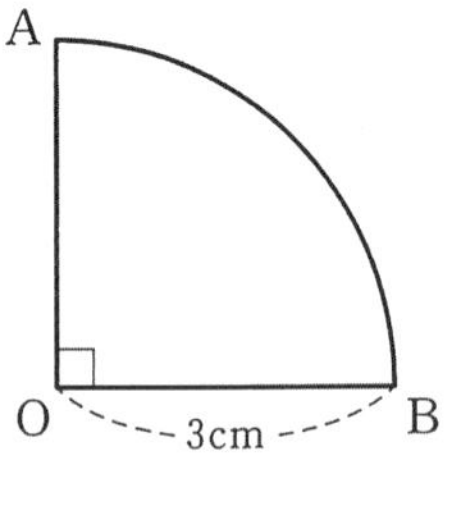

(10) **図3**のように、3点A、B、Cがある。3点A、B、Cを通る円の中心Oを定規とコンパスを用いて解答用紙の**図3**に作図して求め、その位置を点●で示せ。ただし、作図に用いた線は消さずに残しておくこと。

図3

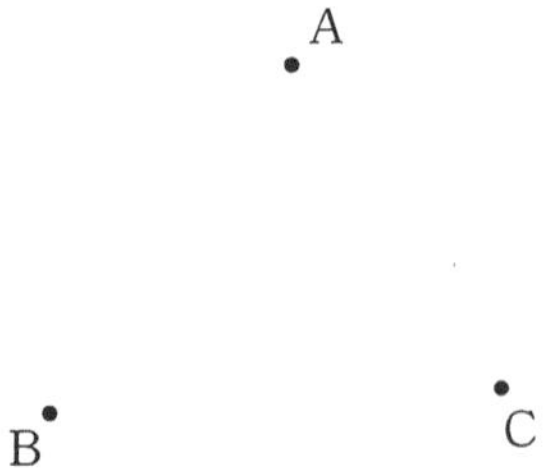

2 次の問いに答えなさい。

問１ 次のデータは、ある書店における月刊誌Ａの12か月間の月ごとの販売冊数を少ない順に並べたものである。このデータについて、次の（１）～（３）に答えよ。

9, 10, 11, 12, 13, 14, 14, 16, 17, 17, 20, 21

（単位は冊）

（１） 中央値（メジアン）を求めよ。

（２） 次の①～④の文の中から正しいものを１つ選び、その番号を書け。

① 第１四分位数は、11 冊である。

② 最頻値（モード）は、21 冊である。

③ 四分位範囲は、5.5 冊である。

④ 平均値は、14 冊である。

（３） このデータの箱ひげ図として正しいものを、次の①～④の中から１つ選び、その番号を書け。

①
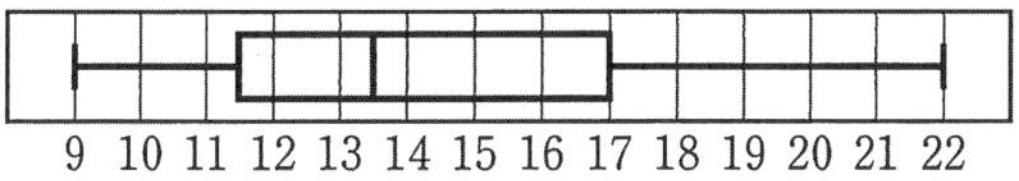

②
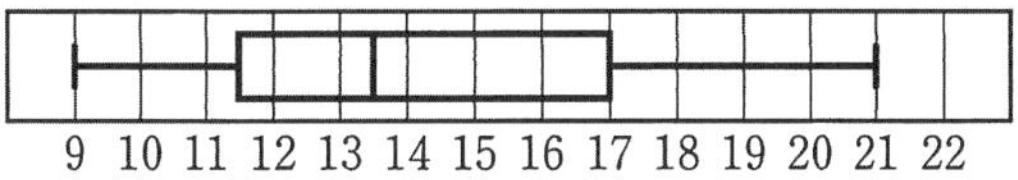

③
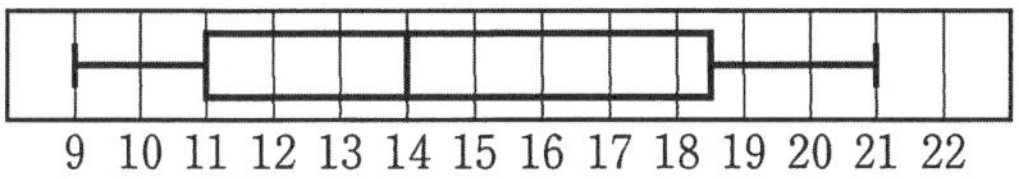

④
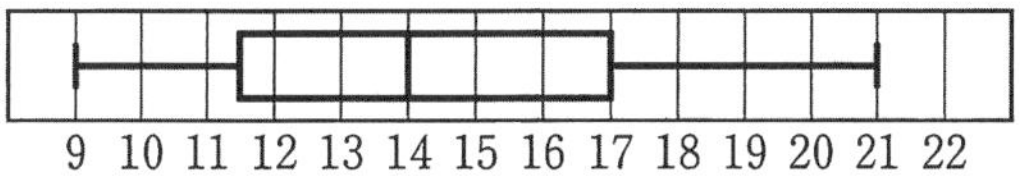

問２ 右の図のように、袋に１から４までの数字が１つずつ書かれた同じ大きさの球が４個入っている。この袋の中の球をよくかきまぜて、球を１個ずつ何回か取り出す。ただし、一度取り出した球は袋にもどさないものとする。このとき、次の（１）～（３）に答えよ。

図

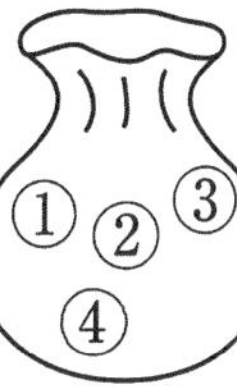

（１） １回取り出すとき、４の数字が書かれている球を取り出す確率を求めよ。

（２） ２回続けて取り出すとき、２回目に４の数字が書かれている球を取り出す確率を求めよ。

（３） ３回続けて取り出した後、次の**ルール**にしたがって得点を定めるとき、得点が４点となる確率を求めよ。

ルール

・２回目に取り出した球に書かれている数が１回目に取り出した球に書かれている数より大きければ、２回目に取り出した球に書かれている数を得点とする。

・２回目に取り出した球に書かれている数が１回目に取り出した球に書かれている数より小さければ、３回目に取り出した球に書かれている数を得点とする。

例えば、１回目に１、２回目に２、３回目に３の数字が書かれている球を取り出したとき、得点は２点となり、１回目に４、２回目に３、３回目に１の数字が書かれている球を取り出したとき、得点は１点となる。

問３ ２つの続いた偶数４、６について、$4 \times 6 + 1$ を計算すると25になり、５の２乗となる。このように、「**２つの続いた偶数の積に１を加えると、その２つの偶数の間の奇数の２乗となる。**」ことを文字 n を使って証明せよ。ただし、証明は解答用紙の「n を整数とし、２つの続いた偶数のうち、小さいほうの偶数を $2n$ とすると、」に続けて完成させよ。

3 **図1**～**図3**のように、関数 $y=\frac{1}{4}x^2$ のグラフ上に2点A、Bがあり、x 座標はそれぞれ -4、2である。原点をOとして、次の問いに答えなさい。

問1 点Aの y 座標を求めよ。

問2 直線ABの傾きを求めよ。

問3 **図2**、**図3**のように、関数 $y=\frac{1}{4}x^2$ のグラフ上に点C、y 軸上に点Dをそれぞれ四角形ABCDが平行四辺形となるようにとる。このとき、次の（1）～（3）に答えよ。

（1） 点Cの x 座標を求めよ。

（2） 点Dの y 座標を求めよ。

（3） **図3**のように、さらに y 軸上に点Eをとる。△ADEの面積と△BCEの面積が等しくなるとき、点Eの y 座標を求めよ。

図1

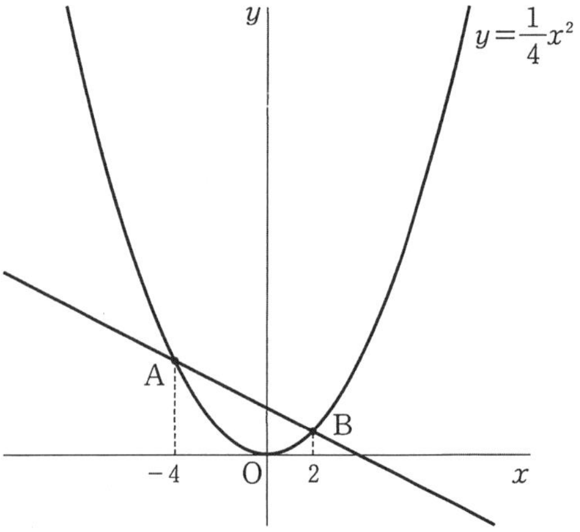

図2

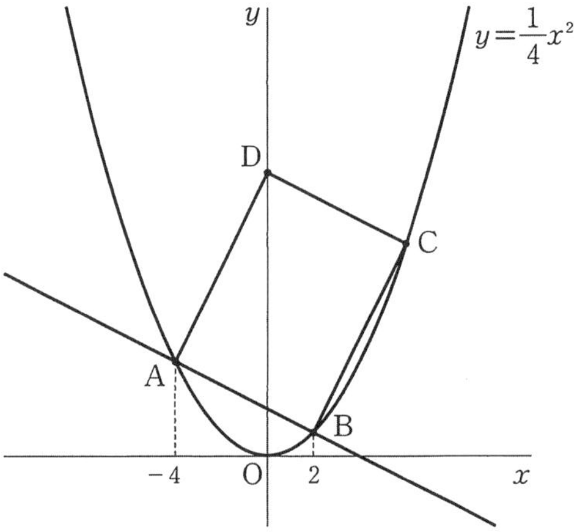

図3

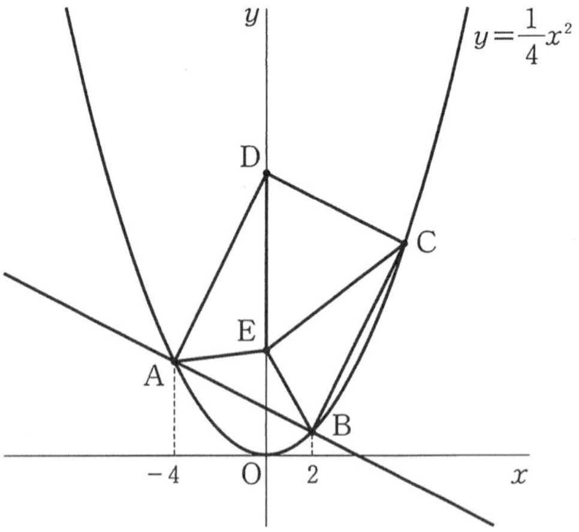

4 図1、図2、図4のように、1辺が4 cmの立方体ABCDEFGHがある。また、辺EF、EHの中点をそれぞれP、Qとする。このとき、次の問いに答えなさい。

問1 **図1**において、三角錐《すい》AEPQの体積は何 cm^3 か。

問2 **図2**において、線分PQ、線分BPの長さはそれぞれ何 cm か。

問3 **図2**において、四角形BDQPは、BP＝DQの台形である。**図3**は台形BDQPを平面に表したものであり、2点P、Qから辺BDにひいた垂線と辺BDとの交点をそれぞれR、Sとする。このとき、次の（1）〜（3）に答えよ。

（1） 線分BRの長さは何 cm か。

（2） 台形BDQPの面積は何 cm^2 か。

（3） 立体ABDEPQの体積は何 cm^3 か。

問4 **図4**のように、点Aから台形BDQPにひいた垂線と台形BDQPとの交点をTとする。このとき、線分ATの長さは何 cm か。

図1

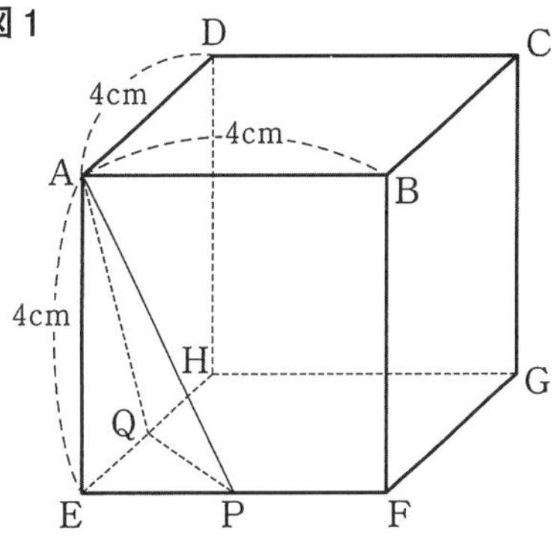

図2

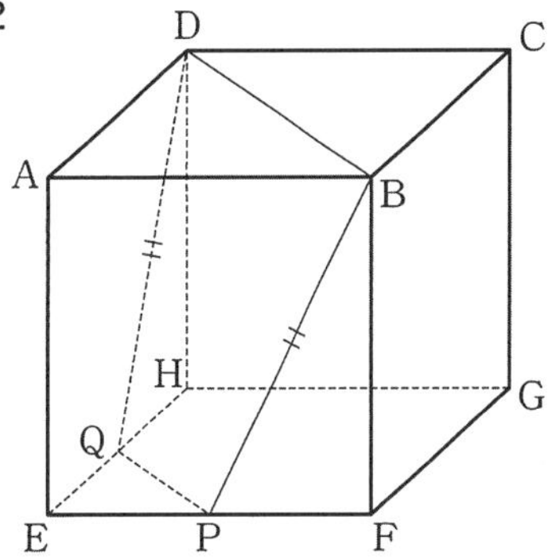

図3

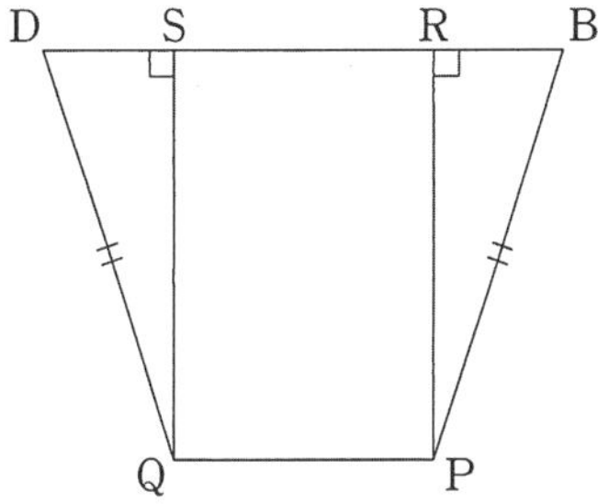

図4

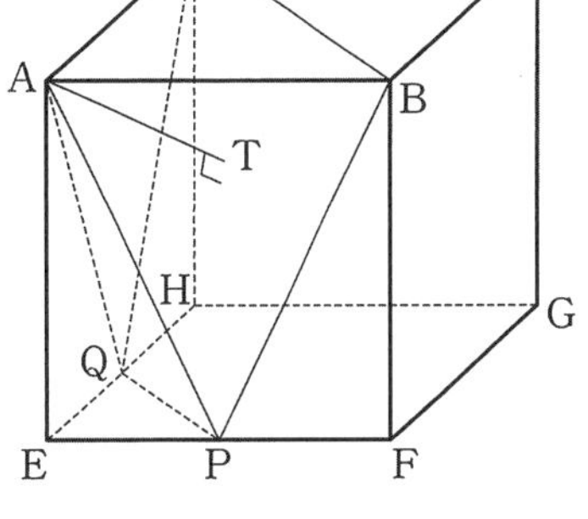

5 図1、図2のような四角形ABCDがあり、BC = 6 cm、CD = 4 cm、DA = 3 cm、∠BCD = ∠CDA = 90° である。また、辺BC上に、点Eを四角形AECDが長方形となるようにとる。このとき、次の問いに答えなさい。

図1

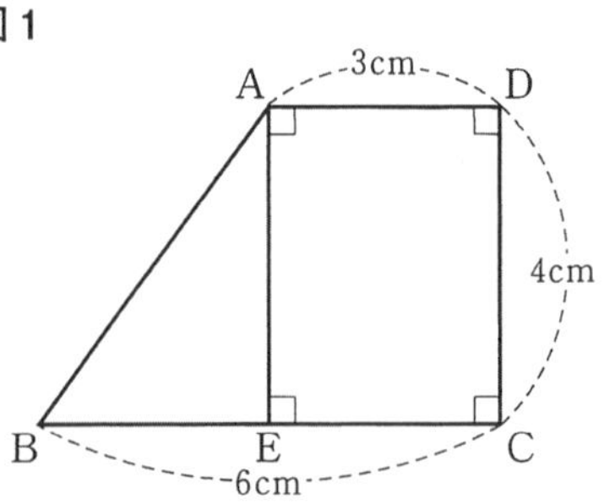

問1 △ABEの面積は何 cm² か。

問2 図2のように、線分AEと線分BDとの交点をFとする。このとき、△DAF ≡ △BEF であることを次のように証明した。[（ア）]、[（イ）] にあてはまることばを書き入れて、証明を完成させよ。

図2

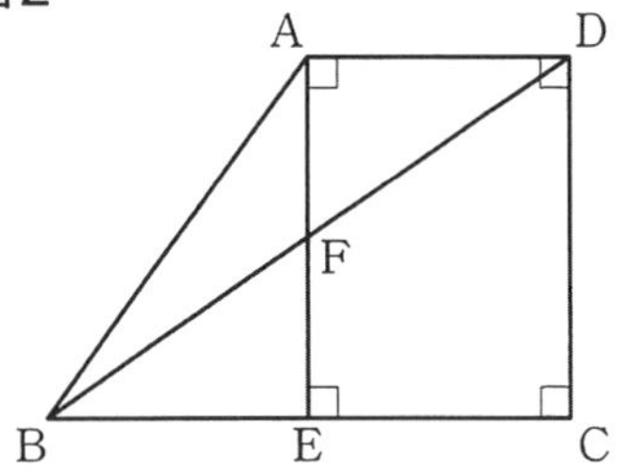

（証明）
△DAFと△BEFにおいて
四角形AECDは長方形であるから
BE = BC − EC = 3 cm となり
DA = BE …①
また、AD∥BC であり、平行線の [（ア）] は等しいので
∠ADF = ∠EBF …②
∠DAF = ∠BEF …③
①、②、③より、
[（イ）] がそれぞれ等しいから
△DAF ≡ △BEF

問3 図3のように、図2の四角形ABCDを頂点Bが頂点Dに重なるように折り返すと、折り目は、辺AB上の点Pと辺BC上の点Qとを結ぶ線分PQとなった。図4は、この折り返しをもとにもどした図である。このとき、次の（1）〜（3）に答えよ。

図3

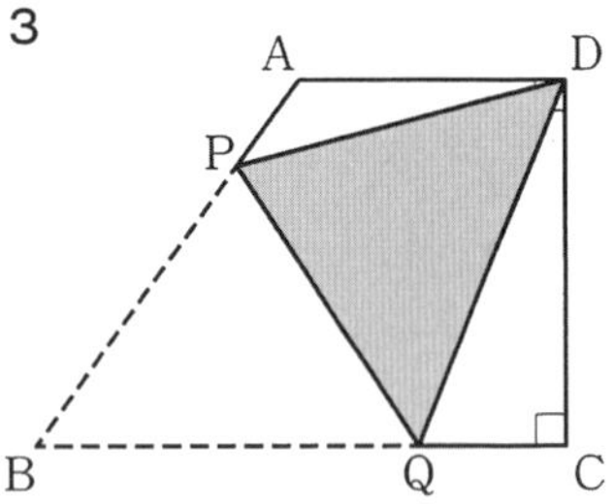

（1） △DAFと相似な三角形を、次の①〜④の中から1つ選び、その番号を書け。

① △FPA
② △FEQ
③ △AEB
④ △BFP

（2） 線分EQの長さは何 cm か。

（3） 線分APの長さと線分PBの長さの比を、最も簡単な整数の比で表せ。

図4

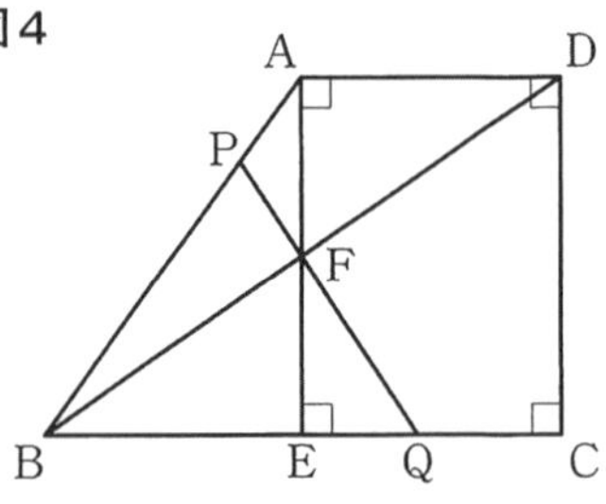

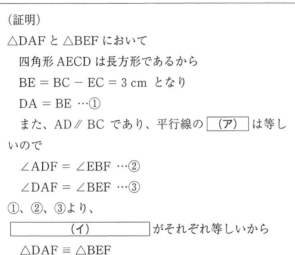

6 幹奈さんと新一さんのクラスでは、文化祭で電球を並べて巨大な電飾のタワーを作ることになりました。タワーを作るために必要な電球の個数について、幹奈さんと新一さんが先生と話をしています。3人の会話を読んで、あとの問いに答えなさい。

幹奈：**ポスター**にあるようなタワーを参考にして作ります。タワーは40段で、形は正四角錐《すい》にしましょう。一番上の段を1段目として、1段目は1個、2段目以降は、n段目の正方形の一辺にn個ずつ電球を並べます。**図1**は、各段に並ぶ電球のうち、1段目から5段目までを表したものです。

新一：まず、1段目から6段目までに電球が何個必要かを考えてみます。1段ずつ考えると、1段目は1個、2段目は4個、3段目は8個、4段目は12個、5段目は16個、6段目は (ア) 個となるので、1段目から6段目までの電球の個数の合計は (イ) 個です。

幹奈：1段目から順番に40段目までの電球の個数を足していくと、計算が大変ですね。

新一：奇数段目と偶数段目に分けて考えてみましょう。奇数段目は**図2**のように1段目から順に組み合わせて、しきつめていくと計算しやすいですね。**図2**を利用して、1段目、3段目、5段目、…、39段目の電球の個数の合計は (ウ) × (ウ) という式で計算できます。

幹奈：偶数段目も同じように計算できますね。

新一：1段目から40段目までの電球の個数の合計は (エ) 個になりました。

先生：よくできましたね。でも、そんなに多いと予算を超えてしまいますよ。

幹奈：では、正四角錐はあきらめて、正三角錐で作りましょう。1段目は1個、2段目以降は、n段目の正三角形の一辺にn個ずつ電球を並べます。1段目から40段目までの電球の個数の合計は何個になるかを考えてみます。今度も工夫して計算できないのかな。

先生：**図3**を利用して、まず6段目までで段をどのように分けて組み合わせるかを考えてみましょう。

新一：わかりました。1段目から6段目までを、 (オ) 、 (カ) 、 (キ) の3組に分けて、それぞれ組み合わせると、しきつめることができますね。

幹奈：その考え方を利用すれば、1段目から40段目までの個数の合計も求められそうです。でも、正方形のときと同じようには計算できませんね。

先生：例えば、**図4**の点線で囲まれた電球の個数は、同じ個数の電球を**図4**のように逆向きにして並べると計算できませんか。

（数分後）

新一：できました。**図4**の点線で囲まれた電球の個数は $\dfrac{\text{(ク)}(\text{(ク)}+1)}{\text{(ケ)}}$ という式で計算できます。

幹奈：この考え方を使うと、正三角錐で作る場合、1段目から40段目までの電球の個数の合計は (コ) 個になりますね。これで予算内に収まりますか。

問1 (ア) 、 (イ) 、 (ウ) 、 (エ) にあてはまる自然数を答えよ。

問2 (オ) 、 (カ) 、 (キ) にあてはまる段の組を答えよ。

問3 (ク) 、 (ケ) にあてはまる1けたの自然数を答えよ。

問4 (コ) にあてはまる自然数を答えよ。

ポスター

図において、電球を同じ大きさの○で表し、**図1**、**図3**は各段を真上から見た図とする。

図1

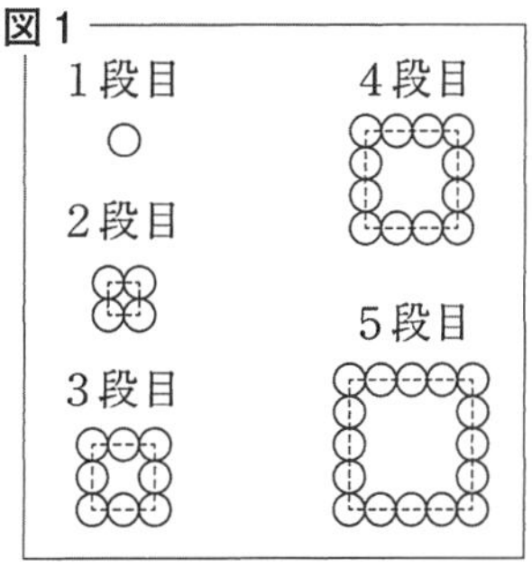

図2

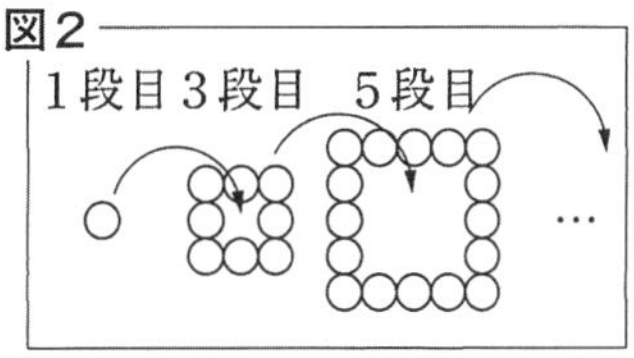

図3

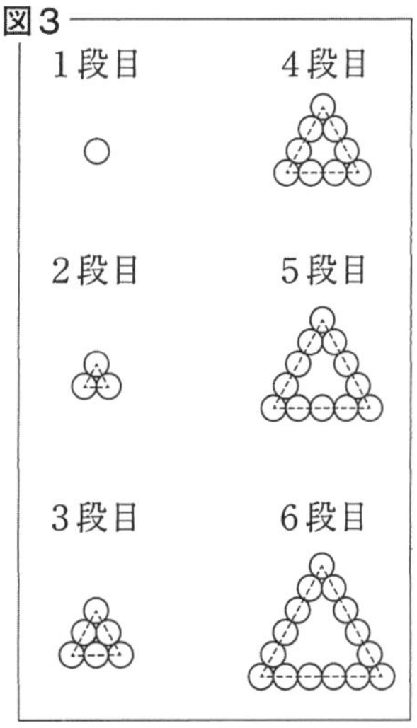

図4

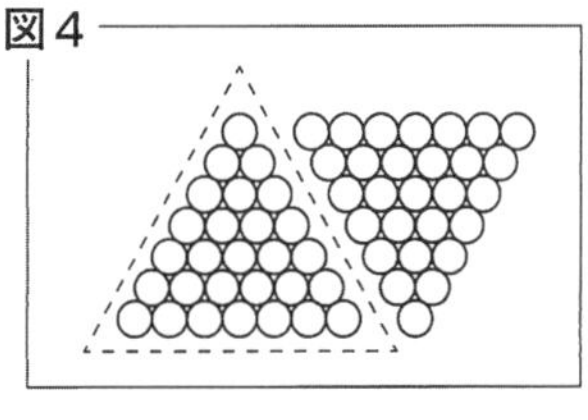

受検番号	番

令和５年度学力検査問題

英　　語

（50分）

注　　意

1　放送で指示があるまで、この問題冊子を開いてはいけません。

2　解答用紙は中にはさんであります。

3　放送で指示があったら、まず、受検番号を問題冊子および解答用紙の受検番号欄に記入しなさい。

4　問題は 1 ～ 4 で、１ページから８ページまであります。

5　答えは、すべて解答用紙に記入しなさい。

6　「やめ」の合図で、鉛筆を置きなさい。

7　検査終了後は、解答用紙を机の上に置いたまま退出しなさい。

問　　　題

1　放送を聞いて、次の各問いに答えなさい。

※教英出版注
音声は，解答集の書籍ＩＤ番号を教英出版ウェブサイトで入力して聴くことができます。

問１　次のNo. 1、No. 2の絵や表についてそれぞれ**Ａ**、**Ｂ**、**Ｃ**の三つの英文が読まれる。絵や表の内容を表している英文として最も適当なものを**Ａ**～**Ｃ**の中から一つずつ選んで、その記号を書け。英文は1回ずつ読まれる。

No. 1

No. 2

早紀（Saki）の放課後の予定				
月	火	水	木	金
	テニス	テニス		テニス

問２　これから読まれる英文は、美佐(Misa)と店員との会話である。あとに読まれるNo. 1～No. 3の質問の答えとして最も適当なものを**ア**～**ウ**の中から一つずつ選んで、その記号を書け。英文と質問は２回ずつ読まれる。

No. 1　**ア**　To make T-shirts for her friends.
　　　イ　To look for popular food in the shop.
　　　ウ　To buy something for her family.

No. 2　**ア**　Orange.
　　　イ　Green.
　　　ウ　Yellow.

No. 3　**ア**　Two.
　　　イ　Three.
　　　ウ　Four.

問3　これから読まれる英文は、太郎（Taro）がオーストラリアに行き、マイク（Mike）の家族と体験したことを話したものである。英文を聞き、No. 1、No. 2の問いに答えよ。英文は2回読まれる。

No. 1　次の **［質問］** に対する **［答え］** の空所①、②に入る英語として最も適当なものを**ア**～**ウ**の中から一つずつ選んで、その記号を書け。

［質問］　How old was Mike when Taro met him ?
［答え］　Mike was (　　①　　).
ア　14 years old
イ　16 years old
ウ　18 years old

［質問］　Why was Taro nervous at first ?
［答え］　Because (　　②　　).
ア　speaking English was difficult for Taro
イ　Mike didn't talk to Taro in English
ウ　Mike's English was always difficult for Taro

No. 2　次は、**［太郎の体験］** を体験した順番に表したものである。①～④に入る適当な絵を下の **［選択肢］** **ア**～**エ**の中から一つずつ選んで、その記号を書け。

［太郎の体験］

→ ① → ② → ③ → ④

［選択肢］

ア

イ

ウ
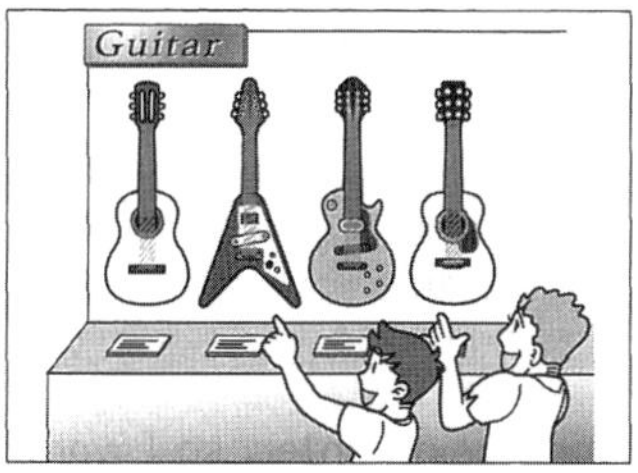

エ

2 次の会話を読んで、あとの問いに答えなさい。なお、あとの**注**を参考にしなさい。

〔高校生のヒロ (*Hiro*) と ALT (外国語指導助手) のスミス先生 (*Ms. Smith*) が話をしています。〕

Hiro: Ms. Smith, what kind of food do you like the best ?

Ms. Smith: It's a difficult question. I like Mexican food very much, but, of course, Japanese food is good, too. Wait, Thai food is also delicious. Well, I can't choose one.

Hiro: You like many different foods. But you're from the USA. [A]

Ms. Smith: Of course I like it. When I was in my country, I often had a very nice sandwich at the restaurant near my house.

Hiro: It sounds good. But you can eat nice sandwiches in Japan, too.

Ms. Smith: Yes, but I think the sandwiches in Japan are [B] the sandwiches in the USA. If you come to the USA, you can eat more delicious sandwiches.

Hiro: I want to try them. Well, I'm thinking about my next speech in your English class. Can I talk about foods in different countries ?

Ms. Smith: Oh, that's a nice idea. Do you know what the most delicious food in the world is ?

Hiro: I don't know. What is it ?

Ms. Smith: I've watched a video on the Internet. It shows the world's 20 most delicious foods, and they choose *rendang* as the most delicious food. *Rendang* is a beef dish in Indonesia.

Hiro: I've never heard about it. Is *sushi* second ?

Ms. Smith: No. *Sushi* comes third. They say that *nasi goreng*, fried rice in Indonesia, is better than *sushi*. *Tom Yum Kung*, a famous Thai soup, comes after *sushi*. They have another Thai food called *Pad Thai*. *Pad Thai* is fried noodles like *yakisoba*. *Pad Thai* is fifth.

Hiro: All the foods are from Asia ! I'm surprised.

Ms. Smith: I've traveled around Asia and tried those dishes. They're so different from the food we eat in the USA. Many American people like dishes from Asia. It is because they are delicious and we want to try something different. When we try something different, we can find interesting things. So trying new things is [C].

Hiro: I agree ! Well, I'm looking for the video now.... Oh, I found it.

Ms. Smith: Did you find it ? You can find many comments about it, too. Reading them is fun.

Hiro: OK. I will watch the video and read the comments. I'm sure my speech will be great.

〈*Comments*〉

Maria
I'm so happy that my country's food is number one. It's so cool !

David
I tried to make *rendang* before, but it was really difficult ! You should just go to a restaurant.

Billy
I will go to Nagasaki in Japan next winter, so I want to try *sushi* there. But my friend told me that *ramen* was the best. <u>Which food should I try ?</u>

店員：I'm sorry, but we only have a bigger one in orange, red, and yellow. This summer orange is very popular.
美佐：Well, then, I'll get the orange one for him and the green one for my mother.
店員：Good. Do you want anything else ?
美佐：If you have a smaller one in yellow, I'll buy it for my sister.
店員：OK, we have one.

では、質問します。

No. 1　Why did Misa come to the shop ?　（約 6 秒　休止）
No. 2　What color did Misa choose for her father's T-shirt ?　（約 6 秒　休止）
No. 3　How many T-shirts will Misa buy ?　（約 8 秒　休止）

次に、**問３**について説明します。これから読まれる英文は、太郎（Taro）がオーストラリアに行き、マイク（Mike）の家族と体験したことを話したものです。英文を聞き、No. 1、No. 2の問いに答えなさい。No. 1は**［質問］**に対する**［答え］**の空所①、②に入る英語として最も適当なものを**ア**、**イ**、**ウ**の中から一つずつ選んで、その記号を書きなさい。No. 2は、**［太郎の体験］**を順番に表したものになるように、①～④に入る適当な絵を**［選択肢］ア**～**エ**の中から一つずつ選んで、その記号を書きなさい。英文は２回読みます。では、始めます。

I'm Taro. I went to Australia last summer when I was 16 years old. I stayed with Mike's family. Mike was a high school student. He was 18 years old. At first, I was very nervous because I couldn't speak English very well. However, Mike was very kind and talked to me in easy English, so I enjoyed communicating with him. I found that both Mike and I loved music and we became good friends. I spent the weekends with his family. On the first weekend, Mike and I went shopping in the afternoon. We enjoyed looking for a nice guitar. In the evening, we went to a concert together and got so excited. On the next weekend, I went fishing with Mike and his mother. I didn't know how to catch fish, but she taught it to me. And I got one big fish ! Mike said, "Great, Taro ! We can cook it together." Mike and I made dinner. It was fun. I stayed in Australia for only two weeks but I had a lot of wonderful memories.

（約 12 秒　休止）

繰り返します。

I'm Taro. I went to Australia last summer when I was 16 years old. I stayed with Mike's family. Mike was a high school student. He was 18 years old. At first, I was very nervous because I couldn't speak English very well. However, Mike was very kind and talked to me in easy English, so I enjoyed communicating with him. I found that both Mike and I loved music and we became good friends. I spent the weekends with his family. On the first weekend, Mike and I went shopping in the afternoon. We enjoyed looking for a nice guitar. In the evening, we went to a concert together and got so excited. On the next weekend, I went fishing with Mike and his mother. I didn't know how to catch fish, but she taught it to me. And I got one big fish ! Mike said, "Great, Taro ! We can cook it together." Mike and I made dinner. It was fun. I stayed in Australia for only two weeks but I had a lot of wonderful memories.

（約 10 秒　休止）

以上で聞き取りテストを終わります。他の問題へ進んでください。

英　語

聞き取りテスト台本

※教英出版注
音声は，解答集の書籍ＩＤ番号を
教英出版ウェブサイトで入力して
聴くことができます。

令　5

これから、英語の検査を行います。まず、問題冊子から解答用紙を取り出し、問題冊子と解答用紙の両方に受検番号を書きなさい。なお、書き終えたら問題冊子の１ページを開いて待ちなさい。（約 20 秒　休止）

1 は聞き取りテストです。放送中にメモをとってもかまいません。

それでは、**問１**について説明します。次の No. 1、No. 2 の絵や表についてそれぞれＡ、Ｂ、Ｃの三つの英文が読まれます。絵や表の内容を表している英文として最も適当なものをＡ、Ｂ、Ｃの中から一つずつ選んで、その記号を書きなさい。英文は１回ずつ読みます。１回しか読みませんので、注意してください。では、始めます。

No. 1　Ａ：You use this to wash your clothes.（約 3 秒　休止）
Ｂ：You use this for cleaning your house.（約 3 秒　休止）
Ｃ：You use this when you cook rice.（約 6 秒　休止）

No. 2　Ａ：Saki plays tennis on Monday, Wednesday, and Friday.（約 3 秒　休止）
Ｂ：Saki plays tennis on Tuesday, Thursday, and Friday.（約 3 秒　休止）
Ｃ：Saki plays tennis on Tuesday, Wednesday, and Friday.（約 6 秒　休止）

次に、**問２**について説明します。これから読まれる英文は、美佐（Misa）と店員との会話です。あとに読まれる No. 1～No. 3 の質問の答えとして最も適当なものをア、イ、ウの中から一つずつ選んで、その記号を書きなさい。英文と質問は２回ずつ読みます。では、始めます。

店員：May I help you ?
美佐：I'm looking for something to give to my family in Japan.
店員：Oh, we have T-shirts in many different colors.
美佐：Well, my father likes green, but this green T-shirt is too small for him.
店員：I'm sorry, but we only have a bigger one in orange, red, and yellow. This summer orange is very popular.
美佐：Well, then, I'll get the orange one for him and the green one for my mother.
店員：Good. Do you want anything else ?
美佐：If you have a smaller one in yellow, I'll buy it for my sister.
店員：OK, we have one.

では、質問します。
No. 1　Why did Misa come to the shop ?（約 6 秒　休止）
No. 2　What color did Misa choose for her father's T-shirt ?（約 6 秒　休止）
No. 3　How many T-shirts will Misa buy ?（約 8 秒　休止）

繰り返します。

【放送

注

Mexican メキシコの　Thai タイの　sandwich(es) サンドイッチ　video 動画
rendang ルンダン　Indonesia インドネシア　*sushi* すし
nasi goreng ナシゴレン　fried 炒《いた》めた　*Tom Yum Kung* トムヤムクン
Pad Thai パッタイ　noodle(s) 麺　*yakisoba* 焼きそば　Asia アジア
comment(s) コメント　*ramen* ラーメン

問1　会話中の[A]に入る英語として最も適当なものを次の**ア**～**エ**の中から一つ選んで、その記号を書け。

ア　How about American food ?
イ　What is your favorite food ?
ウ　When did you eat American food ?
エ　Why did you cook Mexican food ?

問2　会話中の[B]に入る英語として最も適当なものを次の**ア**～**エ**の中から一つ選んで、その記号を書け。

ア　better than　　**イ**　as good as　　**ウ**　as bad as　　**エ**　not as good as

問3　会話中に出てくる料理のランキングとして、最も適当なものを次の**ア**～**エ**の中から一つ選んで、その記号を書け。

ア

1位	ルンダン
2位	すし
3位	ナシゴレン
4位	トムヤムクン
5位	パッタイ

イ

1位	ルンダン
2位	ナシゴレン
3位	すし
4位	トムヤムクン
5位	パッタイ

ウ

1位	ルンダン
2位	すし
3位	ナシゴレン
4位	パッタイ
5位	トムヤムクン

エ

1位	ルンダン
2位	ナシゴレン
3位	すし
4位	パッタイ
5位	トムヤムクン

問4　会話中の[C]に入る英語として最も適当なものを次の**ア**～**エ**の中から一つ選んで、その記号を書け。

ア　surprised　　**イ**　difficult　　**ウ**　exciting　　**エ**　dangerous

問5　会話および〈*Comments*〉の内容と一致するものを次の**ア**～**オ**の中から二つ選んで、その記号を書け。

ア　Ms. Smith likes many kinds of food, and she likes Thai food better than Japanese food.
イ　In Ms. Smith's class, Hiro is going to make a speech about foods in different countries.
ウ　Hiro traveled around Asia and got interested in many different foods in the world.
エ　In the comments, Maria is glad her country's food was chosen as the most delicious food.
オ　In the comments, David thinks that it is easy for him to make delicious *rendang*.

問6　〈*Comments*〉の中の下線部の質問に対して、あなたなら何とコメントするか。解答欄の*sushi*または*ramen*のいずれかを○で囲み、その理由を（　　　）に10語以上の英語で書け。なお、英語は2文以上になってもかまわない。ただし、コンマ（,）やピリオド（.）などは語数に含めない。

3 次の会話を読んで、あとの問いに答えなさい。なお、あとの**注**を参考にしなさい。

〔中学生の優希（*Yuki*）と日本に来たばかりの留学生のキム（*Kim*）が話をしています。〕

⟨*Poster*⟩

Yuki: The next class is music, so I'll take you to the music room. Come this way.

Kim: Thank you. Oh, I like the picture on this ***Poster***. I can't read the *kanji*. What does it mean ?

Yuki: The volleyball team [A].

Kim: I see. I want to play some sports in Japan.

Yuki: You can try.

（***After the music class***）

Yuki: Now it's lunch break.

Kim: Where do we eat lunch ? How do you spend your lunch break ?

Yuki: We eat lunch in our classroom. After lunch we can do the things we like. For example, we [B].

Kim: I see. That sounds nice.

Yuki: I hope you will enjoy your school life here.

Kim: Thank you. I have always wanted to study in Japan. Do you want to study in a foreign country in the future ?

注 poster ポスター　*kanji* 漢字　lunch break 昼休み

問1 会話の流れに合うように、[A] には3語以上、[B] には5語以上の英語を書け。

問2 会話中の下線部の質問に対して、あなたならどのように答えるか。解答欄の Yes, I do. または No, I don't. のいずれかを○で囲み、その理由を10語以上の英語で書け。なお、英語は2文以上になってもかまわない。ただし、コンマ（,）やピリオド（.）などは語数に含めない。

問題は次のページに続きます。

4 中学生の絵美（Emi）と彼女の住む町で作られている「あおい焼（*Aoi-yaki*）」という陶器に関する次の英文を読んで、あとの問いに答えなさい。なお、あとの**注**を参考にしなさい。

One day, when Emi was washing the dishes at home, she dropped a cup and it was broken. Her mother said to her, "Actually, that was your father's favorite cup. He bought it and kept using it for more than ten years. It was *Aoi-yaki*." Emi didn't know (a)that. Emi said to her father, "Sorry. I broke your cup. I will buy a new cup for you." "That's OK. (b)You don't have to do that," he said to Emi. He wasn't angry but looked sad. *Aoi-yaki* is the pottery made in her town. Her town is famous for it. There are many people who like it. But Emi thought it was just old pottery and didn't know why it was so famous.

Two weeks later, the students in her class had a field trip. They were going to visit some places in their town and make a report about the trip. Emi chose an *Aoi-yaki* pottery. It was because she remembered her father's cup and wanted to understand [　A　].

At the pottery, a young woman, Nao, told the students about *Aoi-yaki*. Nao said, "My dream is to make *Aoi-yaki* more popular among young people. So I have worked with young potters in the town. We are trying to do something new. Look at these. They are new *Aoi-yaki*. Some of the cups and dishes are now used in many restaurants in big cities like Tokyo. Those cups and dishes are loved by people there." Emi was surprised. The designs of the pottery were cool. Emi thought that *Aoi-yaki* was not just an old culture and she wanted to know more about it.

Emi and other students visited a different pottery, too. John worked there. He came from New Zealand. He said, "When I studied art at a university in Tokyo, one of my Japanese friends gave me this *Aoi-yaki* cup on my birthday." He showed the cup to Emi. It didn't look special to her. John said, "I was surprised at such a beautiful cup. Do you know that the color of traditional *Aoi-yaki* is very special? You can see different colors from different angles. After I went back to my country, I often used this and became more interested in *Aoi-yaki*. So I decided to learn how to make *Aoi-yaki* and came to this town. Now, I'm trying to keep this beautiful color for the future. I really enjoy learning about it." Emi thought that (c)*Aoi-yaki* has the power to change someone's life.

Emi found that *Aoi-yaki* is old and new. There are people like John who enjoy making the traditional *Aoi-yaki*. She has also learned that there are new kinds of *Aoi-yaki*. Some young potters like Nao are trying to make *Aoi-yaki* more popular with their new ideas.

After the field trip, Emi talked with her father about it. She said, "I have met some people who love *Aoi-yaki*. Now I understand its good points. It is a great culture of our town." He said, "I'm glad that you have tried to learn about *Aoi-yaki*. When you use it for a long time, you will like it better." Emi said, "I want to choose a new *Aoi-yaki* cup for you and one for me, too." He looked happy. On the weekend, they are going to visit Nao and John at each pottery again to buy new cups together.

注
drop　～を落とす　　cup(s)　カップ、ゆのみ　　pottery　陶器、陶器製造所
field trip　校外学習　　remember　～を覚えている　　potter(s)　陶芸家
design(s)　デザイン　　New Zealand　ニュージーランド　　traditional　伝統的な
angle(s)　角度

問1　次は、下線部(a)の内容を説明したものである。文中の（　　　）に入るものとして最も適当なものを下のア～エの中から一つ選んで、その記号を書け。

そのカップは、あおい焼で（　　　　　　　　　　　　　　　　　　　）こと。

ア　母親が10年以上前に父親にあげたものだった
イ　父親が気に入って10年以上使っていたものだった
ウ　父親が長い時間をかけて自分で作ったものだった
エ　父親にとってお気に入りのものだと母親が知らなかった

問2　次は、下線部(b)の具体的な内容を説明したものである。空欄に、15字以上20字以内の日本語を書け。

絵美が（　　　　　　　　　　　　　　　　　　　　　　　）ということ。

問3　本文中の［　A　］に入る英語として最も適当なものを次のア～エの中から一つ選んで、その記号を書け。

ア　why her father didn't like *Aoi-yaki*
イ　what made her father angry
ウ　why her town didn't have a pottery
エ　what was so good about *Aoi-yaki*

問4　次は、絵美が下線部(c)のように考えた理由を説明したものである。文中の（　①　）、（　②　）に10字以上15字以内で、それぞれあてはまる日本語を書け。なお、句読点も字数に含む。

ニュージーランド出身であるジョン（John）が、誕生日に日本人の友人から（　　　①　　　）ことをきっかけに、その美しさに魅了され、（　　　②　　　）ことを決心して、この町に来たことを知ったから。

問5　次のア～エの英語を、**出来事が起きた順に**並べ、記号で答えよ。

ア　Emi talked with the two potters about their pottery.
イ　Emi and her father planned to go to buy their cups.
ウ　Emi decided to go to a pottery on her field trip.
エ　Emi broke her father's cup while she was washing the dishes.

問6　本文の内容と一致するものを次のア～オの中から二つ選んで、その記号を書け。

ア　When Emi broke her father's *Aoi-yaki* cup, she couldn't say sorry to him.
イ　Emi learned from Nao that some people in big cities liked to use *Aoi-yaki*.
ウ　When John showed Emi the cup he made, she thought that it was very special.
エ　Emi's father taught her about *Aoi-yaki*, but she didn't understand its good points.
オ　Emi is going to choose new cups at the places she visited on her field trip.

問7　次は、絵美が校外学習の後に書いたレポートの一部である。文中の（　①　）～（　③　）に入る最も適当な英語を下のア～カの中から一つずつ選んでその記号を書け。ただし、いずれも一度しか用いることができない。

I visited two people on our field trip. I met Nao. She is trying to make (①) kinds of pottery. She wants to make *Aoi-yaki* more popular. I met John, too. He came from New Zealand. He told me that the (②) of *Aoi-yaki* looks different when we see it from different angles. I'm happy that our town has such a great (③).

ア　color　　イ　event　　ウ　culture　　エ　new　　オ　traditional　　カ　young

受検番号	番

令和５年度学力検査問題

理　　　科

（50分）

注　　　意

1　「始め」の合図があるまで、この問題冊子を開いてはいけません。

2　解答用紙は中にはさんであります。

3　「始め」の合図があったら、まず、受検番号を問題冊子および解答用紙の受検番号欄に記入しなさい。

4　問題は 1 ～ 8 で、１ページから８ページまであります。

5　答えは、すべて解答用紙に記入しなさい。

選択肢（ア～エ）によって答えるときは、最も適当なものを一つ選んで、その記号を書きなさい。

6　「やめ」の合図で、鉛筆を置きなさい。

7　検査終了後は、解答用紙を机の上に置いたまま退出しなさい。

問　題

1 次の文を読んで、あとの問いに答えなさい。

図は、正面から見たヒトの体内における血液の循環について、模式的に示したものである。

問1 図のA～Dは心臓の４つの部分を示している。Aの部分の名称を答えよ。

図

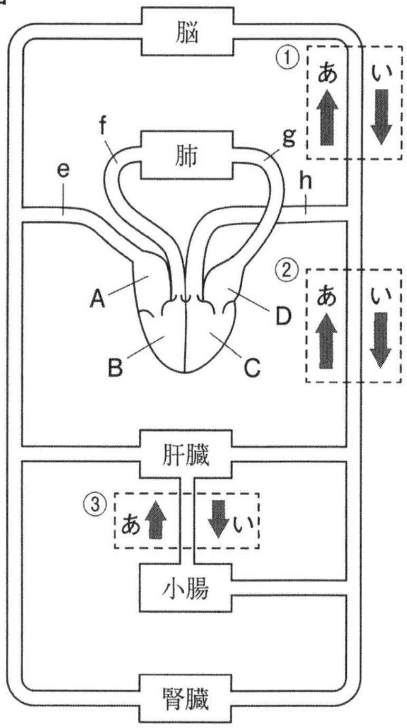

問2 図のe～hの血管のうち、静脈および静脈血が流れている血管の組み合わせとして最も適当なものは、次のどれか。

	静脈	静脈血が流れている血管
ア	eとg	eとf
イ	eとg	gとh
ウ	fとh	eとf
エ	fとh	gとh

問3 図の①～③の［　　］で囲まれたあ、いの矢印（➡）は、血液が流れる方向を示している。①～③について、血液が流れる方向として正しいものは、あ、いのどちらか。それぞれ記号で答えよ。

問4 ヒトの肺への空気の出入りについて説明した次の文の空欄（　X　）、（　Y　）に適する語句を入れ、文を完成せよ。

> ヒトの肺は、（　X　）と呼ばれる膜の動きや（　Y　）と呼ばれる骨が筋肉によって動くことにより、ふくらんだり縮んだりする。このことにより、肺に空気が吸い込まれたり吐き出されたりする。

問5 ヒトの臓器や血管について説明した文として最も適当なものは、次のどれか。

ア　腎臓では、有害なアンモニアが害の少ない尿素に変えられる。

イ　小腸では、ブドウ糖からグリコーゲンが合成される。

ウ　静脈は動脈よりも血管の壁が厚く、血管内に弁という構造が見られる。

エ　動脈と静脈は毛細血管でつながっている。

2　次のⅠ、Ⅱの問いに答えなさい。

Ⅰ　音さを用いて**手順1**、**2**で実験を行った。

手順1　**図1**のように音さをたたき、音による空気の振動のようすをオシロスコープの画面に表示させると、**図2**のようになった。ただし、**図2**の縦軸は振幅、横軸は時間を表しており、横軸の1目盛りは0.001秒である。また、矢印←→は1回の振動を示している。

手順2　条件を同じにして、たたく強さを変えて音さをたたくと、**手順1**のときよりも小さい音が出た。

図1

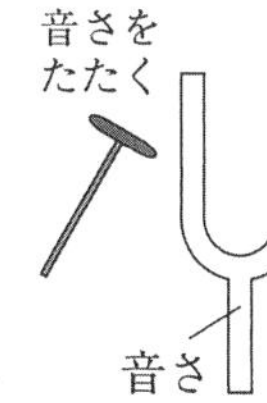

図2

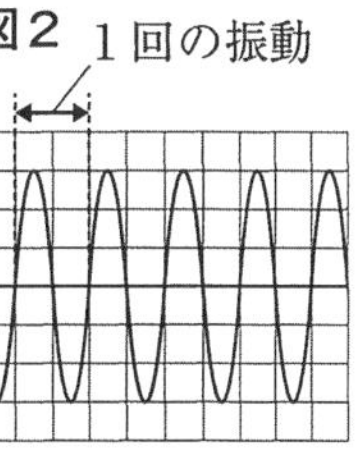

問1　1秒間に音源が振動する回数を振動数という。**図2**に示された音の振動数は何Hzか。

問2　**手順2**のとき、オシロスコープの画面に表示されたものとして最も適当なものは、次のどれか。ただし、縦軸、横軸の1目盛りの値は**図2**と同じとする。

ア

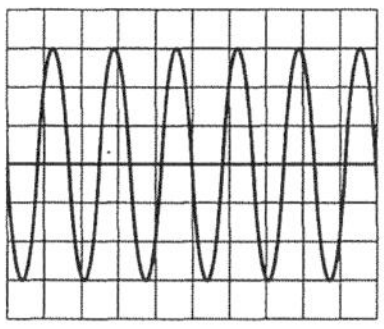

イ

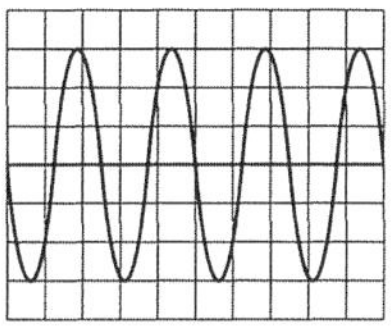

ウ

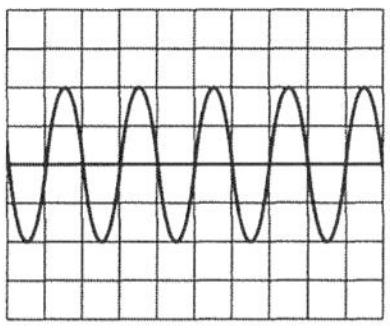

エ

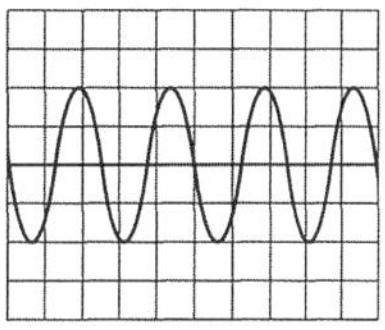

Ⅱ　**図3**のように高さが6.0 cmの直方体の物体を軽くて細い糸でばねばかりにつるすと、ばねばかりは2.0 Nの値を示した。次に、**図4**のように水面と物体の下面とを一致させた状態から、物体の下面を水平に保ったまま**図5**の状態をへて、水面から物体の下面までの距離が14.0 cmとなる**図6**の状態までゆっくり沈めた。**図6**のとき、ばねばかりは0.5 Nの値を示した。

図3

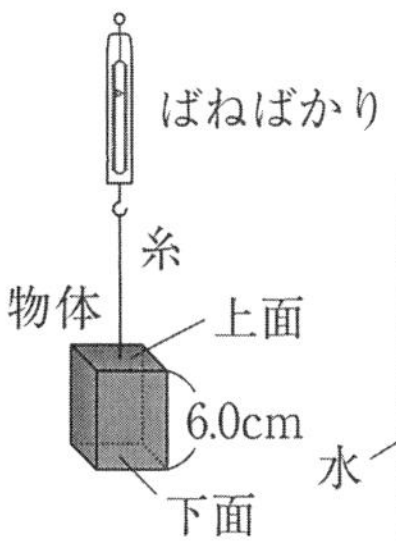

図4

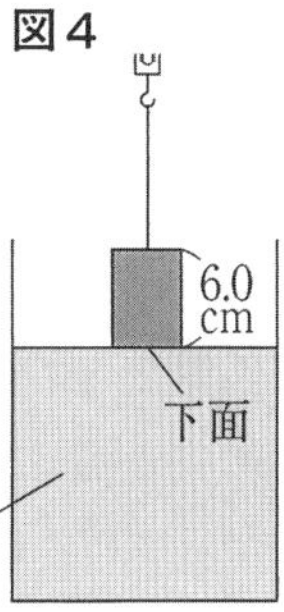

問3　次の文は**図5**、**図6**のように、水中にある物体の面にはたらく力と浮力について説明したものである。文中の空欄（　X　）、（　Y　）に適する語句を下の**語群**から選び、文を完成せよ。ただし、同じ語句を2度用いてもよい。

> **図5**のときの物体の下面にはたらく力の大きさは、**図6**のときの物体の上面にはたらく力の大きさ（　X　）。また、水中の深いところの水圧は浅いところの水圧（　Y　）ため、この差により浮力が生じる。

語群　と等しい　より大きい　より小さい

図5

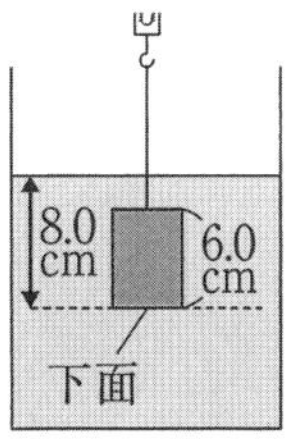

図6

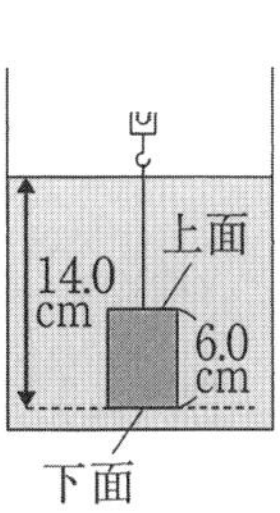

問4　**図4**の状態から**図6**の状態まで物体を沈めるとき、「ばねばかりの値」と、「水面から物体の下面までの距離」の関係を表すグラフを解答用紙の**図7**にかけ。

図7

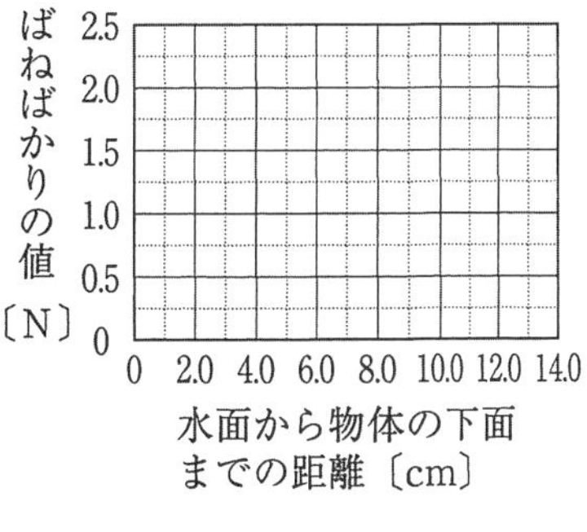

3 次の文を読んで、あとの問いに答えなさい。

近年、問題となっている海洋プラスチックごみは、海中を浮遊して海岸に漂着したり、海底に沈んだりして、海の生態系に影響を与えるといわれている。プラスチックが浮遊したり、沈んだりしているのは、物質によって密度が異なるためである。そこで、身の回りでよく使われているプラスチックについて、密度の違いに着目して、次の**実験1**と**実験2**を行った。**表1**と**表2**は、室温における4種類のプラスチック、水、20%食塩水の密度を示したものである。ただし、実験に用いたプラスチックは、内部に空洞はなく、密度は均一であるとする。

表1

物質	ポリプロピレン	ポリスチレン	ポリエチレンテレフタラート	ポリ塩化ビニル
密度〔g/cm^3〕	0.90～0.92	1.05～1.07	1.38～1.40	1.20～1.60

表2

物質	水	20%食塩水
密度〔g/cm^3〕	1.00	1.15

【実験1】 **表1**のいずれかの物質である4種類のプラスチック**A**、**B**、**C**、**D**を約1cm^{2}の小片にして、水と20%食塩水をそれぞれ入れたビーカーの中に**図**のように入れた。ピンセットを静かに離してプラスチックの小片が浮くか、沈むかを観察し、その結果を**表3**にまとめた。

図

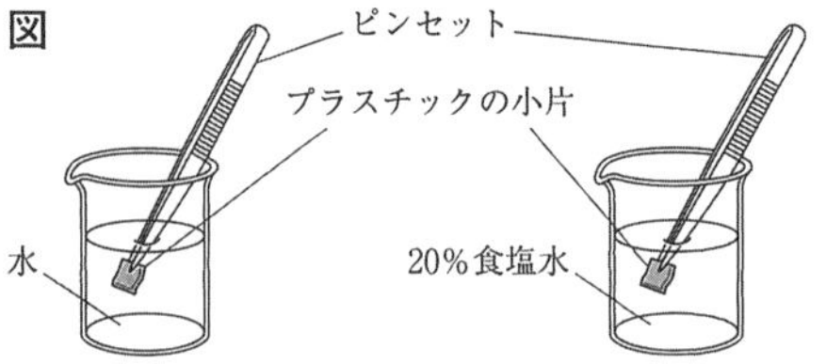

表3

	プラスチックA	プラスチックB	プラスチックC	プラスチックD
水	沈む	沈む	浮く	沈む
20%食塩水	浮く	沈む	浮く	沈む

問1 **実験1**の結果から、プラスチック**A**として最も適当な物質は**表1**のどれか答えよ。

問2 プラスチックについて説明した文として最も適当なものは、次のどれか。

ア ポリエチレンは、主にペットボトルとして利用されている。

イ ポリエチレンテレフタラートは、主にポリ袋として利用されている。

ウ プラスチックは、種類によらず同じようによく燃え、同じようにすすを出す。

エ プラスチックは、一般的に石油を原料としてつくられ、様々な用途に利用されている。

問3 プラスチックや砂糖のように炭素を含み、燃焼させると二酸化炭素が発生する物質を何というか。

【実験2】 **実験1**において、プラスチック**B**とプラスチック**D**は同じ結果であったため、プラスチック**B**の体積と質量をはかり、計算して求めた密度によってプラスチック**B**とプラスチック**D**を区別することにした。**実験1**で用いた小片とは別に、新たに体積をはかりやすい大きさにしたプラスチック**B**を容量の半分の水を入れたメスシリンダーを用いて体積をはかると8.0cm^{3}であった。

問4 下線部について、プラスチック**B**の体積のはかり方を説明せよ。

問5 プラスチック**B**の質量は12gであった。プラスチック**B**の密度は何g/cm^{3}か。また、プラスチック**B**として最も適当な物質は**表1**のどれか答えよ。

4 先生、アキさん、ユウさんの会話文を読んで、あとの問いに答えなさい。

先生：今日は岩石標本を４つ用意しました。標本はそれぞれチャート、石灰岩、花こう岩、砂岩のいずれかです。４つの岩石標本を岩石**A**、岩石**B**、岩石**C**、岩石**D**として、それぞれどの岩石か調べて特定してください。

アキ：わかりました。岩石**A**、岩石**B**、岩石**C**は粒のようなつくりが見えるから双眼実体顕微鏡で観察して、**スケッチ**をかいてみよう。

スケッチ

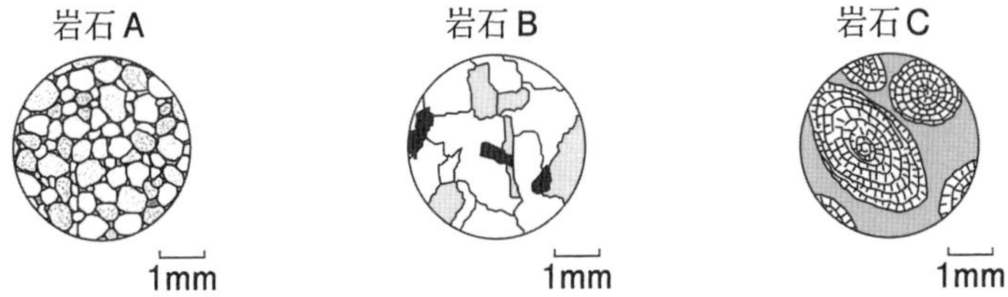

ユウ：岩石**A**は、ほぼ同じ大きさの①丸みを帯びた粒からできているから砂岩だね。岩石**B**は同じくらいの大きさの鉱物が組み合わさっている。先生、岩石**B**のつくりは等粒状組織ですか？

先生：そのとおりです。

ユウ：これで岩石**A**、岩石**B**はわかった。

アキ：岩石**C**と岩石**D**を互いにこすり合わせたら、岩石**C**の方だけに傷がついたから岩石**D**の方が硬いね。

ユウ：あれ、岩石**C**に見えるのは化石じゃないかな。

アキ：先生、岩石**C**と岩石**D**に［ X ］をかけて変化を見てみたいです。

先生：では、薬品の取り扱いに気を付けて、スポイトで数滴かけてください。

アキ：岩石**C**の方だけ［ X ］と反応して泡が出てきました。

先生：発生した気体は二酸化炭素です。

ユウ：岩石**C**に入っているのはきっと②フズリナの化石だね。

アキ：これですべての岩石がわかった。

問１　下線部①について、粒が丸みを帯びている理由を説明せよ。

問２　岩石**B**の岩石名を答えよ。

問３　［ X ］に入る薬品として最も適当なものは、次のどれか。

ア　うすい水酸化ナトリウム水溶液　　**イ**　うすい塩酸

ウ　うすい過酸化水素水　　**エ**　うすいエタノール

問４　下線部②について、フズリナが生息していた地質年代（地質時代）を答えよ。また、地層が堆積した年代を推定することができる化石を何というか。

問５　岩石**D**の岩石名を答えよ。

5 次のⅠ、Ⅱの問いに答えなさい。

Ⅰ **図1**は被子植物の花の断面を模式的に表したものである。多くの被子植物では、開花後のおしべから放出された花粉がめしべの柱頭に受粉し、花粉から花粉管が伸びていき有性生殖が行われる。このことを学習したハルさんは、開花直前の花粉と開花後の花粉では、花粉管が伸びるようすに違いがあるのかという疑問をもち、次のような予想を立てた。

図1

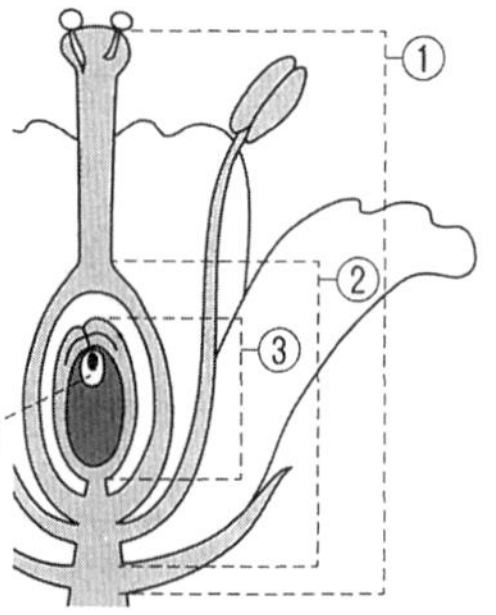

【予想】 開花後の花粉は、開花直前の花粉よりも花粉管の伸びがはやい。

問1 ハルさんは**【予想】**を確かめるため、2枚のスライドガラスにそれぞれスポイトで砂糖水を1滴落とし、ホウセンカの花粉をそれぞれ散布して、花粉管が伸びるようすを顕微鏡で観察して比較することにした。比較するために用いる花粉と砂糖水として適当な条件を、右の**あ**～**え**から**2つ**選び、記号で答えよ。

〈花粉と砂糖水の条件〉

	花粉	砂糖水
あ	開花直前のもの	10%
い	開花直前のもの	5%
う	開花後のもの	20%
え	開花後のもの	10%

問2 受精後に果実が形成されたとき、種子になるのは**図1**中のどの部分か。①～④から1つ選び、番号で答えよ。

Ⅱ エンドウの種子の形には「丸」と「しわ」の2つの形質がある。**図2**のように、丸い種子をつくる純系の個体と、しわのある種子をつくる純系の個体をかけ合わせると、得られる子世代はすべて丸い種子になる。この子世代の種子を育て、自家受粉させると孫世代の種子が得られる。ただし、種子の形を「丸」にする遺伝子をA、「しわ」にする遺伝子をaとする。

図2

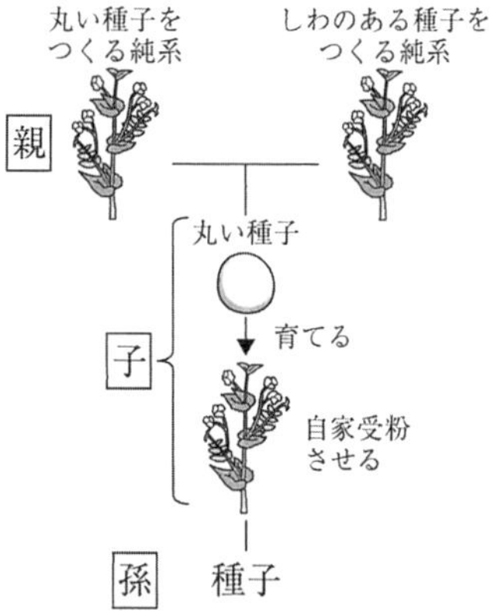

問3 **図2**のかけ合わせにおいて、子世代に現れない「しわ」のような形質を何というか。

問4 下線部について、ここで得られる孫世代の種子全体のうち、種子の形が「丸」になる割合は理論上何%になると考えられるか。

問5 種子の形を決める遺伝子の組み合わせが互いに異なるエンドウ**X**、**Y**、**Z**があり、これらがもつ遺伝子の組み合わせはAA、Aa、aaのいずれかである。このエンドウ**X**、**Y**、**Z**のめしべに、エンドウ**X**の花粉を受粉させた。**表**はそれぞれの交配により得られる種子全体のうち、種子の形が「丸」となる個体の割合を示したものである。空欄（ **P** ）に入る数値として最も適当なものを、下の**ア**～**エ**から選べ。

表

	エンドウ**X**のめしべ	エンドウ**Y**のめしべ	エンドウ**Z**のめしべ
エンドウ**X**の花粉	0%	100%	（ **P** ）%

ア 0　**イ** 25　**ウ** 50　**エ** 100

6　次のⅠ、Ⅱの問いに答えなさい。

Ⅰ　斜面上においた台車に力を加え、斜面に沿って台車を上向きに押し出した。力を加えるのをやめたあとも台車は斜面をのぼり続け、**図１**に示す斜面上の**P**点を通過した。台車の先端が**P**点を通過してからの時間と、**P**点から台車の先端までの距離の関係は**表**のようになった。ただし、空気抵抗や摩擦力は無視できるものとし、台車は一直線上を運動するものとする。

図１

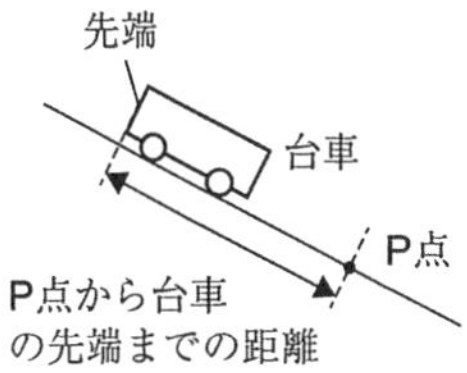

表

P点を通過してからの時間〔s〕	0	0.10	0.20	0.30	0.40
P点から台車の先端までの距離〔cm〕	0	23	41	55	65

問１　**表**の0.10～0.20秒の間の平均の速さは何 cm/s か。

図２

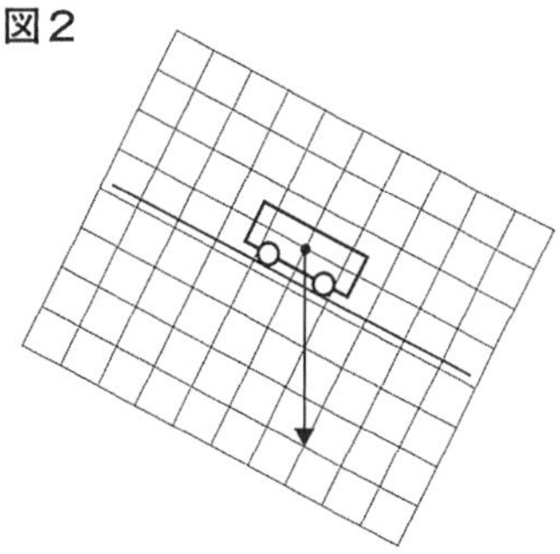

問２　**図２**の矢印は台車にはたらく重力を表している。この重力を斜面に平行な方向と斜面に垂直な方向の２つに分解し、その分力を解答用紙の**図２**にかけ。

Ⅱ　**図３**のような装置を用いて**手順１**、**２**で実験を行った。ただし、物体**A**、**B**の重さはともに0.70 N であり、糸**１**、**２**は伸び縮みせず、その質量は考えなくてよい。また、空気抵抗や摩擦力は無視できるものとする。

図３

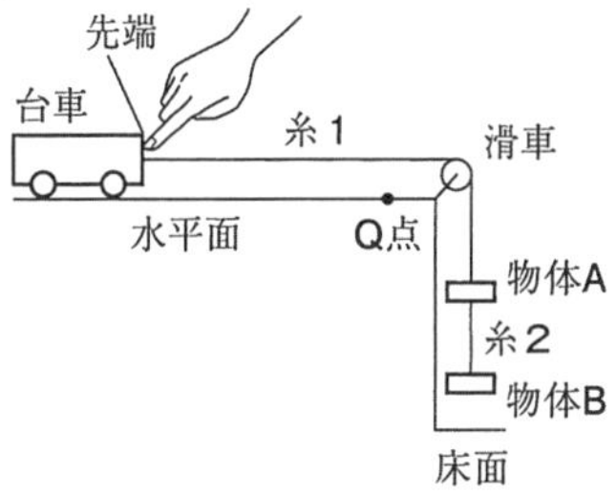

手順１　**図３**のように、水平面においた台車の先端を手で支え、糸**１**、**２**と滑車をつかって物体**A**と物体**B**を床面から離して<u>静止させた</u>。

手順２　糸**１**と糸**２**がたるまないように台車から静かに手を離し、台車を走らせた。まず、物体**B**が床面に達してはね返ることなく静止し、糸**２**がたるんだ。つづいて、物体**A**が物体**B**上に達して静止し、糸**１**がたるんだ。糸**１**が十分にたるんだあと台車は**Q**点に達した。手を離してからの台車の速さと時間を計測した。

問３　**手順１**の下線部のとき、糸**１**が物体**A**を引く力は何 N か。

問４　**手順２**で、手を離してからの台車の速さと時間の関係を表したグラフとして最も適当なものは、次のどれか。ただし、たるんだ糸は運動をさまたげないものとし、台車の先端が**Q**点に達した時間を**T**とし、**T**までのグラフとする。

ア

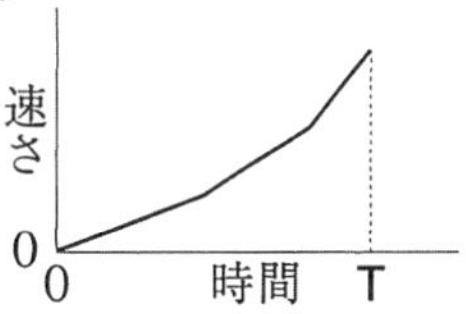

イ

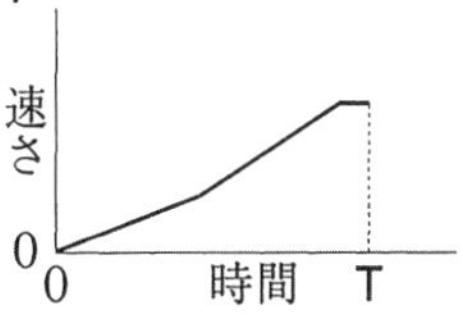

ウ

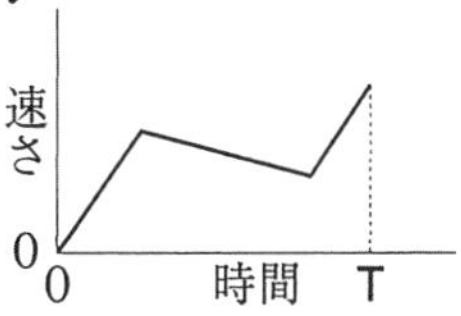

エ

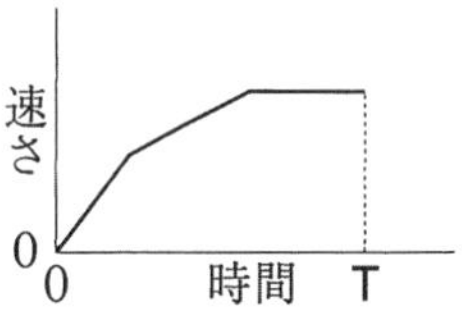

7 次の**実験**について、あとの問いに答えなさい。

【実験】 中和について調べるために、次の**手順**で実験を行い、その結果を下の**表**にまとめた。

手順1 **図1**のようにうすい硫酸 25 cm^3 をそれぞれビーカー**A**、**B**、**C**、**D**に入れ、次にうすい水酸化バリウム水溶液をビーカー**A**、**B**、**C**、**D**に 10 cm^3、20 cm^3、30 cm^3、40 cm^3 加えた。

図1

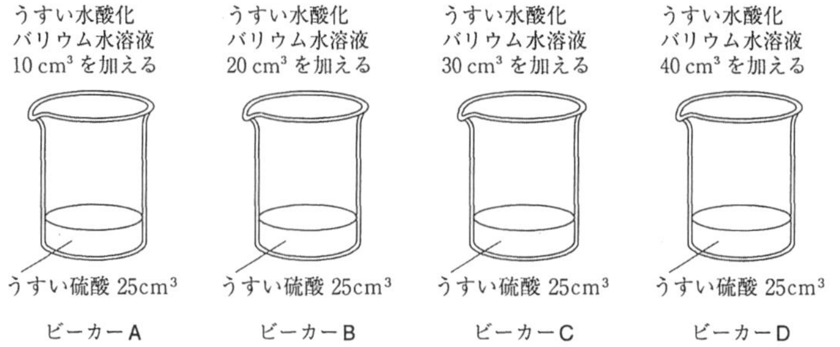

図2

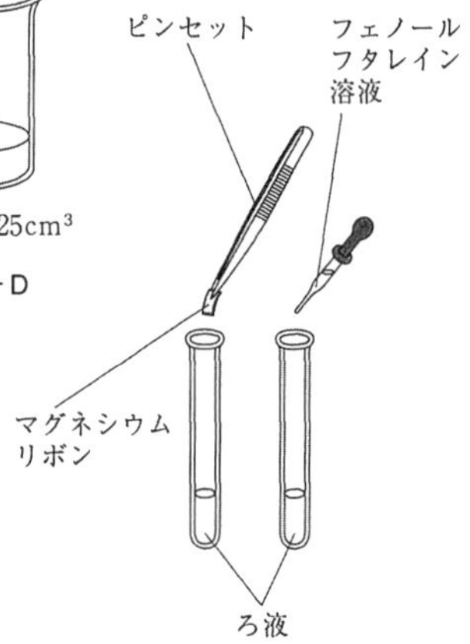

手順2 ビーカー**A**、**B**、**C**、**D**の中に反応によってできた白い沈殿をそれぞれろ過により分離した。ろ過して得られたろ液をそれぞれ2本の試験管に分け、**図2**のようにマグネシウムリボン、フェノールフタレイン溶液を数滴入れ試験管のようすを観察した。

手順3 ろ過して得られた白い沈殿をそれぞれ十分に乾燥させ、質量を測定した。

表

	ビーカーA	ビーカーB	ビーカーC	ビーカーD
ろ液にマグネシウムリボンを入れたときのようす	気体が発生した	気体が発生した	変化しなかった	変化しなかった
ろ液にフェノールフタレイン溶液を入れたあとのろ液の色	無色	無色	赤色	赤色
白い沈殿の質量〔g〕	0.23	0.47	0.58	0.58

問1 ろ液にマグネシウムリボンを入れたときに発生した気体は何か。**化学式**で答えよ。

問2 **手順2**で入れたフェノールフタレイン溶液の代わりに、BTB 溶液をビーカー**B**とビーカー**C**のろ液に入れると何色になるか。最も適当な色を次の**あ**～**え**からそれぞれ1つ選び、記号で答えよ。

あ 青色　　**い** 黄色　　**う** 赤色　　**え** 緑色

問3 硫酸と水酸化バリウムが中和する反応を化学反応式で書け。

問4 **実験**で得られた白い沈殿のように、中和をしたときにアルカリの陽イオンと酸の陰イオンが結びついてできる物質を何というか。

問5 **表**の白い沈殿の質量について、ビーカー**C**、**D**の結果は同じである。その理由を**バリウムイオン**と**硫酸イオン**の2つの語句を用いて、簡潔に説明せよ。

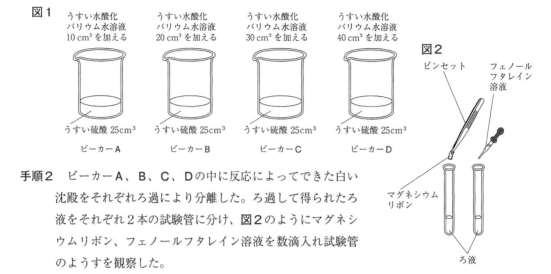

8 次の文を読んで、あとの問いに答えなさい。

空気の重さによって生じる①圧力を気圧という。②気圧の差が生じると、気圧の高いところから低いところへ向かって風がふく。例えば、③海風と陸風や④季節風は、陸と海のあたたまり方や冷え方の違いによって気圧の差が生じてふく風である。

図1

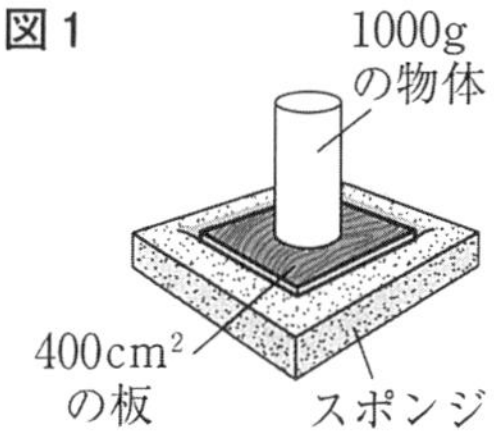

問1 下線部①について、図1のように面積が400 cm^2の板の上に、質量が1000 gの物体をのせるとスポンジが沈んだ。このとき、板がスポンジに加える圧力の大きさは何Paか。ただし、100 gの物体にはたらく重力の大きさを1Nとし、スポンジと接する板の面は常に水平を保ち、板の質量は考えないものとする。

問2 下線部②について、密封された菓子袋を標高0mから富士山の山頂へ持っていくと、菓子袋がふくらむ。この現象が起こる理由について説明した次の文の空欄（ A ）、（ B ）に適する語句を入れ、文を完成せよ。

> 富士山の山頂より上にある空気の重さは、標高0mより上にある空気の重さと比べて（ A ）。そのため、山頂では空気が菓子袋を外から押す力が標高0mのときと比べて（ B ）ので、菓子袋の中の気体が膨張するから。

図2

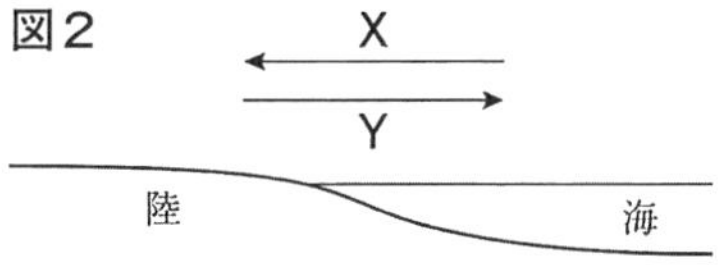

問3 下線部③について、図2を用いて説明した文として最も適当なものは、次のどれか。

ア 陸は海よりあたたまりやすいため、昼はXの向きに海風がふく。
イ 陸は海よりあたたまりやすいため、昼はYの向きに海風がふく。
ウ 海は陸よりあたたまりやすいため、昼はXの向きに陸風がふく。
エ 海は陸よりあたたまりやすいため、昼はYの向きに陸風がふく。

図3

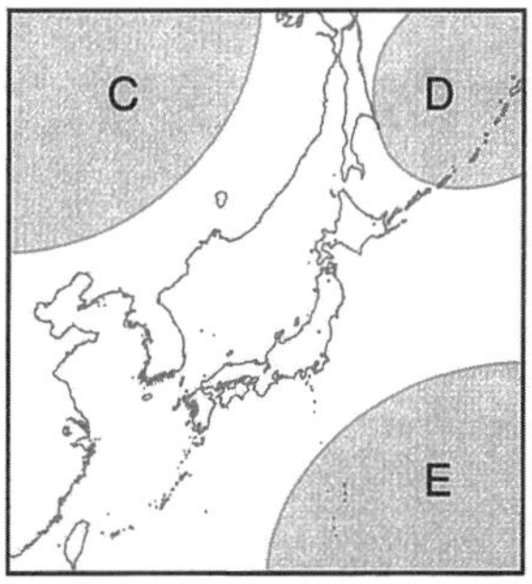

問4 日本の冬に発達し、天気に最も影響を与える高気圧がつくる気団の位置を図3のC～Eから1つ選び、記号で答えよ。また、その気団の名称は何というか。

図4

（気象庁資料から作成）

問5 下線部④について、図4は冬の日本付近の雲のようすを撮影した衛星画像である。季節風として大陸からふく乾燥した大気が、日本海側の各地に大雪をもたらす理由について説明した次の文の空欄（ F ）、（ G ）に適する語句を入れ、文を完成せよ。

> 季節風として大陸からふく乾燥した大気は、その大気よりもあたたかい日本海から多量の（ F ）が供給され筋状の雲をつくる。そのあと、大気が日本の山脈にぶつかり（ G ）することで積乱雲が発達するから。

2023(R5) 長崎県公立高
K 教英出版

受検番号	番

令和５年度学力検査問題

社　　会

（50分）

注　　意

1　「始め」の合図があるまで、この問題冊子を開いてはいけません。

2　解答用紙は中にはさんであります。

3　「始め」の合図があったら、まず、受検番号を問題冊子および解答用紙の受検番号欄に記入しなさい。

4　問題は［1］～［6］で、１ページから８ページまであります。

5　答えは、すべて解答用紙に記入しなさい。

選択肢（ア～エ）によって答えるときは、最も適当なものを一つ選んで、その記号を書きなさい。

6　「やめ」の合図で、鉛筆を置きなさい。

7　検査終了後は、解答用紙を机の上に置いたまま退出しなさい。

問　題

1　次の問いに答えなさい。

問1　**資料**をみて、次の（1）～（4）の問いに答えよ。

（1）Aは福岡県の志賀島《しかのしま》で発見された金印である。この金印を倭《わ》の奴国《なこく》の王に与えたとされる当時の中国の国（王朝）の名称を書け。

（2）Bは聖徳太子《しょうとくたいし》（厩戸皇子《うまやどのおうじ》）が仏教や儒教の考え方を取り入れ、役人としての心構えを説いたものの一部である。これを何というか。

（3）Cが建てられたころのできごとについて述べたものとして、正しいものは次のどれか。

ア　武田信玄《たけだしんげん》が分国法を定めた。

イ　北条時宗が元軍の襲来に備えた。

ウ　中大兄皇子が天智《てんじ》天皇として即位した。

エ　藤原頼通《ふじわらのよりみち》が娘を天皇のきさきにした。

（4）Dは「長崎と天草《あまくさ》地方の潜伏《せんぷく》キリシタン関連遺産」の一つとして世界文化遺産に登録された江上天主堂《えがみてんしゅどう》である。このようにわが国にはキリスト教に関連する文化遺産が存在している。わが国と世界のキリスト教に関連して述べた次のア～ウを年代の古い順に並べ、その記号を左から書け。

ア　ザビエルが日本に来航した。

イ　ルターが宗教改革をはじめた。

ウ　島原・天草一揆《いっき》がおこった。

資料

A

B

一に曰《いわ》く、和をもって貴《たっと》しとなし、…
二に曰く、あつく三宝《さんぼう》を敬《うやま》え。…
三に曰く、詔《みことのり》をうけたまわりては、必ずつつしめ。…

（以下省略）

C

D

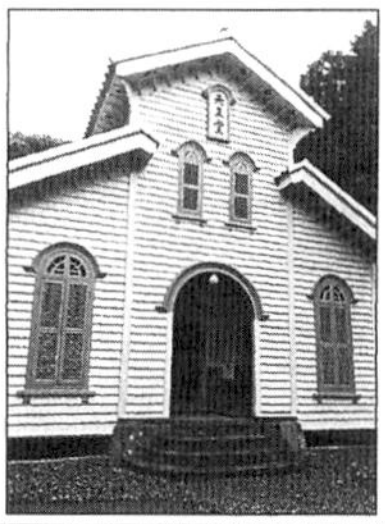

問2　アスカさんは、江戸時代の株仲間について学んだことを**カード**にまとめた。［X］、［Y］にあてはまる内容をそれぞれ簡潔に書け。

カード

◇株仲間とは

江戸時代に幕府や藩が公認した、商工業者による同業者組織のことである。

◎幕府や藩にとっての利点	**◎商工業者にとっての利点**
・幕府や藩は［X］ことで、収入を増やすことができる。	・商工業者は［Y］ことで、利益を増やすことができる。

地図

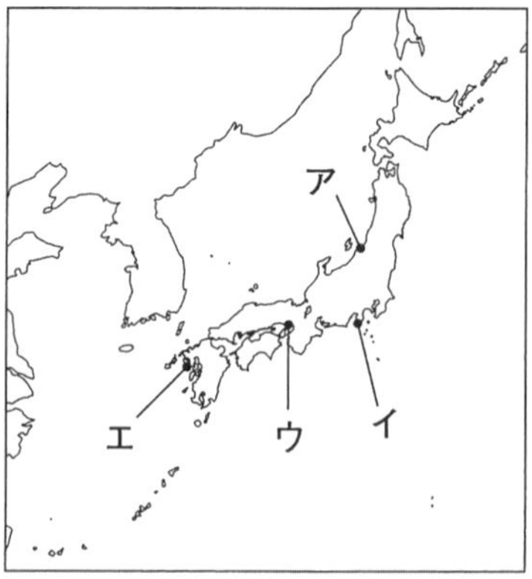

問3　江戸幕府は日米和親条約《にちべいわしんじょうやく》を結び、二つの港を開いた。函館《はこだて》とともに開かれたもう一つの港は、**地図**のア～エのどれか。

2 次の問いに答えなさい。

問1 **年表**をみて、次の（1）～（6）の問いに答えよ。

年表

年	で き ご と
1874	①民撰議院設立建白書《みんせんぎいんせつりつけんぱくしょ》が政府に提出される。
1889	大日本帝国憲法が発布される。
	↕ P
1914	②第一次世界大戦がはじまる。
	↕ Q
1939	③第二次世界大戦がはじまる。
1956	「もはや戦後ではない」と政府の報告書に記される。
	↕ R
1973	石油危機がおこる。

（1）下線部①のできごとをきっかけに、国民の自由と権利を求め、立憲政治の実現をめざす運動がはじまった。この運動を何というか。

（2）Pの期間におけるわが国のできごとについて述べたものとして、正しいものは次のどれか。

ア 夏目漱石《なつめそうせき》が『坊《ぼ》っちゃん』を著《あらわ》した。

イ 湯川秀樹《ゆかわひでき》がノーベル賞を受賞した。

ウ ラジオ放送がはじまった。

エ 太陽暦《たいようれき》が採用された。

（3）下線部②の戦争中に、軍備縮小、民族自決、国際平和機構の設立などの「十四か条の平和原則」を提唱したアメリカ大統領は誰か。

（4）Qの期間におけるできごとについて述べた次の**ア**～**ウ**を年代の古い順に並べ、その記号を左から書け。

ア 日本で関東大震災がおこった。

イ アメリカでニューディール政策がはじまった。

ウ 中国で五・四運動がおこった。

（5）下線部③は東方への侵略を進めていたドイツが、「ある国」に侵攻したことによってはじまった。ドイツが侵攻した国として、正しいものは次のどれか。

ア スペイン　　**イ** スイス　　**ウ** オランダ　　**エ** ポーランド

（6）Rの期間におけるわが国のできごとについて述べた次のA、Bの文の正誤の組み合わせとして、正しいものは下の**ア**～**エ**のどれか。

A インターネットが広く一般に普及した。

B 池田勇人《いけだはやと》内閣が所得倍増をスローガンにかかげた。

ア A＝正、B＝正　　**イ** A＝正、B＝誤　　**ウ** A＝誤、B＝正　　**エ** A＝誤、B＝誤

問2 **グラフ**は、1889年から1899年のわが国における綿糸の生産量、輸入量、輸出量の推移を示している。この**グラフ**からユウキさんは、**スライド**にあるようなテーマを立てて、わが国の産業革命に関して調べた。［X］にあてはまる語と、［Y］にあてはまる内容をそれぞれ書け。

グラフ

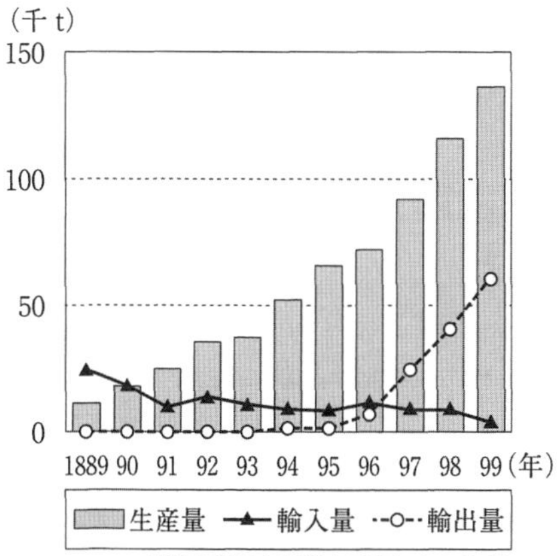

（『近現代日本経済史要覧』から作成）

スライド

○綿糸の生産量はなぜ飛躍的に伸びたのか。

・例えば、大阪紡績《ぼうせき》会社では海外製の［X］を導入した大規模な工場で生産が行われた。このように工場制［X］工業が進んだから。

○綿糸の生産量の増大によりわが国の貿易にはどのような変化があったか。

・日清戦争後には［Y］という変化がみられ、中国や朝鮮などアジア諸国との貿易が盛んになった。

3 次の問いに答えなさい。

問１ **地形図**をみて、次の（１）、（２）の問いに答えよ。

地形図

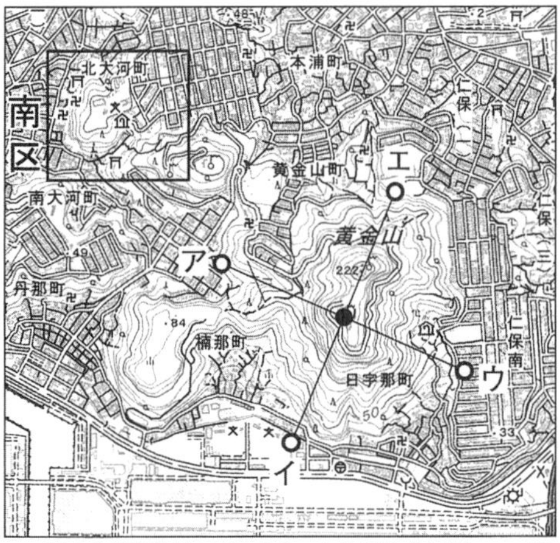

（国土地理院発行２万５千分の１地形図『広島』の一部）

図

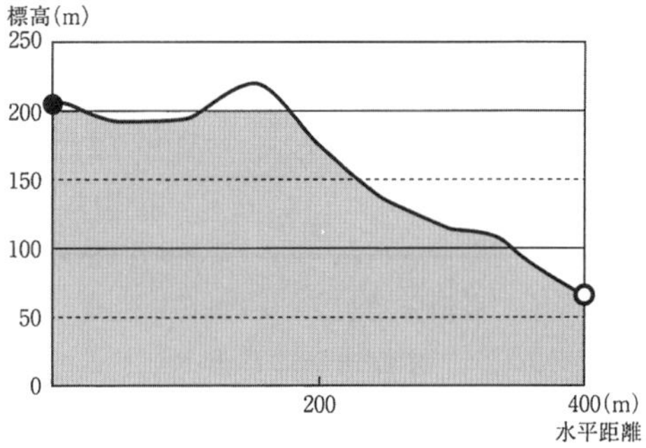

（１）**地形図**の ●──○ で示したア～エに沿ってそれぞれ断面図をえがいたとき、**図**に示した断面図に最も近いものはどれか。

（２）**地形図**の □ で示した範囲にある施設として、正しいものは次のどれか。

ア　図書館　　　　イ　博物館

ウ　老人ホーム　　エ　官公署

問２ **地図**をみて、次の（１）～（３）の問いに答えよ。

地図

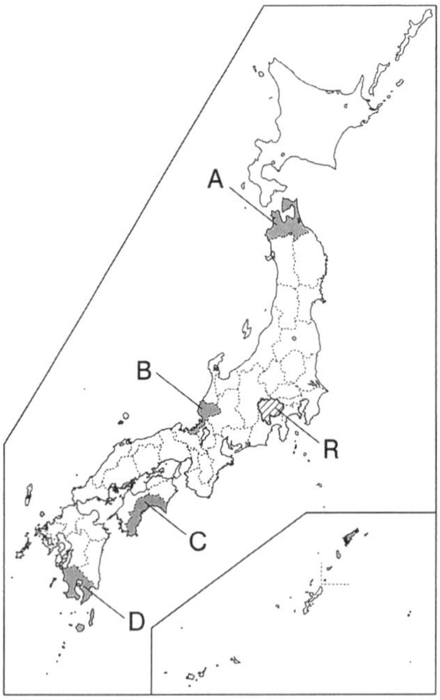

（１）**写真**は、**地図**のＲ県にみられる地形である。この地形は河川が山地から平地に流れ出た付近に、河川により運ばれてきた土砂がたい積して形成されたものである。このような地形を何というか。

写真

（２）**表Ⅰ**は、**地図**の ■ で示したＡ～Ｄの県における農産物の産出額を示したものである。**地図**のＤについて示しているものは、**表Ⅰ**のア～エのどれか。

（単位は億円）

表Ⅰ	米	野菜	果実	畜産
ア	596	642	914	885
イ	309	81	9	44
ウ	209	532	110	3,227
エ	112	715	104	81

（注）　データは2019年のものである。

（『データで見る県勢2022』から作成）

令5

※100点満点

受検番号　　　番

国語

解答用紙

一

問一　a（フウケイ）　b（マゴ）　c（経　）て

問二

問三

問四　最終選考合宿に参加したことで、

ことから生まれた悲しさや悔しさ、うれしさを含んだ涙。

問五

問六　夢は、

ということ。

問七

問八

問一．２点×３
問二．２点
問三．４点
問四．７点
問五．３点
問六．４点
問七．４点
問八．４点

二

問一　a　b

問二

２点×２
３点
３点
４点
４点

問１．２点　問２．２点　問３．３点×３

3

問１	問３（１）
問２	問３（２）
	問３（３）

問１．２点　問２．２点　問３．(1)２点　(2)３点　(3)３点　問４．３点

4

問１　cm^3	問３（１）　cm
問２　PQ ＝　cm	問３（２）　cm^2
BP ＝　cm	問３（３）　cm^3
	問４　cm

問１．２点　問２．１点×２　問３．(1)２点　(2)３点　(3)３点

5

問１　cm^2	問３（１）
問２（ア）	問３（２）　cm
問２（イ）	問３（３）　AP : PB ＝　:

問１．（ア）１点　（イ）１点　（ウ）２点　（エ）３点　問２．２点　問３．２点　問４．３点

6

問１（ア）	問２（オ）
問１（イ）	問２（カ）
問１（ウ）	問２（キ）
問１（エ）	問３（ク）
	問３（ケ）
	問４（コ）

3

問1	A	The volleyball team ( ).
	B	For example, we ( ).
問2		[Yes, I do. / No, I don't.] （いずれかを○で囲む）

問1．５点×２
問2．６点

4

問1	
問2	絵美が（15）（20）ということ。
問3	
問4	ニュージーランド出身であるジョン（John）が、誕生日に日本人の友人から ①（10）（15） ことをきっかけに、その美しさに魅了され、 ②（10）（15） ことを決心して、この町に来たことを知ったから。
問5	→ → →
問6	
問7	① ② ③

問1．３点
問2．４点
問3．３点
問4．４点×２
問5．４点
問6．３点×２
問7．３点×３

5

問１． ３点
問２． ２点
問３． ２点
問４． ２点
問５． ３点

問１		問２		問３	
問４	%	問５			

6

３点×４

問１	cm/s		
問２	図２ 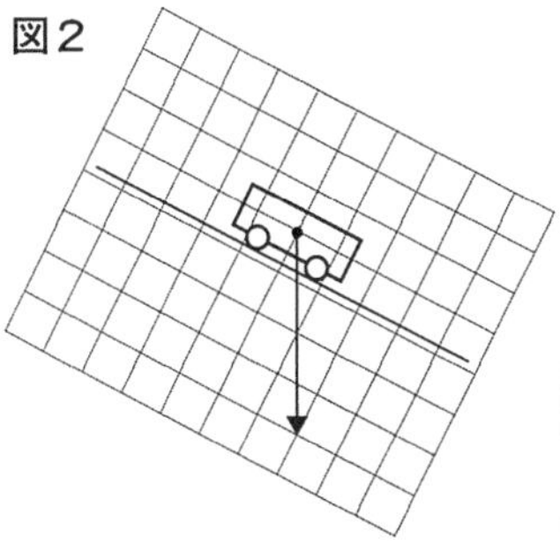	問３	N
		問４	

7

問１． ２点
問２． ３点
問３． ２点
問４． ２点
問５． ３点

問１				
問２	ビーカーB		ビーカーC	
問３				
問４				
問５				

8

問１． ２点
問２． ２点
問３． ２点
問４． ３点
問５． ２点
問６． ２点

問１	Pa			
問２	A		B	
問３				
問４	位置		名称	気団
問５	F		G	

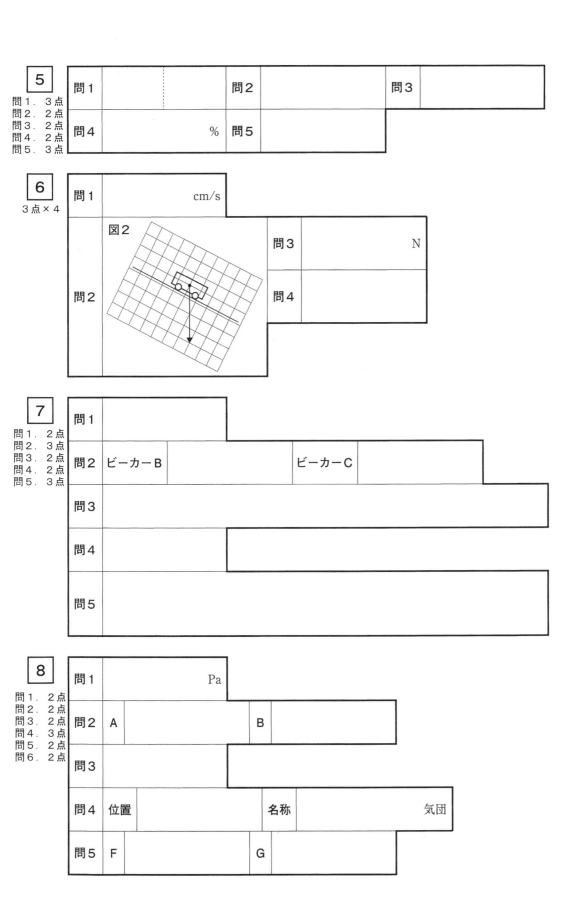

4

問1			
問2			
問3			
問4			
問5			
問6	（1）	P	
		Q	
	（2）		

問1．２点
問2．２点
問3．２点
問4．２点
問5．２点
問6．⑴２点×２
⑵３点

5

問1		〔満〕　〔歳〕
問2		
問3		
問4	X	
	Y	
問5		
問6		
問7		
問8		

問1．２点
問2．２点
問3．２点
問4．３点
問5．２点
問6．２点
問7．２点
問8．２点

6

問1	（1）		
	（2）		
問2			
問3			
問4			
問5	（1）		
	（2）	決議案	
		理　由	

問1．２点×２
問2．２点
問3．２点
問4．２点
問5．⑴２点
⑵３点

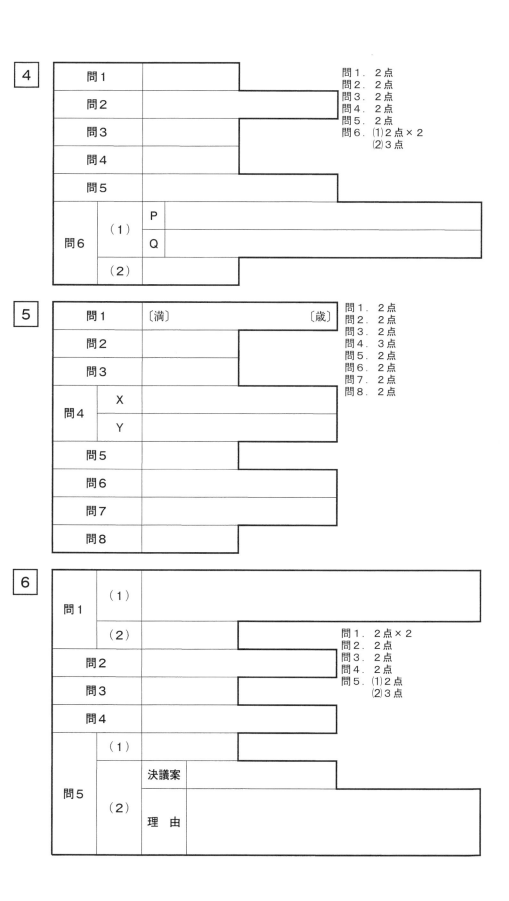

社　会　解答用紙

※100点満点

〔注意〕　選択肢（ア～エ）によって答えるときは、最も適当なものを一つ選んで、その記号を書きなさい。

1

問１	(1)	
	(2)	
	(3)	
	(4)	→ →
問２	X	
	Y	
問３		

問１．⑴２点　⑵２点　⑶３点　⑷３点
問２．２点×２
問３．２点

2

問１	(1)	
	(2)	
	(3)	
	(4)	→ →
	(5)	
	(6)	
問２	X	
	Y	

問１．⑴２点　⑵３点　⑶２点　⑷３点　⑸２点　⑹２点
問２．２点×２

3

問１	(1)	
	(2)	
問２	(1)	
	(2)	
	(3)	〔県〕
問３		
問４	P	
	Q	

問１．２点×２
問２．２点×３
問３．３点
問４．２点×２

受検番号　　番

令５

理　科　解答用紙

※100点満

〔注意〕　選択肢(ア～エ)によって答えるときは、最も適当なものを一つ選んで、その記号を書きなさい

1

問1．2点
問2．3点
問3．3点
問4．2点
問5．3点

問1		問2			
問3	①		②		③
問4	X		Y		問5

2

問1．3点
問2．3点
問3．3点
問4．4点

問1	Hz	問4	図7
問2			
問3	X		
	Y		

図7

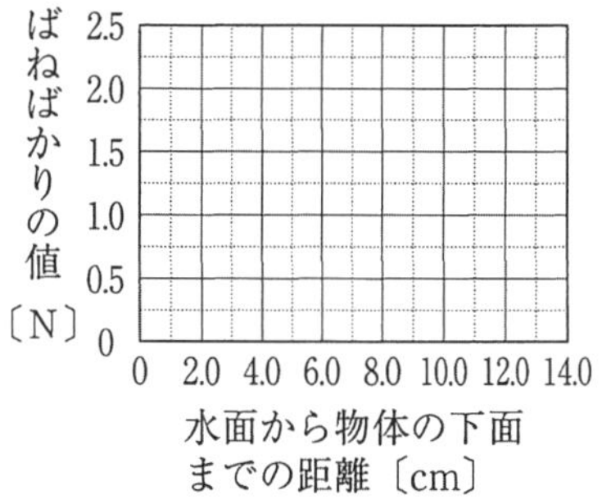

3

問1．3点
問2．2点
問3．2点
問4．3点
問5．3点

問1				
問2		問3		
問4				
問5	密度	g/cm³	物質	

4

問1．2点
問2．2点
問3．2点
問4．2点×2
問5．2点

問1				
問2		問3		
問4	地質年代		化石	
問5				

受検番号　　　番

令5

英　語　解答用紙

※100点満点

1

問１	No. 1		No. 2					
問２	No. 1		No. 2		No. 3			
問３	No. 1	①	②					
	No. 2	①	②		③		④	

問１．２点×２
問２．３点×３
問３．No. 1．３点×２　No. 2.

2

問１		
問２		
問３		
問４		
問５		
問６	You should try [*sushi* / *ramen*] because ((いずれかを○で囲む)).	

問１．３点
問２．３点
問３．３点
問４．３点
問５．３点×２
問６．６点

受検番号　　番

令５

数　学　解答用紙

※100点満点

〔注意〕 答えは、特別に指示がない場合は最も簡単な形にしなさい。なお、計算の結果に $\sqrt{\quad}$ または π をふくむときは、近似値に直さないでそのまま答えなさい。

3点×10

1

(1)	(8) $\angle x =$ 　　　°
(2)	(9) 　　　cm^3
(3)	(10) 図3
(4)	
(5) $x =$ 　　　、$x =$	
(6) 　　$\leqq y \leqq$	
(7)	

図3

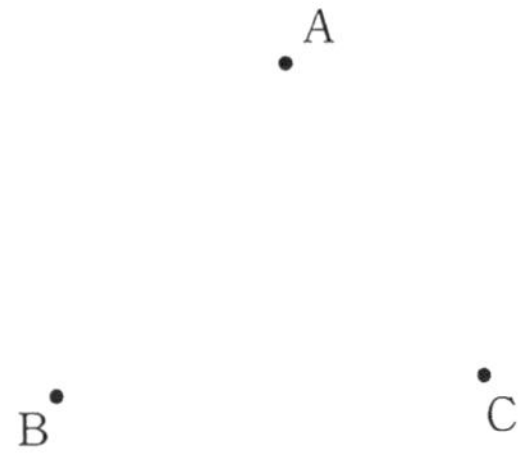

問1．2点×3　問2．(1)2点　(2)2点　(3)3点　問3．3点

2

問1 (1) 　　　冊	問3 n を整数とし、2つの続いた偶数のうち、小さいほうの偶数を $2n$ とすると、
問1 (2)	
問1 (3)	
問2 (1)	
問2 (2)	
問2 (3)	よって、2つの続いた偶数の積に1を加えると、その2つの偶数の間の奇数の2乗となる。

受検番号　　番

令5

問五

三

問一		問二	問三	問四			問五	問六	問七	問八
a	（ 漠然 ）	分野。		1	「ジャガイモは茎・サツマイモは根」という	は持っているが、				
b	（ ジョウケン ）			2						
c	（ コウギ ）			3	は持っていないため、	を生み出さないから。				

問一．２点×３
問二．３点
問三．４点
問四．１．２点
２．３点
３．２点
問五．３点
問六．２点
問七．５点
問八．４点

四

問一	問二			問三		
	より多くの中学生が利用しやすくなるように、		ということになるのかな。	公共の図書館では		しましょう。

問一．４点
問二．４点
問三．６点

（3）次の文は、**地図**の［灰色の着色］で示した**A〜D**の県のうち、いずれかの県について説明したものである。この**県名**を**漢字**で書け。

この県は冬になると雪におおわれるため、家でできる副業として伝統工芸品の生産がはじまった。なかでも眼鏡フレームの製造は、国内生産量の約９割、世界の生産量の約２割を占める産業に成長した。また、海岸部にはリアス海岸がみられる。

問３　**表Ⅱ**は、わが国の1960年と2020年における輸入総額、および輸入額上位５品目とそれぞれが輸入総額に占める割合を示したものである。**表Ⅱ**から読みとれることに関する**X**、**Y**の文の正誤の組み合わせとして、正しいものは下の**ア〜エ**のどれか。

表Ⅱ

	1960年		2020年	
輸入総額(億円)	16,168		680,108	
輸入額上位５品目	繊維原料	17.6%	機械類	27.0%
	原油	10.4%	原油	6.8%
	機械類	7.0%	液化ガス	5.3%
	鉄くず	5.1%	医薬品	4.7%
	鉄鉱石	4.8%	衣類	4.0%

（『日本国勢図会　2022/23』から作成）

X　1960年も2020年も鉱産資源が輸入額の上位３位までを占めている。

Y　原油の輸入額は、1960年と2020年を比較すると、2020年は減少した。

ア　X＝正、Y＝正　　イ　X＝正、Y＝誤　　ウ　X＝誤、Y＝正　　エ　X＝誤、Y＝誤

問４　ヒカルさんは2020年の東京都中央卸売市場におけるキャベツの取扱量について調べ、**グラフⅠ**と**グラフⅡ**を作成した。下の文は、ヒカルさんとナオさんの間で交わされた会話の一部である。［P］、［Q］にあてはまる内容をそれぞれ簡潔に書け。ただし具体的な数値を示す必要はない。

グラフⅠ　東京都中央卸売市場における
キャベツの取扱量

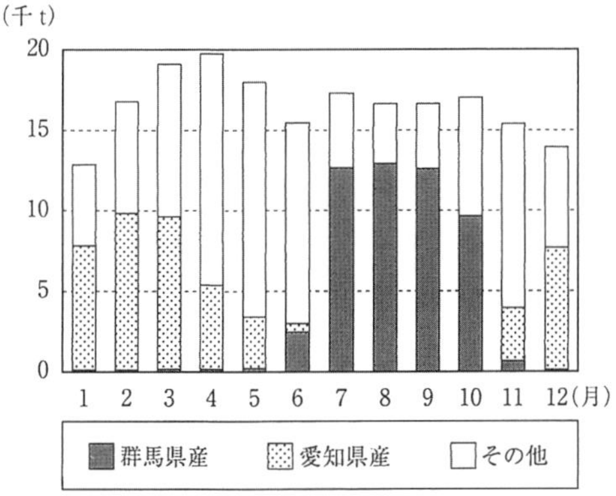

（『東京都中央卸売市場 市場統計情報』などから作成）

グラフⅡ　キャベツの産地の月別平均気温

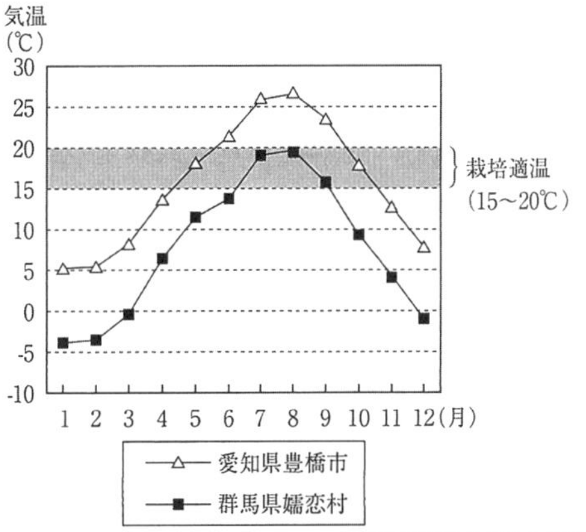

（気象庁資料などから作成）

ヒカル：東京都中央卸売市場におけるキャベツの産地を調べると、群馬県と愛知県が２大産地であることがわかったよ。そして、**グラフⅠ**のように群馬県産と愛知県産では取り扱う時期に特徴があることがわかったんだ。 ナ　オ：ほんとだ。**グラフⅠ**をみると群馬県産は、愛知県産よりも６月〜10月に［P］よね。どうしてなんだろう。 ヒカル：そうだよね。私も疑問に思って、２つの県の代表的な産地である群馬県嬬恋村《つまごいむら》と愛知県豊橋《とよはし》市《し》の月別平均気温を記した**グラフⅡ**に、キャベツの栽培適温を着色してみたんだ。すると、７月〜９月に着目して愛知県豊橋市と比べると群馬県嬬恋村は［Q］ことがわかったよ。

4 地図の　　　で示した あ ～ お の国と日本は、2000年以降に開催された夏季オリンピックとパラリンピックの開催国であり、（　）内は開催年を示している。**地図**をみて、次の問いに答えなさい。

地図

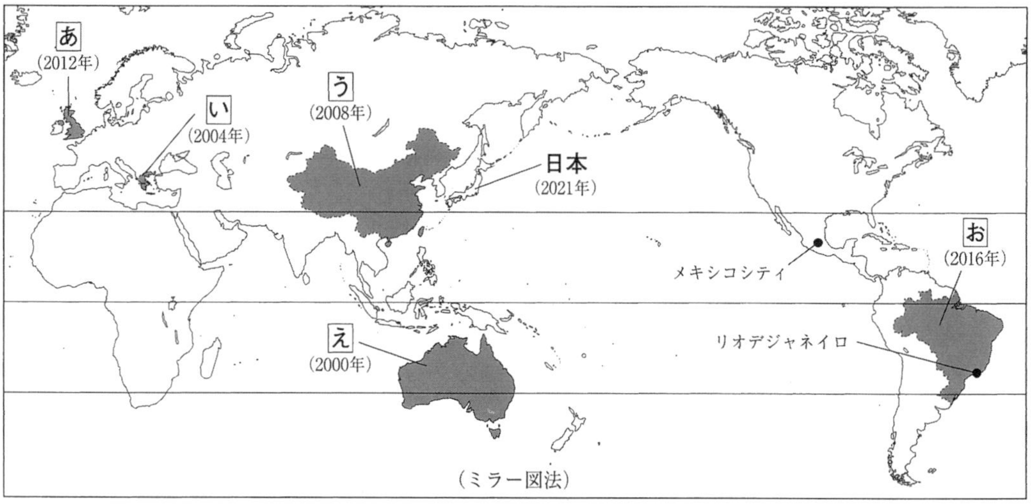

問1 東京オリンピックの開会式は、日本時間の午後8時からおこなわれ、その様子は世界各地に同時放送された。**地図**のリオデジャネイロにおいて開会式の放送がはじまる時間として、最も適当なものは次のどれか。ただし、リオデジャネイロの標準時は西経45度を基準とする。

ア　午前2時　　イ　午前8時　　ウ　午後2時　　エ　午後11時

問2 あ 国は1993年にヨーロッパの政治面、経済面の統合を進める目的で発足した機関から、2020年に脱退した。この機関の名称を答えよ。

問3 い 国で主にみられる農牧業の特徴として最も適当なものは次のどれか。

ア　地中海式農業がおこなわれ、オリーブが栽培されている。

イ　焼畑農業がおこなわれ、いも類や雑穀が栽培されている。

ウ　プランテーション農業がおこなわれ、カカオ豆が栽培されている。

エ　遊牧がおこなわれ、トナカイが飼育されている。

問4 え 国について述べた次のX、Yの文の正誤の組み合わせとして、正しいものは下のア～エのどれか。

X　かつて え 国を植民地支配した国との結びつきが強く、現在も最大の貿易相手国である。

Y　国土の3分の2を草原や砂漠などの乾燥した土地が占めている。

ア　X＝正、Y＝正　　イ　X＝正、Y＝誤　　ウ　X＝誤、Y＝正　　エ　X＝誤、Y＝誤

問5 お 国は1970年代から、石油などの化石燃料に代わるエネルギーとしてサトウキビなどの農作物を原料とする燃料の生産を拡大してきた。このような燃料を何というか。

問6　オリンピックの開催都市に興味をもったツバサさんは、過去の夏季オリンピック開催地について**資料**を作成した。下の文は、**資料**と開催地の地理的特徴についてツバサさんが先生と交わした会話の一部である。**資料**をみて、あとの（**1**）、（**2**）の問いに答えよ。

資料

① 開催都市の緯度帯別開催回数

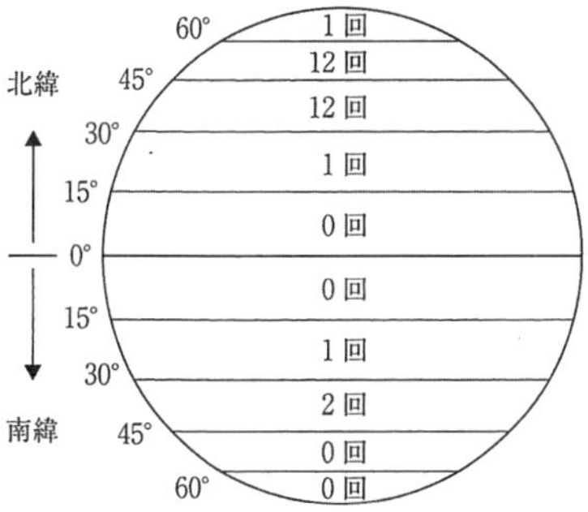

② 開催都市の7月～9月の平均気温と標高

開催都市	7月～9月の平均気温(℃)	標高(m)
東　　　京	25.3	40
リオデジャネイロ	22.1	6
メキシコシティ	17.4	2,309

③ 州別の開催回数

州	開催回数
ヨーロッパ	16
北アメリカ	6
アジア	4
オセアニア	2
南アメリカ	1
アフリカ	0

④ 国別の開催回数

国　名	開催回数
アメリカ	4
あ	3
い、え、日本、フランス	2
う、お、イタリア、オランダ、カナダ、韓国、スウェーデン、スペイン、ソ連、ドイツ、西ドイツ、フィンランド、ベルギー、メキシコ	1

（注）　①、③、④は1896年の第1回大会から2021年の東京大会までの開催回数である。また、国名は開催時のものである。

（『理科年表 2022』などから作成）

ツバサ：**資料**の①から、30度未満の緯度帯では2回しか開催されていないことが分かりました。**地図**のリオデジャネイロとメキシコシティです。

先　生：2つの都市の7月～9月の気温はどのようなものでしょうか？

ツバサ：そのことに関連して東京と比べたデータを**資料**の②にまとめました。リオデジャネイロは［P］、メキシコシティは［Q］という地理的特徴のため、どちらも東京よりも涼しいことが分かりました。

（1）文の［P］、［Q］にあてはまる内容をそれぞれ簡潔に書け。

（2）**資料**の③、④から読みとれることに関する**X**、**Y**の文の正誤の組み合わせとして、正しいものは下の**ア**～**エ**のどれか。

X　夏季オリンピックの開催地の70％以上は、ヨーロッパの国である。

Y　BRICS《ブリックス》とよばれる5か国の全てで、夏季オリンピックが開催された。

ア　X＝正、Y＝正　　**イ**　X＝正、Y＝誤　　**ウ**　X＝誤、Y＝正　　**エ**　X＝誤、Y＝誤

5 次の**資料**は、トモさんがおこなったテーマ学習の発表内容である。これをみて、次の問いに答えなさい。

資料

【テーマ】　民主政治と私たち
【テーマ設定の理由】
①公職選挙法が改正され、2016年に施行されたことにより、若者が政治に関わる機会が増えたと考えたから。
【調べた方法】
教科書や最高裁判所などのホームページをみた。
【わかったこと】
・国民には②権利と義務がある。
・主権者である国民の代表者によって構成される③国会は、国権の最高機関である。
・国民が健康で安心して暮らせるように、④内閣は様々な分野での政策を行っている。
・国民は⑤裁判員制度への参加や⑥最高裁判所の裁判官への判断を通して司法制度にかかわっている。
・⑦住民は、地方公共団体の首長や地方議会の議員を選ぶ。
【まとめ】
私はさまざまな⑧情報を正しく活用して、主体的に政治とかかわっていくことが大切であると思った。

問1　下線部①に関して、選挙権年齢は満何歳以上になったか。

問2　下線部②に関して、日本国憲法で保障された「精神（精神活動）の自由」にあたるものは次のどれか。

ア　住む場所を自由に決めることができる。
イ　どのような奴隷的拘束も受けない。
ウ　自分の考えを自由に表すことができる。
エ　職業を選ぶことができる。

問3　下線部③の役割について述べたものとして、正しいものは次のどれか。

ア　国の予算を作成する。
イ　国政調査権を行使して証人喚問をおこなう。
ウ　法律などが憲法に違反していないかを判断する。
エ　天皇の国事行為に助言と承認をおこなう。

問4　下線部④について、次の日本国憲法の条文の［X］、［Y］にあてはまる語をそれぞれ書け。

第69条　内閣は、衆議院で不信任の決議案を可決し、又は信任の決議案を否決したときは、10日以内に衆議院が［X］されない限り、［Y］をしなければならない。

問5　下線部⑤について述べた次のA、Bの文の正誤の組み合わせとして、正しいものは下のア～エのどれか。

A　裁判員は、地方裁判所でおこなわれる重大な刑事事件の裁判に参加する。
B　裁判員は、被告人が有罪の場合には刑罰の内容の決定に参加する。

ア　A＝正、B＝正　　イ　A＝正、B＝誤　　ウ　A＝誤、B＝正　　エ　A＝誤、B＝誤

問6　下線部⑥がその職にふさわしいかどうかを有権者が判断し、投票できる制度がある。この制度を何というか。

問7　下線部⑦には、署名を集めて条例の制定や改廃、地方議会の解散などを求める権利が認められている。この権利を何というか。

問8　下線部⑧について、インターネット等の情報通信技術を利用できる人と利用できない人との間に生じる格差をあらわすものとして、正しいものは次のどれか。

ア　デジタル・デバイド　　イ　マスメディア
ウ　バリアフリー　　エ　インフォームド・コンセント

6 次の問いに答えなさい。

問1 次の文を読んで、あとの（1）、（2）の問いに答えよ。

> 政府や日本銀行は、景気の安定化という重要な役割を担《にな》っている。好況で景気が行きすぎるのを防ぐためには、企業や家計に出回ったお金を減らそうとする。不況から景気を回復させるためには、企業や家計に出回るお金の量を増やそうとする。この場合、日本銀行は国債を X ことで、一般の銀行は資金量を増やすことができる。このように日本銀行がおこなう政策を Y という。

（1）下線部を目的に、政府がおこなうことについて、税と公共事業にふれながら簡潔に書け。

（2） X 、 Y にあてはまる語の組み合わせとして、正しいものは次のどれか。

ア　X＝一般の銀行から買う、Y＝金融政策

イ　X＝一般の銀行から買う、Y＝財政政策

ウ　X＝一般の銀行へ売る、Y＝金融政策

エ　X＝一般の銀行へ売る、Y＝財政政策

問2 わが国の市場経済において、独占禁止法を運用するために設置された国の行政機関を何というか。

問3 わが国の労働問題に関して述べた次のA、Bの文の正誤の組み合わせとして、正しいものは下のア～エのどれか。

A　労働組合法は、労働時間や休日など労働条件について定めている。

B　すべての企業において終身雇用を採用することが、法律で義務化されている。

ア　A＝正、B＝正　　イ　A＝正、B＝誤　　ウ　A＝誤、B＝正　　エ　A＝誤、B＝誤

問4 わが国の税の制度において、所得に関わらず一定の税率で課される消費税に対し、所得税のように所得が高くなるにしたがって税率も高くなる制度を何というか。

問5 国際連合について、次の（1）、（2）の問いに答えよ。

（1）紛争や迫害により故郷を追われた難民を国際的に保護し、難民問題の解決に向けた活動をおこなっている、1950年に設立された国際連合の機関は次のどれか。

ア　NGO　　イ　PKO　　ウ　UNHCR　　エ　WHO

（2）**表**は、国際連合の安全保障理事会における、1997年のある重要な議題に関する決議案の投票結果である。この決議案は可決されたか否決されたか。また、そのように判断した理由について書け。

表

	国　名
賛成した国（14か国）	イギリス、エジプト、韓国、ギニアビサウ、ケニア、コスタリカ、スウェーデン、中国、チリ、日本、フランス、ポルトガル、ポーランド、ロシア
反対した国（1か国）	アメリカ

（国際連合資料などから作成）

受検番号	番

令和４年度学力検査問題

国　　語

（50分）

注　　意

1　「始め」の合図があるまで、この問題冊子を開いてはいけません。

2　解答用紙は中にはさんであります。

3　「始め」の合図があったら、まず、受検番号を問題冊子および解答用紙の受検番号欄に記入しなさい。

4　問題は 一 ～ 四 で、１ページから８ページまであります。

5　答えは、すべて解答用紙に記入しなさい。

6　「やめ」の合図で、鉛筆を置きなさい。

7　検査終了後は、問題冊子および解答用紙を机の上に置いたまま退出しなさい。

長崎県公立高等学校

問　　題

一　次の文章を読んで、あとの問いに答えなさい。

伊豆《いず》諸島大島《おおしま》にある高校の陸上部主将を務める朝月渡《あさつきわたり》(俺)は、受川空斗《うけがわたかと》の走りに憧れてリレー競技に励んできた。ある日、渡は弟の翔《しょう》が進路について両親と口論になっている場に出くわし、弟の思いを十分に聞かないまま、自分も弟の考えに反対だと告げてしまう。
本文は、渡が目標とする全国大会出場をかけた、関東大会へと出かける朝の場面である。

六月某日。関東高等学校陸上競技大会、初日。

家を出ようとしたら、弟とタイミングが被《かぶ》った。翔も出かけるようだが、注(1)野良《のら》仕事にでも行くような格好だ。特に運動部には所属していなかったはずだが……。

「翔、どこ行くんだ?」

そういえば話すのはあれ以来か、と声をかけてしまってから気づいた。この春中学三年になった翔は、もう進路のことをきちんと決めなければならない時期だが、あれきり両親ときちんと話した様子はない。

翔はあまり言いたくなさそうだったが、しばらく歩調を合わせて歩いていたら誤魔化《ごまか》し続けるのも面倒になったのか、やがて「牧場」と突き放すように言った。

「牧場?」

「二、三年前に島に来た若い注(2)酪農家がいるんだ。塚本《つかもと》さんって言うんだけど。たまに手伝わせてもらってる」

歩きながら、ぽつり、ぽつりと付け加える。

「大島って、昔は東洋の注(3)ホルスタイン島なんてaヨばれてさ。すごい酪農が盛んだったんだ。千頭以上牛がいたって。だけど大手メーカーとの価格競争に負けて、だんだんb衰退していった。今は島の特産品っていうポジションでなんとかやってるけど、正直人数足りてないし、後継者がいなきゃいつまでもは続けられない」

大島の酪農の現状なんか、考えたこともなかった俺は、黙って聞いていた。一度しゃべりだすと、翔はダムが決壊したみたいにしゃべり続けたので、もしかするとずっと俺に話を聞いてほしかったのかもしれないと思った。あるいは、両親に。家族に。身近な人間に。

「俺、大島の牧草地で牛がのびのびと過ごしてる風景がすごい好きでさ」

……ああ。そういえば。

小さい頃、牧場へ行くと、翔は放っておくといつまでもずーっと一人で牛を眺めていた。のんびりと、草を黙々と食《は》んでいる牛に合わせて、自分は何を食べているわけでもないのに一緒に口をもぐもぐと動かしていた。青い空と、緑の牧草と、白い牛。その中に、赤いシャツを着た翔がぽつんと立っている風景。

あの頃からもう、翔には自分の将来が見えていたのかもしれない。

「翔は、酪農家になりたいのか」

「最初はそれだけ守れればいいって思ってた。でも酪農を勉強してみるとさ、そんな単純で簡単な問題じゃないなってすぐわかる。塚本さんのやってること見てたら、牛一頭面倒見るのだって楽じゃないんだなって。まあ、そりゃ当たり前なんだけどさ、なめてたっていうか……景色を守るってことは、そういうことなんだって思わされた。自分がその景色の一部になるってことなんだなって」

翔は熱に浮かされたみたいにしゃべり続ける。俺はなんとなく、①俺にとっての空斗さんが、翔にとっての塚本さんなんだろうなと思う。

「親父《おやじ》たちは反対してる。言ってることもわかるよ。でも俺は……」

急に言いよどんだ翔の頭に、俺はぽんと手を乗せた。

人と人との関わりって、バトンパスみたいなのかもなと思う。バトンはもらった瞬間から、渡すことが始まる。俺はもらうばっかりだから、あんまりわかってないけど、自分という存在が誰かに何か影響を与えるってことは、そういうことなんじゃないのかな。誰かからもらったものを、パスする、みたいな。受け売りってやつ。ちょっと違うかな。でも似てるんじゃないかな。

　まあ、えらそうに言えるほど、自分もできちゃいない。でも少なくともこの言葉は、リレーのことがなかったら、絶対に言えなかった。

「俺は翔がやりたいようにやればいいと思う」

　翔がこっちを向いて、[　　]。

「あー、いや、こないだと全然違うこと言ってるのは自覚あるけどさ……」

　酪農は、動物に依存する職業だ。自然と同調して生きる道だ。ましてや大島は火山島で、気まぐれな自然に寄り添い、逆らうことなく、そういう不安定な要素と折り合いをつけて生きていかなければならない。自分の身一つでどうにもならないことが、たくさんある。

　それは、生き物と自然に人生を捧《ささ》げるということ。②甘っちょろい覚悟でできることじゃない。そういう意味じゃ、両親の反対は決して間違っていない。

「けど、なんでそういうこと考えたのかも知らずに否定するのって、やっぱ違うかなと思う。少なくとも今俺は、翔の話聞いて生半可《なまはんか》な覚悟じゃないんだなって思ったし、じゃあ信じてみようって思った」

　翔は黙っている。俺は翔の方を見る。

「父さんたちにも、そこまでしっかり話したか？」

「いや……」

「もう一回、きちんと話してみろよ。だめそうなら、俺も一緒に話すよ」

③背中を強めに二度叩《たた》くと、翔がつんのめって、「いてえって」と呻《うめ》いた。

元町港《もとまちこう》近くの十字路で立ち止まる。

　俺は港の方へ行く。翔はたぶん島の北の方へ行くのだろう。一緒に歩けるのはここまでだ。

「じゃあ、行ってくるわ」

　再び歩き出した俺の背中を、遠慮がちな翔の声がノックした。

「兄貴」

　振り返ると、翔は何かを思い出すような顔をしている。もう少し恥ずかしくない言葉を探していたのかもしれない。でも上手《うま》く見つからなかったようで、結局翔は照れ臭そうにこう言った。

「頑張れよ」

　シンプルでc飾らないエールに、俺はニッと笑った。

「おう。翔もな」

　そうして、俺たちは手を振って別れた。

　それぞれが目指す場所へ向かって、④まっすぐに歩き出す。

（天沢夏月《あまさわなつき》『ヨンケイ!!』）

注(1) 野良仕事…農作業のこと。

注(2) 酪農家…酪農（牛などを飼育し、乳や乳製品を生産する農業）を営む人のこと。

注(3) ホルスタイン…乳牛の一種。

問一　‖線部a～cについて、漢字は読みをひらがなで書き、カタカナは漢字に直せ。

問二　本文の[　　]で囲まれた部分の「翔」について説明したものとして、最も適当なものを次から一つ選び、その記号を書け。

ア　自分の将来の考えに反対する兄が、大島の酪農の現状に全く関心を示さないことにいら立ちつつも、話をやめられずにいた。

イ　最初は兄と話をするつもりはなかったが、酪農について少しずつ話を始めるうちに、夢への思いを語らずにはいられなくなった。

ウ　兄からしつこく外出先を尋ねられるのが面倒になり、正直に行き先を伝えることで、話を切り上げて立ち去ろうとした。

エ　行き先を秘密にしておきたかったが、兄から何度も声をかけられるうちに、今まで隠していた本当の思いをもらしてしまった。

問三　——線部①とはどういうことか。解答欄に合う形で三十字以内で書け。

> 俺が空斗さんに影響を受けてリレーに取り組んだように、
> □
> ということ。

問四　本文の□にあてはまる表現として、最も適当なものを次から一つ選び、その記号を書け。

ア　色を失った　　**イ**　頭を抱えた

ウ　口をはさんだ　　**エ**　目を見張った

問五　——線部②について、「俺」がこのように考えるのはなぜか。五十字以内で書け。

問六　——線部③とあるが、このときの「俺」について説明したものとして、最も適当なものを次から一つ選び、その記号を書け。

ア　酪農について語る弟の言葉から将来に対する確かな思いを感じ取り、弟の考えを否定することなく、寄り添い励まそうとしている。

イ　弟の夢をむやみに否定する両親に怒りを覚え、何があっても自分だけは弟を信じようという思いを伝えて、慰めようとしている。

ウ　将来について語る弟の真剣さに影響され、安易に相手に同調してしまう自分の軽薄さに気づき、慌てて取りつくろおうとしている。

エ　弟の言葉から酪農への強い憧れを感じ、両親の反対により夢を諦めてしまった弟に、酪農家になる覚悟を再び持たせようとしている。

問七　——線部④について説明したものとして、最も適当なものを次から一つ選び、その記号を書け。

ア　「俺」は前向きに将来へ進み、「翔」は夢を諦めて新たな道を選ぶ覚悟をしたことを表現している。

イ　「翔」と「俺」が多くの人々の好意に依存しながら、それぞれの夢をかなえていくことを表現している。

ウ　「翔」と「俺」がそれぞれに志した目標の実現に向けて、迷わずに進んでいくことを表現している。

エ　「俺」は兄としての義務は果たしたと思い、後は自分の力で進むべきだと考えたことを表現している。

問八　本文の構成や表現について説明したものとして、最も適当なものを次から一つ選び、その記号を書け。

ア　本文の冒頭部分では、短い会話文が連続することで、「翔」と「俺」との緊迫した雰囲気が伝わってくる。

イ　小さい頃の牧場の様子を回想する場面では、擬態語を用いることで、当時の「翔」の迷いを象徴的に描いている。

ウ　「翔」と「俺」が十字路で別れる場面では、倒置法を用いることで、それぞれの内面を印象的に描いている。

エ　本文全体を通して、「俺」の視点から物語が展開することで、「翔」への理解を深めていく「俺」の様子が伝わってくる。

二　次の文章を読んで、あとの問いに答えなさい。

〔木下という人物が、村を見渡せる高台から家来とともに村を眺めていた。その時、遠くに見える大きな松の木の梢《こずえ》に、鶴が巣を作って、親鳥がえさを運び雛《ひな》を育てている様子が見えた。〕

雛《ひな》もよほど育ちて《ずいぶんと成長して》首を並べて巣の内に並べる様、《中で並んでいる様子を、》遠眼鏡にて望みしに、《望遠鏡で眺めていたが、》ある時右松《その松》の根より、よほど《ずいぶん》太き黒きもの段々右木《その木》へ登るさま、《様子を見て、》「うは《蛇の》ばみの類ひなるべし。《一種だろう。》やがて《そのまま》巣へ登りて鶴をとり喰《くら》ふならん。《のだろう。》①あれを制せよ」と人々申し騒げどもせん方なし。《どうしようもない。》しかるに、《その時、》二羽の鶴の内、一羽は蛇を見付けし体《てい》にてありしが、《様子であったが、》虚空《こくう》に飛び去りぬ。《飛び去った。》「あはれいかが、《ああ、どうしたことか、》雛はとられん」《とられそうだ》と②手に汗して望みながめしに、もはや《早くも》彼《か》の《あの》蛇も梢《こずえ》近く至り、あはや《ああ、危ない》と思ふ頃、一羽の鷲《わし》はるかに飛び来たり、《はるか遠くから飛んで来て、》右の蛇《その蛇》の首をくはへ、帯を下げしごとく《下げたように》空中を③立ち帰りしに、親鶴程なく《間もなく》立ち帰りて雌雄《しゆう》巣へ戻り、《巣に戻って来て、》雛を養ひしとなり。《養ったということだ。》鳥類ながら《ではあるが、》其《そ》の身の手に及ばざるを《自分の手に負えないことを》さとりて、同類の鷲を雇ひ来たりし事、④鳥類心ありける事と語りぬ。《思慮深いことであったと語った。》

（『耳嚢《みみぶくろ》』）

問一　――線部①の指示内容を本文から**漢字一字**で抜き出して書け。

問二　――線部②とあるが、このときの「人々」の様子を説明したものとして、最も適当なものを次から一つ選び、その記号を書け。

ア　雛に危険が迫っているが、成長した雛に人間が手を貸すべきではないと考え、緊張してなりゆきを見ている。

イ　雛が襲われそうになっているが、離れた場所から見ているために手出しができず、心配しながら見守っている。

ウ　巣から逃げ出そうとする雛を自分たちの力で助けてあげたいと願い、解決策について議論し合っている。

エ　雛を心配して騒ぐ人々の声に驚いた親鶴が飛び去ってしまい、雛に申し訳ないことをしたと嘆き合っている。

問三　＝＝線部を現代かなづかいに直して書け。

問四　――線部③の主語として最も適当なものを次から一つ選び、その記号を書け。

ア　親鶴　**イ**　雛　**ウ**　蛇　**エ**　鷲

問五　――線部④とあるが、親鶴のどのような行動を「心ありける」と語ったのか。解答欄に合う形で、それぞれ十字以内の現代語で書け。

> 親鶴は、雛が蛇に狙われていると気づいたが、［　1　］と判断して、雛を守るために［　2　］という行動。

三　次の文章を読んで、あとの問いに答えなさい。

わたしたちの①欲望と能力とのあいだの不均衡《ふきんこう》のうちにこそ、わたしたちの不幸がある。その能力が欲望とひとしい状態にある者は完全に幸福といえるだろう。

（ルソー『エミール　上』今野一雄《こんのかずお》訳、岩波文庫、一九六二年）

注(1)ジャン＝ジャック・ルソー（一七一二〜七八）は、五〇歳のときに二冊の著書を注(2)上梓《じょうし》しました。それが、近代の「自由な社会」の理念を設計した『社会契約論』と、人間論・教育論について小説のようにまとめた『エミール』です。彼はこのうちの『エミール』で、「人の幸福は欲望（したい）と能力（できる）のバランスにある」と言っています。なぜでしょうか。

人間には欲望がありますが、その欲望は、未来への想像と期待によってどんどん膨らんでいきます。想像はどんどん広がって「世界一のロックスターになりたい」と思うかもしれない。しかし、それが現実の自分の能力をはるかに超えていると、欲望と現実とのズレに苦しむことになります。だからルソーは、人は自分ができることを欲《ほっ》するのがよい、と言うのです。

確かに、ルソーの言うことには説得力があります。「不可能なことを望むな。自分のできることを欲するときに心の平安がある」という彼の見方は、できないことを望んで苦しんでいる人にとっては、aスクいの言葉になるかもしれません。

しかし一方で、②人は能力を拡大したいという欲望をもつ存在でもあります。

たとえば、子どもの成長を考えたとき、こんな場面が思い浮かびます。あのお兄ちゃんは高いとび箱を上手に跳《と》べる。自分はまだ低いとび箱しか跳べない。「ぼくも高いとび箱を跳びたいな」と思い、挑戦を続ける。そうしたら、あるとき高い段が跳べた。

これは非常に誇らしいことでしょう。カッコいい自分になりたくて、そして新しい世界を体験したくて、子どもは自分の能力を増やそうとする。このこともまた、人間の生には欠かせないのです。

しかし人生には、自分がいくら頑張っても思うようにできないこともあります。たとえば、中学生にAなり野球部に入部して、一生懸命努力する。でも、どんなに努力しても、あいつには敵《かな》わない。彼にはできることが、自分にはどうしてもできず、レギュラーにもなれない。それがb悔しく苦しい。そんな経験をしたことのBない人はいないのではないでしょうか。

自分には決定的に才能がないなあ、と思い切ることができたなら、楽になれますが、そうでないときにはじつに苦しい思いをするかもしれません。

能力の差がハッキリわかるくらいに大きいと、人はあまり苦しみません。素直に「あいつはすごいCなあ。自分も教えてもらいDたい」と思うこともあります。

□、手が届きそうなのに届かない。そしてほんのわずかの差しかないはずなのに、あいつは手が届いた。そんなとき「なぜ自分ではなく、あいつがレギュラーなんだ」と思う。現実にどうしても納得できないのです。そのとき人は、「あいつ」に才能を与えた運命を呪ったり、ときには嫉妬して、「あいつ」の失敗を願ったりするかもしれません。

この例とは違いますが、病気や怪我《けが》、加齢によって、いままで当たり前にできたことができなくなってしまうこともあります。たとえば歳《とし》をとってくると、老眼になったり、膝《ひざ》が痛くなったり、いろんなことがいままでのようにできなくなるものです。

生きていれば誰もが、この「欲望と能力のバランス」という問題に突き当たります。〈どんな人も、欲望と能力をめぐるドラマを生きている〉。これは、最初におさえておきたい大きなテーマです。

注(3)ここでもう一度、人間はなぜチンパンジーと違うのか、を考えてみた

いと思います。

先に述べたように、チンパンジーは「いま・ここ」を生きる存在です。チンパンジーは「これから」もずっと食べていけるかとは考えません。「いま・ここ」で食べることができれば、それでいいのです。

③チンパンジーに関する有名な実験で、こんなものがあります。

チンパンジーの手が届かないところにバナナを吊《つ》るしておくと、まわりにある椅子《いす》や机を自分で積み上げ、登って取ることができるそうです。つまり、道具を使いこなすことのできる高い知能をもっているわけですが、そのときの目的（バナナ）も、そのための手段（椅子や机）も、「いま・ここ」にあって目に見えています。

しかし人は、目に見えない目的、つまり未来の目的をめざすことができます。数年後、数十年後の目に見えない目的を思い描いて、そのために努力し、そのための手段を積み上げていこうとするのです。これは人間にしかできません。

ではなぜ、人間は「いま・ここ」ではない世界のことを考えることができるのでしょうか。ここでキーワードになるのが「言葉」です。

人は言葉を獲得したことで、他者にcフクザツなことを伝えることができるようになりました。もともと言葉は、コミュニケーションのための手段として生まれてきたものでしょう。しかしそれは、人間の体験世界そのものを大きく変容させる力をもっていたのです。なぜなら、④言葉には、「いま・ここ」を離脱させる力があるからです。

たとえば人は、言葉を使うことで、想像の世界をつくりだすことができます。人は三歳くらいになれば、冒険のお話を読んでもらって、ドキドキしたり、喜んだり笑ったりすることができます。でもそのお話の中身は「いま・ここ」に存在するものではありません。想像力のつくりだしたものですね。

言葉をもつことで、人はさらに、はるかな過去を語り、はるかな未来をつくりだすことができます。過去や未来のような、「いま・ここ」にないものを、人はつくりだすのです。こういったことは、言葉をもたない生き物にはできません。

そして人間は、どんな人であっても、ある過去を経て、現在に至り、そして未来をめがけようとする。つまり、その人なりの「人生の物語」を形づくりながら生きていくことになります。

（西研《にしけん》『しあわせの哲学』）

注(1)　ジャン＝ジャック・ルソー……フランスの思想家。
注(2)　上梓……書物を出版すること。
注(3)　ここでもう一度……本文以前の文章の中で、筆者はチンパンジーと人間の違いについて述べている。

問一　═線部a～cについて、漢字は読みをひらがなで書き、カタカナは漢字に直せ。

問二　──線部①とは、欲望と能力の関係がどういう状態にある時だと筆者は説明しているか。解答欄に合う形で二十五字以内で書け。

状態。

問三　──線部②の具体例として最も適当なものを次から一つ選び、その記号を書け。

ア　優れた演奏を聴いて、自分の演奏技術を高めようとする。
イ　入場券を買うお金をためて、話題の映画を見ようとする。
ウ　昼休みに仮眠をとって、午後の授業に集中しようとする。
エ　早めに宿題をすませて、休日をのんびり過ごそうとする。

問四　〰〰線部A～Dのうち、助動詞を一つ選び、その記号を書け。

問五　本文の[　]にあてはまる語として、最も適当なものを次から一つ選び、その記号を書け。

ア　ところで　**イ**　だから　**ウ**　しかし　**エ**　つまり

問六　――線部③の話をもとに、人間はチンパンジーとどのように違うと筆者は述べているか。本文の[　]で囲まれた部分の語句を用いて、解答欄に合う形で三十字以内で書け。ただし、**「目的」、「手段」という語を用いること。**

> 人間はチンパンジーと違い、[　]。

問七　――線部④とはどういうことか。解答欄に合う形で四十字以内で書け。

> 人は言葉によって「いま・ここ」にはない、[　]ことができるということ。

問八　本文の内容や構成について説明したものとして、**適当でないもの**を次から一つ選び、その記号を書け。

ア　ルソーの言葉を引用し、人間の欲望と能力の関係を通して、人間の幸福についてのルソーの考え方を説明している。

イ　ルソーが挙げた例に加えて、現代を生きる読者にもわかりやすい具体例を挙げながら、ルソーの説を補強している。

ウ　他の動物と比較して人間の特徴を述べたあと、問いかけの表現を用いながら読者の目をキーワードに向けさせている。

エ　「言葉」の力によって、すべての人間がそれぞれに異なる「人生の物語」を形づくっていると結論づけている。

四

総合的な学習の時間で「誰もが住みやすい社会の実現のために何ができるか」というテーマのもと、**A**さん、**B**さん、**C**さんは「やさしい日本語」について調べた。次の**【発表原稿】**は、**A**さんたちが調べたことを学級で発表するために作成した原稿である。**【発表原稿】**及び**資料1**から**資料5**をふまえて、あとの問いに答えなさい。

【発表原稿】

A　私たちは「やさしい日本語」について調べました。「やさしい日本語」とは、外国人などにもわかりやすいように配慮した日本語のことで、現在、全国的に導入する動きが高まっています。

B　「やさしい日本語」の導入の背景を説明します。**資料1**と**資料2**から、日本に住む外国人は[　]という現状がわかります。したがって、災害などの緊急時に、日本に住む外国人にも情報を伝えるためには工夫が必要になりますが、そのすべての言語に対応するには限界があります。①そこで、情報を広く伝えるための手段として「やさしい日本語」を導入する動きが高まっているのです。現在では自治体からのお知らせなど、さまざまな分野で取組が広がっています。

C　ここで、具体的に「やさしい日本語」の例を紹介します。例えば、「土足厳禁」は、「ここでは　靴を　脱いでください」というように、熟語はわかりやすい表現に置き換えます。また、文節や言葉のまとまりごとに一字分空けて書くと、わかりやすくなります。②さらに、**資料5**のような工夫もできます。

A　こうしてみると、「やさしい日本語」は、少しの工夫でいろいろな立場の人に配慮することができることを教えてくれます。私たちは、誰もが住みやすい社会の実現のために、日常の場面で活用できるさまざまなコミュニケーションのあり方について、さらに調べていきたいと思います。以上で発表を終わります。

資料1

日本に住む外国人の総数

年	人数
2015	2,232,189
2016	2,382,822
2017	2,561,848
2018	2,731,093
2019	2,933,137

（出入国在留管理庁「在留外国人統計結果の概要（2019年）」から作成）

資料2

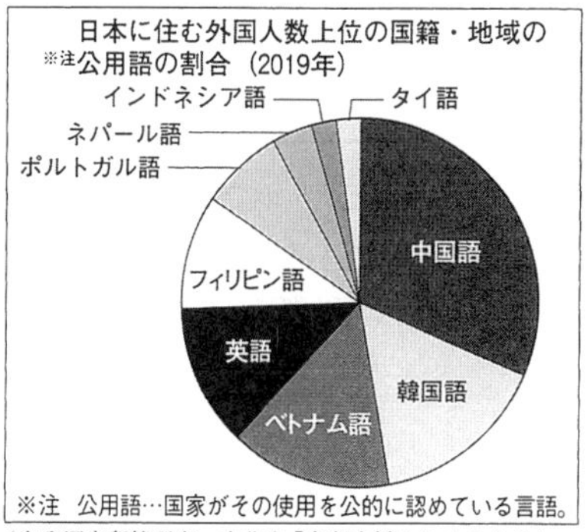

（出入国在留管理庁・文化庁「在留支援のためのやさしい日本語ガイドライン」から作成。数値は省略している）

資料3

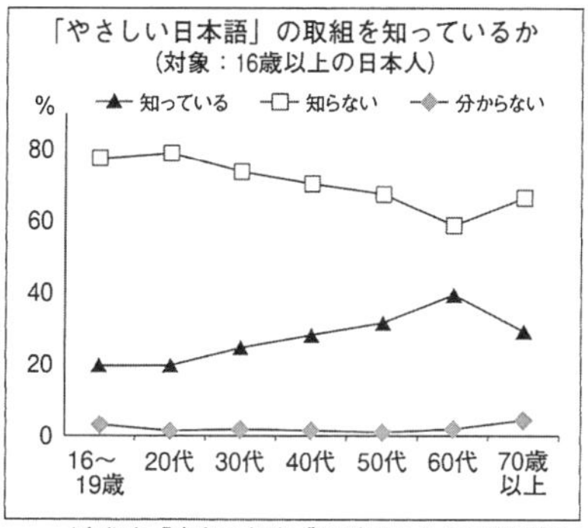

（文化庁「令和元年度『国語に関する世論調査』」から作成）

資料4

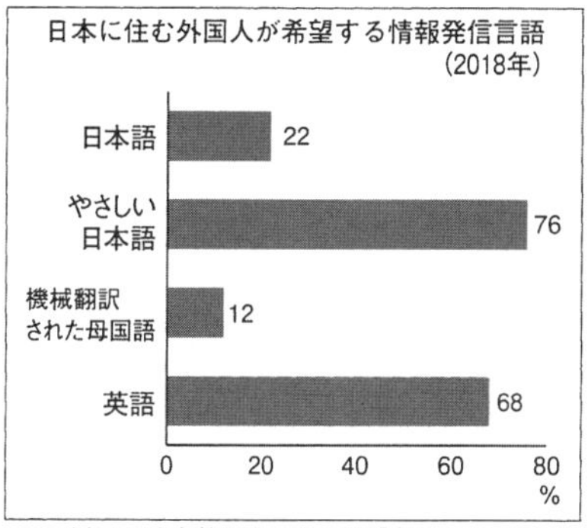

（出入国在留管理庁・文化庁「在留支援のためのやさしい日本語ガイドライン」から作成）

資料5

（もとの表現）
この大会は雨天決行ですので、傘を持参してください。
↓
（工夫した後の表現）
この大会《たいかい》は　雨《あめ》が　降《ふ》っても　行《おこな》います。傘《かさ》を　持《も》って　来《き》てください。

問一　**【発表原稿】**の□にあてはまる内容を、Bさんの発言全体をふまえて三十字以内で書け。

問二　Bさんたちは、――線部①を補足するために、さらに資料を用いて説明を加えることにした。ここで用いるのに効果的な資料と説明の内容として、最も適当なものを次から一つ選び、その記号を書け。

ア　**資料3**を用いて、「やさしい日本語」の取組に関する認知度が年代によって異なる現状を伝える。

イ　**資料3**を用いて、「やさしい日本語」が国内ではほとんど知られていない実態を伝える。

ウ　**資料4**を用いて、多くの日本に住む外国人が「やさしい日本語」による情報発信を求めている現状を伝える。

エ　**資料4**を用いて、情報発信言語として「やさしい日本語」に次いで英語が多く希望されている実態を伝える。

問三　――線部②とあるが、**資料5**はどのような工夫がなされているか。**【発表原稿】**に書かれていること**以外の工夫**を**二つ**、それぞれ十五字以内で書け。

問四　**【発表原稿】**の最後のAさんの発言の役割について説明したものとして、最も適当なものを次から一つ選び、その記号を書け。

ア　学習を通して気づいたことを述べて、今後の学習の展望を示している。

イ　学習した内容について問題を提起して、課題を共有しようとしている。

ウ　学習してわかったことを整理して、具体的に行動するよう訴えかけている。

エ　学習した成果を振り返って、調査が不足していたことを明らかにしている。

受検番号	番

令和４年度学力検査問題

数　　学

（50分）

注　　意

1　「始め」の合図があるまで、この問題冊子を開いてはいけません。

2　解答用紙は中にはさんであります。

3　「始め」の合図があったら、まず、受検番号を問題冊子および解答用紙の受検番号欄に記入しなさい。

4　問題は **1** ～ **6** で、１ページから６ページまであります。

5　答えは、すべて解答用紙に記入しなさい。
答えは、特別に指示がない場合は最も簡単な形にしなさい。なお、計算の結果に$\sqrt{}$またはπをふくむときは、近似値に直さないでそのまま答えなさい。

6　「やめ」の合図で、鉛筆を置きなさい。

7　検査終了後は、問題冊子および解答用紙を机の上に置いたまま退出しなさい。

1 次の（1）～(10) に答えなさい。

（1） $5-3\times(-2)^2$ を計算せよ。

（2） $(\sqrt{3}+1)^2-\dfrac{6}{\sqrt{3}}$ を計算せよ。

（3） 2次方程式 $2x(x-1)-3=x^2$ を解け。

（4） a cm の紙テープから b cm の紙テープを 5 本切り取ると、3 cm 残った。この数量の間の関係を等式で表せ。

（5） y は x に反比例し、$x=2$ のとき、$y=6$ である。このとき、y を x の式で表せ。

（6） 次の①～④について、**正しくないもの**を1つ選び、その番号を書け。
① $\sqrt{(-2)^2}=2$ である。
② 9の平方根は ±3 である。
③ $\sqrt{16}=\pm4$ である。
④ $(\sqrt{5})^2=5$ である。

（7） 当たりくじとはずれくじが合わせて1000本入っている箱がある。この箱の中から50本のくじを無作為に抽出すると、当たりくじが4本であった。はじめにこの箱の中に入っていた当たりくじの本数はおよそ何本と考えられるか。

（8） **図1**のような円Oにおいて、$\angle x$ の大きさを求めよ。

図1

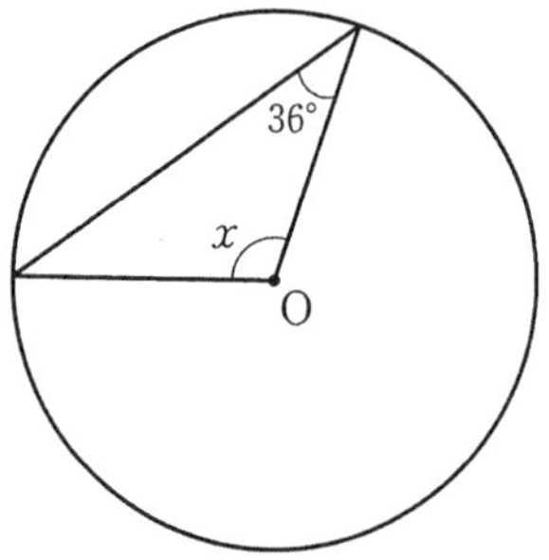

（9） **図2**のような直角三角形ABCを、辺ACを軸として1回転させてできる立体の体積は何 cm^3 か。

図2

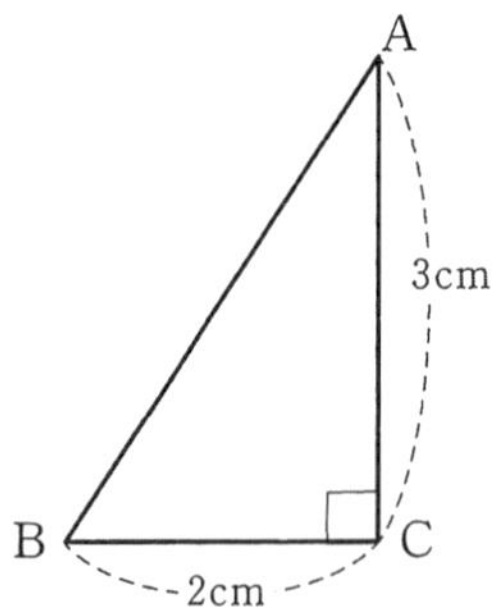

(10) **図3**のような線分ABを直径とする半円がある。この半円の $\overset{\frown}{AB}$ 上に、$\overset{\frown}{AP}:\overset{\frown}{PB}=1:3$ となるような点Pを定規とコンパスを用いて解答用紙の**図3**に作図して求め、その位置を点●で示せ。ただし、作図に用いた線は消さずに残しておくこと。

図3

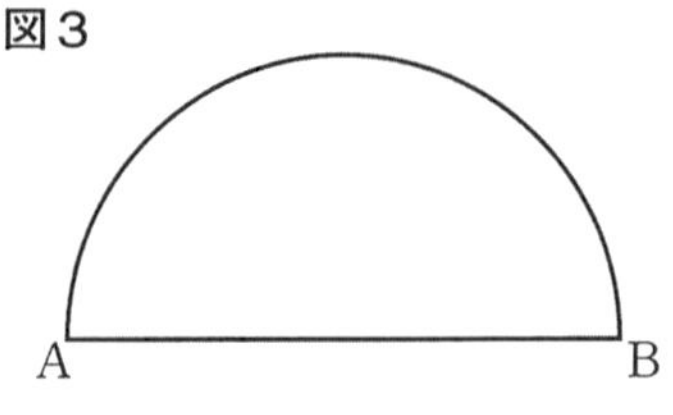

2 次の問いに答えなさい。

図

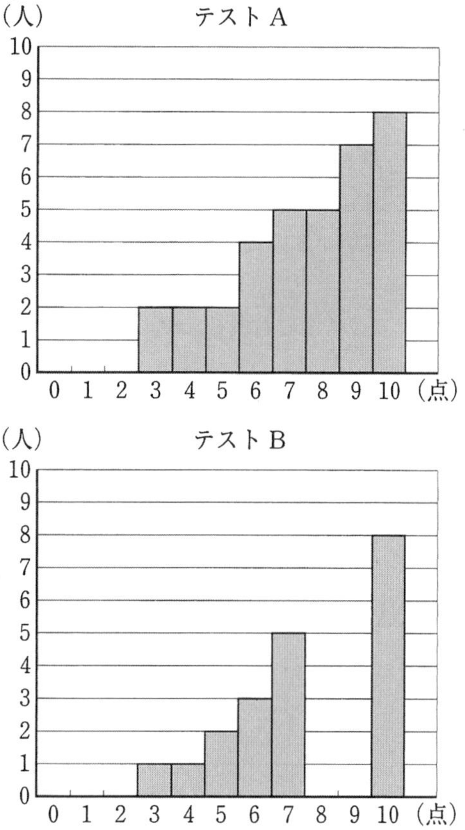

問1 右の**図**は、35人の生徒について実施した10点満点のテストA、テストBの得点の結果をもとにそれぞれ作成したヒストグラムである。ただし、テストBのヒストグラムにおいて、8点、9点をとった人数は、かき入れていない。また、テストBの得点が2点以下の生徒はいなかった。このとき、次の（1）、（2）に答えよ。

（1） テストAの得点の平均値は7.6点であった。このとき、テストAの得点の平均値、中央値（メジアン）、最頻値（モード）の大小関係は次の不等式のようになる。

［（ア）］＜［（イ）］＜［（ウ）］

［（ア）］～［（ウ）］にあてはまる語の組み合わせとして、正しいものを次の①～⑥の中から1つ選び、その番号を書け。

	（ア）	（イ）	（ウ）
①	平均値	中央値	最頻値
②	平均値	最頻値	中央値
③	中央値	平均値	最頻値
④	中央値	最頻値	平均値
⑤	最頻値	平均値	中央値
⑥	最頻値	中央値	平均値

（2） テストBの得点の平均値が8点であるとき、テストBで8点をとった人数は何人か。ただし、平均値は正確な値であり、四捨五入などはされていないものとする。

問2 先生と令子さんは、「2枚の硬貨を同時に1回投げるとき、2枚とも表になる確率を求めよ。」という問題について話をしている。2人の**［会話］**を読んで、あとの（1）～（3）に答えよ。ただし、使用する硬貨は、表と裏のどちらかが出るものとし、どちらが出ることも同様に確からしいものとする。

［会話］

先生：起こりうるすべての場合は何通りで、確率を求めるといくらになりますか。
令子：起こりうるすべての場合は〔2枚とも表〕、〔1枚が表で1枚が裏〕、〔2枚とも裏〕の3通りで、2枚とも表になる確率は$\frac{1}{3}$になります。
先生：本当にそうでしょうか。その3通りはどの場合が起こることも同様に確からしいとはいえないので、確率は$\frac{1}{3}$ではありません。もう一度考えてみましょう。

（1） 2枚の硬貨を同時に1回投げるとき、2枚とも表になる確率を求めよ。ただし、確率を求める過程がわかるように、2枚の硬貨を硬貨A、硬貨Bとして、起こりうるすべての場合をあげ、「同様に確からしい」という用語を用いて解答すること。

（2） 2枚の硬貨に1枚の硬貨を追加し、3枚の硬貨を準備した。この3枚の硬貨を同時に1回投げるとき、2枚が表で1枚が裏になる確率を求めよ。

（3） 2枚の硬貨に2枚の硬貨を追加し、4枚の硬貨を準備した。この4枚の硬貨を同時に1回投げるとき、1枚以上が表になる確率を求めよ。

3 **図1**～**図3**のように、関数 $y = x^2$ のグラフ上に2点A、Bがあり、2点A、Bの x 座標はそれぞれ -2、1である。原点をOとして、次の問いに答えなさい。

問1 点Aの y 座標を求めよ。

問2 直線ABの式を求めよ。

問3 △OABの面積を求めよ。

問4 **図2**、**図3**のように、y 軸上に点 $P(0,\ t)$ をとる。点Pを通り、x 軸に平行な直線を ℓ とし、直線 ℓ と線分OAの交点をQとする。このとき、次の（1）、（2）に答えよ。ただし、$0 < t < 2$ とする。

（1） **図2**のように、直線 ℓ が点Bを通るとき、△OBQの面積を求めよ。

（2） **図3**において、直線 ℓ が△OABの面積を2等分するとき、t の値を求めよ。

図1

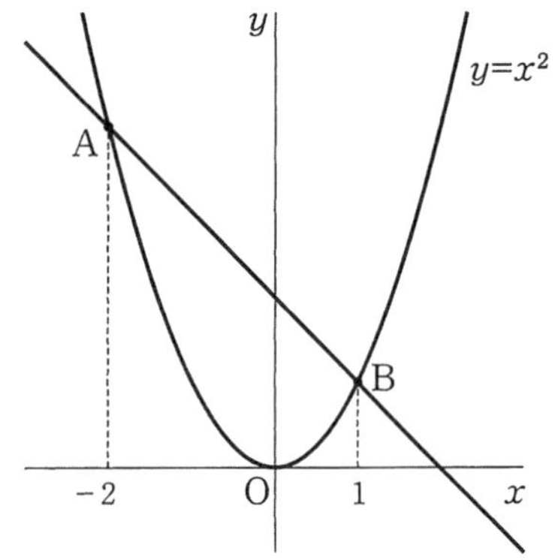

図2

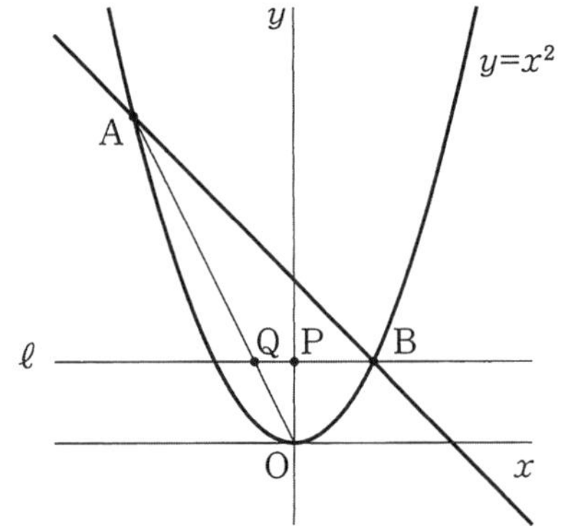

図3

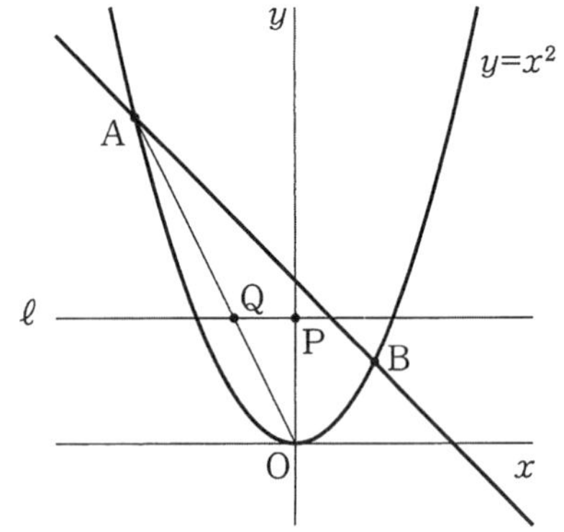

4 **図1**、**図2**のように、直方体 ABCDEFGH があり、AB ＝ 2 cm、AD ＝ 4 cm、AE ＝ 3 cm である。このとき、次の問いに答えなさい。

問1 **図1**において、辺 AD とねじれの位置にある辺を、次の①～④の中から1つ選び、その番号を書け。

① 辺 EH
② 辺 BF
③ 辺 CD
④ 辺 AE

問2 直方体 ABCDEFGH の表面積は何 cm^2 か。

問3 **図2**のように、直方体 ABCDEFGH を平面 BFHD で2つに切り分ける。そして、合同な面である △HFG と △BDA を、対応する頂点どうしがそれぞれ重なるようにはり合わせて、**図3**、**図4**のような三角柱 BCDHEF をつくる。このとき、次の（1）、（2）に答えよ。

（1） 三角柱 BCDHEF の辺 DF の長さは何 cm か。

（2） **図4**において、辺 CD 上を動く点を P とする。2つの線分 BP、PF の長さの和 BP＋PF が最小となるとき、線分 PC の長さは何 cm か。

図1

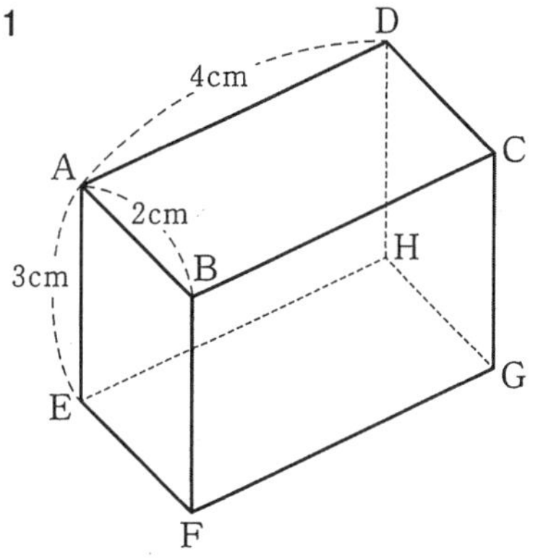

図2

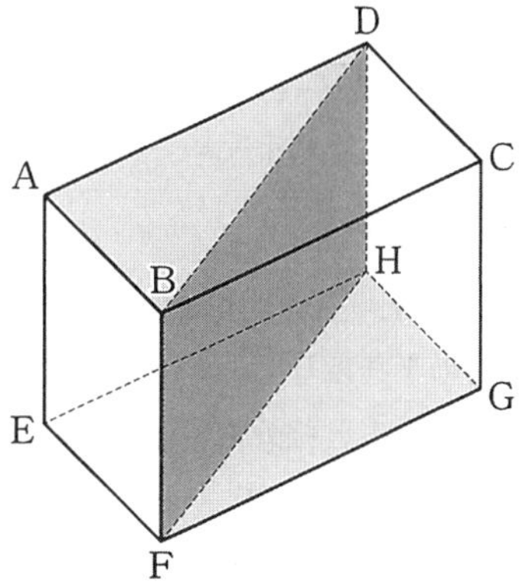

図3

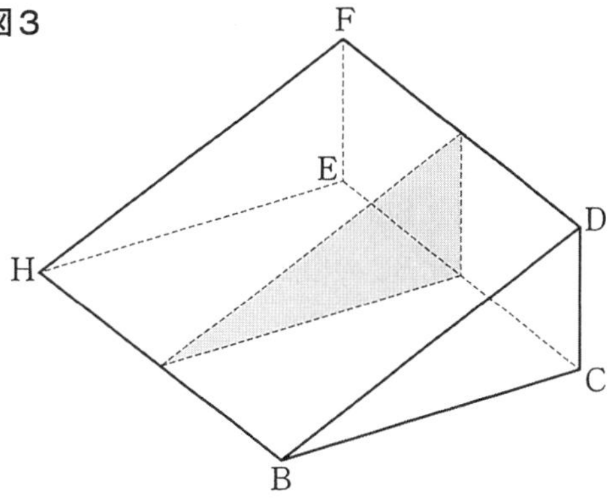

図4

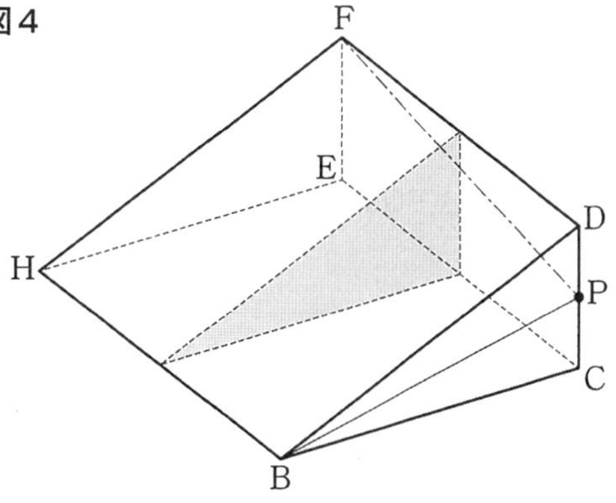

5 図のように、点Oを中心とする直径10 cmの円Oがある。線分ABは円Oの直径で、線分AB上にAC = 4 cm となる点Cをとり、線分BCの中点をDとする。点Dを通り、線分BCに垂直な直線と円Oとの交点をE、Fとし、直線FCと線分AEの交点をGとする。このとき、次の問いに答えなさい。

図

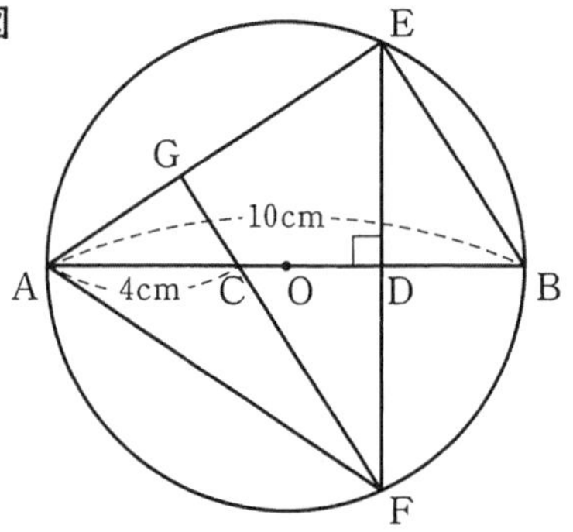

問1 線分ODの長さは何cmか。

問2 線分DEの長さは何cmか。

問3 EB // GF であることを次のように証明した。 (ア) ～ (ウ) にあてはまることばを書き入れて、証明を完成させよ。

(証明)
△OEDと△OFDにおいて
円の半径は等しいから OE = OF …①
線分BCと線分EFは垂直であるから ∠ODE = ∠ODF = 90° …②
ODは共通 …③
①、②、③より、直角三角形の (ア) がそれぞれ等しいから
△OED ≡ △OFD …④

次に、△BDEと△CDFにおいて
④より、合同な三角形の対応する辺は等しいから DE = DF …⑤
線分BCと線分EFは垂直であるから ∠BDE = ∠CDF = 90° …⑥
線分BCの中点がDであるから BD = CD …⑦
⑤、⑥、⑦より、 (イ) がそれぞれ等しいから
△BDE ≡ △CDF …⑧

さらに、⑧より、合同な三角形の対応する角は等しいから ∠BED = ∠CFD …⑨
⑨より、 (ウ) が等しいから
EB // GF

問4 △AFGの面積は何cm^2か。

6 里香さんと卓也さんは、自然数に次の【操作】を行ったときの数の変化について、先生と話をしています。[会話1]、[会話2] を読んで、あとの問いに答えなさい。

【操作】

一の位と、一の位を取り去った数に分ける。一の位の数を4倍した数を、一の位を取り去った数に加える。ただし、1けたの場合は、4倍することにする。

[会話1]

先生：【操作】について確認してみましょう。例えば、2345に【操作】を行った場合、一の位の5と、一の位を取り去った数234に分けます。一の位の数5を4倍した数20を、一の位を取り去った数234に加えると、$234 + 5 \times 4 = 234 + 20 = 254$ となります。また、3に【操作】を行った場合、3は1けたなので、$3 \times 4 = 12$ となります。

里香：私もやってみます。254に【操作】を行うと、$25 + 4 \times 4 = 41$ となります。続けて41に【操作】を行うと、$4 + 1 \times 4 = 8$ となります。さらに続けて8に【操作】を行うと、$8 \times 4 = 32$ となります。

先生：その通りです。では、①2022に【操作】を何回か続けて行うと、数はどのように変化するでしょうか。

問1 下線部①について、次の文の (ア) ～ (エ) にあてはまる数を答えよ。

2022に【操作】を1回行った後の数は (ア) である。2022に【操作】を3回続けて行った後の数は (イ) である。2022に【操作】を20回続けて行う間に、(イ) は (ウ) 回出現する。2022に【操作】を1000回続けて行った後の数は (エ) である。

[会話2]

卓也：ところで、【操作】を1回行った後の数が、もとの数より大きくなったり、小さくなったりしますね。もとの数と等しくなることがあるのでしょうか。

先生：はい。2けたの場合だけ等しくなることがあります。その点について確かめてみましょう。2けたの数は、十の位を a、一の位を b とすると、$10a + b$ と表せます。これに【操作】を1回行った後の数は、a、b を用いて (オ) と表せます。ここで、【操作】を1回行った後の数が、もとの数と等しくなるとして方程式をつくり、b について解くと、b は a を用いて $b =$ (カ) と表せます。

卓也：では、$b =$ (カ) を満たす a、b の組を見つけてみますね。

（数分後）

卓也：見つかりました。この a、b の組を使うと、【操作】を1回行った後の数が、もとの数と等しくなる数は (キ) と求められます。

里香：確かに等しくなりますね。あれっ、もとの数と等しくなる数は、すべて13の倍数ですね。

先生：そうですね。よく気づきましたね。では、他の13の倍数に【操作】を1回行った後の数を求めてみてください。実は、②2けたの数に限らず13の倍数に【操作】を1回行った後の数は、13の倍数となります。

問2 次の（1）、（2）に答えよ。

（1） (オ) 、 (カ) にあてはまる式を求めよ。

（2） (キ) にあてはまる数をすべて求めよ。

問3 下線部②について、2けたの数に限らず「**13の倍数に【操作】を1回行った後の数は、13の倍数となる**」ことを証明せよ。ただし、証明は解答用紙の「もとの数の一の位を取り去った数をX、もとの数の一の位を c とすると、もとの数は $10\mathrm{X} + c$ と表される。$10\mathrm{X} + c = 13 \times m$（$m$ は自然数）とすると、」に続けて完成させよ。

受検番号	番

令和４年度学力検査問題

英　　語

（50分）

注　　意

1　放送で指示があるまで、この問題冊子を開いてはいけません。

2　解答用紙は中にはさんであります。

3　放送で指示があったら、まず、受検番号を問題冊子および解答用紙の受検番号欄に記入しなさい。

4　問題は［1］～［4］で、１ページから８ページまであります。

5　答えは、すべて解答用紙に記入しなさい。

6　「やめ」の合図で、鉛筆を置きなさい。

7　検査終了後は、問題冊子および解答用紙を机の上に置いたまま退出しなさい。

2022(R4) 長崎県公立高
教英出版

問　　題

※教英出版注
音声は，解答集の書籍ＩＤ番号を
教英出版ウェブサイトで入力して
聴くことができます。

1 放送を聞いて、次の各問いに答えなさい。

問1 次のNo. 1、No. 2の絵についてそれぞれA、B、Cの三つの英文が放送される。絵の内容を表している英文として最も適当なものをA～Cの中から一つずつ選んで、その記号を書け。英文は1回ずつ読まれる。

No. 1

No. 2

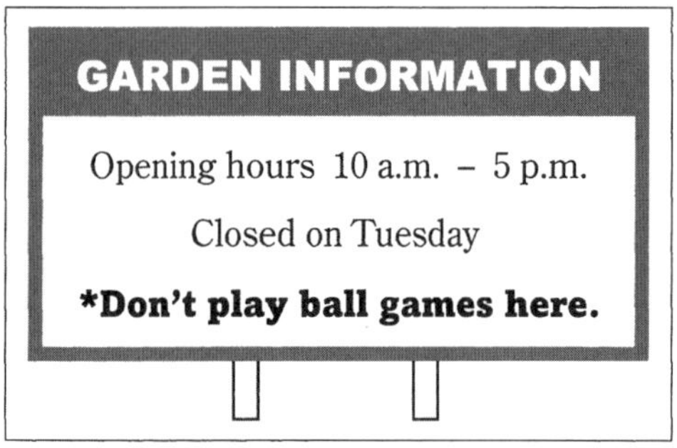

問2 これから読まれる英文は、ジュディ（Judy）と友人の大和（Yamato）の会話である。あとに読まれるNo. 1～No. 3の質問の答えとして最も適当なものをア～ウの中から一つずつ選んで、その記号を書け。英文と質問は2回ずつ読まれる。

No. 1
ア Yamato did.
イ Yamato's friend did.
ウ Yamato's mother did.

No. 2
ア Because it had many books about food.
イ Because it had a nice restaurant.
ウ Because it had an event on that day.

No. 3
ア For twelve days.
イ For two weeks.
ウ For three weeks.

問3　これから読まれる英文は、アメリカの高校へ留学中の真人（Masato）が、イベント中に体育館で聞いたアナウンスである。英文を聞き、No. 1、No. 2の問いに答えよ。英文は2回読まれる。

【問題の流れ】

問いに目を通す時間（30秒）　→　【1回目の放送】　→　【2回目の放送】

No. 1　次の［**質問**］に対する［**答え**］の空所①、②に入る英語として最も適当なものをア～ウの中から一つずつ選んで、その記号を書け。

［**質問**］　Who sang in the morning ?

［**答え**］　(　　①　　) did.

ア　The teachers of the high school

イ　The students of the chorus club

ウ　The students of the science club

［**質問**］　If Masato has a question about the presentation, what should he do ?

［**答え**］　He should (　　②　　).

ア　send a message to the members

イ　ask a music teacher about it

ウ　go to the science room

No. 2　アナウンスを聞いた真人は、イベントのパンフレットに書き込みをした。正しく書き込みをした［**パンフレットの一部**］をア～ウの中から一つ選んで、その記号を書け。

［**パンフレットの一部**］

ア

Lunch Time

You can use the tables and chairs outside.

↓

○

Afternoon

2p.m. ~~1 p.m.~~ Dance

3p.m. ~~2 p.m.~~ Speech

1p.m. ~~3 p.m.~~ Short Movie

イ

Lunch Time

You can use the tables and chairs outside.

↓

×

Afternoon

2p.m. ~~1 p.m.~~ Dance

1p.m. ~~2 p.m.~~ Speech

3 p.m. Short Movie

ウ

Lunch Time

You can use the tables and chairs outside.

↓

×

Afternoon

3p.m. ~~1 p.m.~~ Dance

2 p.m. Speech

1p.m. ~~3 p.m.~~ Short Movie

2 次の会話を読んで、あとの問いに答えなさい。なお、あとの**注**を参考にしなさい。

〔中学生の香菜（*Kana*）のクラスでは、地域活性化のために、外国人向けの新しい観光プランを考えて班ごとに英語で発表することになりました。香菜と同じ班の留学生ジム（*Jim*）は、市が現在実施している観光プログラムを参考にするため、市役所で国際課の佐藤さん（*Ms. Sato*）に話を聞いています。〕

Jim: Could you tell us about our city's programs for foreign people ?
Ms. Sato: Sure. Our city has three programs now. Do you know anything about them ?
Kana: I have seen a poster at the station, but I don't know much about them.
Jim: I (A) one of them with my mother when I first came to this city last year. Have you changed the programs since then ?
Ms. Sato: No, we haven't. [X]
Jim: Well, I enjoyed looking at Japanese paintings. It was my first time to see them.
Ms. Sato: I see. Then, you joined Program Ⅱ. Look at this ***Information of the city's programs.***
Kana: Wow, each program is different and looks interesting.
Jim: Ms. Sato, we are (B) for useful ideas for our plan, but we can't find anything.
Ms. Sato: Then, this ***Chart*** will help you. This shows the things foreign people want to do when they visit a rural area in Japan. [Y]
Kana: Enjoying hot springs is the most popular activity on the list. Oh, it's as popular as visiting natural tourist spots. [Z]
Jim: That's right. I'm surprised to find shopping isn't in the ***Chart***, but I understand more than 50% of them are interested in local food. The third and the fifth on the list are activities about food.
Kana: Something about food is not in the ***Information of the city's programs.*** How about such a plan ?
Ms. Sato: Great. You've got a good idea by checking the ***Information*** and the ***Chart.*** Now I'll tell you more information. There are many foreign people who want to try traditional culture. And, if a program is too expensive, they will not want to join it.
Jim: Thank you, Ms. Sato. Then, let's start to make our plan !

〈*Information of the city's programs*〉

Program Ⅰ 1,300 yen	Visiting natural famous spots You can go up a mountain and visit a hot spring.
Program Ⅱ 1,500 yen	Visiting a museum and a temple You can learn about Japanese paintings and go into a traditional building.
Program Ⅲ 2,000 yen	Having fun on a bus trip You can visit many tourist spots by bus, and enjoy good views of the city.

〈*Chart*〉 日本の地方観光地を訪れた際にしたいこと

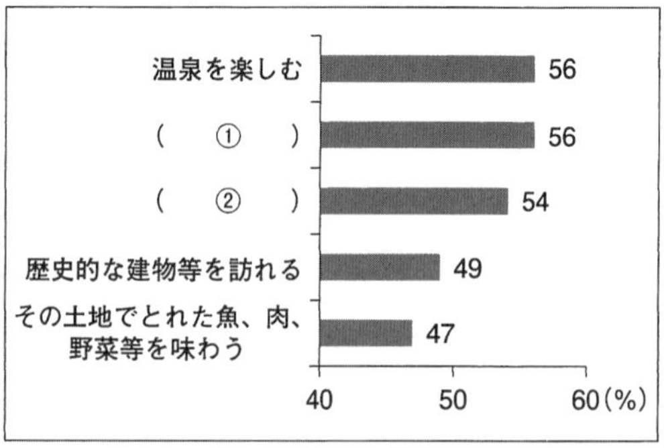

＊「訪日外国人旅行者の意向調査（平成29年度版）」（農林水産省 HP）をもとに作成。複数回答あり。

注
poster ポスター　painting(s) 絵　chart 図表　rural area 地方
hot spring(s) 温泉　activity(activities) 活動　list リスト　natural 自然の
tourist 観光客用の　spot(s) 地点、場所　yen 円（日本のお金の単位）

女性：That's great! Today, we borrowed twelve books and we can borrow them for two weeks.
男性：No. For three weeks. Because we borrowed more than ten books.
女性：OK. I understand. Three weeks from today. We can eat nice food again when we come here next time!

では、質問します。

No. 1　Who went to the event of the library last month?　（約 6 秒 休止）
No. 2　Why was Judy surprised at the library?　（約 6 秒 休止）
No. 3　How long can they borrow books this time?　（約 6 秒 休止）

次に、**問３**について説明します。これから読まれる英文は、アメリカの高校へ留学中の真人が、イベント中に体育館で聞いたアナウンスです。No. 1では**［質問］**に対する**［答え］**の空所①、②に入る英語として最も適当なものを**ア**、**イ**、**ウ**の中から一つずつ選んで、その記号を書きなさい。No. 2では、アナウンスを聞いた真人が正しく書き込みをした**［パンフレットの一部］**を**ア**、**イ**、**ウ**の中から一つ選んで、その記号を書きなさい。英文は２回読みます。では、問題用紙の**【問題の流れ】**のように、30秒後に【１回目の放送】を始めますので、No. 1、No. 2の問いに、今、目を通してください。
（約 30 秒 休止）

では、始めます。

Now, we have finished the morning programs. This morning, we enjoyed a chorus by the teachers. And the science club made a great presentation about some plants. If you have any questions about the presentation, please visit the science room. The club members will answer your questions. From now, it's lunch time. But before that, I will tell you some important things. First, you cannot use the tables and chairs outside because it is raining. Please have lunch in the classrooms. Second, we will start the dance at 2 p.m. and the speech will begin at 1 p.m. We will not change the time of the short movie. Please come back here before 1 p.m. Enjoy your lunch!　（約 12 秒 休止）

繰り返します。

Now, we have finished the morning programs. This morning, we enjoyed a chorus by the teachers. And the science club made a great presentation about some plants. If you have any questions about the presentation, please visit the science room. The club members will answer your questions. From now, it's lunch time. But before that, I will tell you some important things. First, you cannot use the tables and chairs outside because it is raining. Please have lunch in the classrooms. Second, we will start the dance at 2 p.m. and the speech will begin at 1 p.m. We will not change the time of the short movie. Please come back here before 1 p.m. Enjoy your lunch!　（約 8 秒 休止）

以上で聞き取りテストを終わります。他の問題へ進んでください。

英　語

聞き取りテスト台本

※教英出版注
音声は，解答集の書籍ＩＤ番号を
教英出版ウェブサイトで入力して
聴くことができます。

令　4

これから、英語の検査を行います。まず、問題冊子から解答用紙を取り出し、問題冊子と解答用紙の両方に受検番号を書きなさい。なお、書き終えたら問題冊子の１ページを開いて待ちなさい。　（約 20 秒　休止）

1 は聞き取りテストです。放送中にメモをとってもかまいません。

それでは、**問１**について説明します。次の No. 1、No. 2 の絵についてそれぞれ**A**、**B**、**C**の三つの英文が読まれます。絵の内容を表している英文として最も適当なものを**A**、**B**、**C**の中から一つずつ選んで、その記号を書きなさい。英文は１回ずつ読みます。１回しか読みませんので、注意してください。では、始めます。

No. 1　**A**：A cat is sitting on the table.　（約 3 秒　休止）
B：A cat is sleeping under the table.　（約 3 秒　休止）
C：Two cats are sleeping by the chair.　（約 5 秒　休止）

No. 2　**A**：You can visit the garden at 3 p.m.　（約 3 秒　休止）
B：You can go into the garden every day.　（約 3 秒　休止）
C：You can play baseball in the garden.　（約 5 秒　休止）

次に、**問２**について説明します。これから読まれる英文は、ジュディと友人の大和の会話です。あとに読まれる No. 1 ～ No. 3 の質問の答えとして最も適当なものを**ア**、**イ**、**ウ**の中から一つずつ選んで、その記号を書きなさい。英文と質問は２回ずつ読みます。では、始めます。

女性：Yamato, thank you for taking me to the new library. I didn't know about this place.
男性：I heard about it from my mother. She joined the event of the library last month.
女性：This library is very different from other libraries. I was surprised to find a good restaurant here.
男性：Yes. It has interesting books and nice food!
女性：That's great! Today, we borrowed twelve books and we can borrow them for two weeks.
男性：No. For three weeks. Because we borrowed more than ten books.
女性：OK. I understand. Three weeks from today. We can eat nice food again when we come here next time!

では、質問します。
No. 1　Who went to the event of the library last month?　（約 6 秒　休止）
No. 2　Why was Judy surprised at the library?　（約 6 秒　休止）
No. 3　How long can they borrow books this time?　（約 6 秒　休止）

繰り返します。

問1　本文中の（　A　）、（　B　）に入る英語として最も適当なものを次の中から一つずつ選んで、それぞれ正しい形に直して書け。

look　/　leave　/　talk　/　try

問2　次の英文が入る最も適当な空所を本文中の［　X　］～［　Z　］の中から一つ選んで、その記号を書け。

Do you remember what you did at that time ?

問3　〈*Information of the city's programs*〉の内容と一致するものを次のア～エの中から一つ選んで、その記号を書け。

ア　In Program Ⅰ, people can go to a temple and a hot spring.

イ　People can see Japanese art when they join Program Ⅱ.

ウ　In Program Ⅲ, people have to walk to many tourist spots.

エ　Joining Program Ⅱ is more expensive than joining Program Ⅲ.

問4　〈*Chart*〉内の（　①　）、（　②　）に入る最も適当なものを次のア～エの中から一つずつ選んで、その記号を書け。

ア　郷土料理を食べる　　イ　買い物をする　　ウ　自然観光地を訪れる　　エ　美術館に行く

問5　次は、佐藤さんの話を参考にして香菜たちの班が作成した発表原稿である。文中の（　1　）～（　4　）に入る最も適当な英語を1語ずつ書け。なお、あとの**注**を参考にしなさい。

> Our city is famous for its green tea, so our plan gives foreign people a chance to join *ochakai*, a tea ceremony, and wear *yukata*. They can also eat *chasoba*, our local food. To make this plan, we checked the city's programs and a chart, "(　1　) do foreign people want to do in a rural area in Japan ?" Then, we've found our city doesn't have a program about (　2　). We want to make a plan which has an experience of (　3　) Japanese culture, so our plan has *ochakai* and *yukata*. In our plan, people don't need to use much (　4　). There are many tea farmers here, so we may get tea for *ochakai* at a low price. *Chasoba* isn't expensive. We hope our plan will help people know about our city.

注　*ochakai*　お茶会　　*yukata*　浴衣《ゆかた》　　*chasoba*　茶そば　　price　価格

問6　日本への旅行を計画している海外の友人から次の［**質問**］を受けた場合、あなたならどのように答えるか。解答欄の Summer または Winter のいずれかを○で囲み、その理由を解答欄の（　　）に8語以上の英語で書け。なお、英語は2文以上になってもかまわない。ただし、コンマ（,）やピリオド（.）などは語数に含めない。

［**質問**］　I have long holidays in summer and in winter.　Which season is better to visit Japan ?

3 次は、中学3年生の春希（*Haruki*）と ALT（外国人指導助手）のスミス先生（*Ms. Smith*）との会話である。読んであとの問いに答えなさい。なお、あとの**注**を参考にしなさい。

Haruki: Our school brass band club will have a concert next Sunday. Did you know that?

Ms. Smith: No, I didn't. That sounds interesting. [A] start?

Haruki: At 2 p.m. I'll give you this ***Leaflet***.

Ms. Smith: Thank you. I think I can go.

Haruki: Great! Our members will be happy to hear that.

Ms. Smith: In this ***Leaflet***, what does this last sentence mean?

Haruki: Oh, yes. After the concert, the guest will [B].

Ms. Smith: Thank you. I want to try it.

Haruki: I hope you'll enjoy the concert.

（***The next day after the concert***）

Haruki: How was the concert?

Ms. Smith: It was great, and playing the guitar was also interesting. I had a wonderful experience. <u>Well, what do you want to do during the spring vacation before you become a high school student?</u>

Haruki: [C]

Ms. Smith: Nice. Have a good vacation.

〈*Leaflet*〉

やよい中学校　吹奏楽部

スプリングコンサート

開催日：３月○○日（日曜日）
開　演：午後２時
場　所：みなとホール

ゲスト
鈴木　正夫

★コンサート終了後、ゲストの鈴木先生からギターの指導を受けることができます。

注 brass band club　吹奏楽部　　leaflet　（広告の）ちらし　　sentence　文
guest　ゲスト

問1　会話の流れに合うように　A　、　B　に入る英語を書け。

問2　下線部の質問に対して、あなたが春希ならどのように答えるか。　C　にあなたの考えを理由とともに10語以上20語以内の英語で書け。なお、英語は２文以上になってもかまわない。ただし、コンマ（,）やピリオド（.）などは語数に含めない。

4 次の英文を読んで、あとの問いに答えなさい。なお、あとの注を参考にしなさい。

Risa is a junior high school student who likes to study English. She joins a lesson at the culture center in her city every Saturday. She loves this lesson because she can talk to other people about different cultures in English. [A], so the members are very different from each other. They are students, people with jobs, older people, and people from other countries. The teacher is Tom. He is 30 years old and from Australia. He has been a CIR in the city for two years. This lesson is also special and interesting work for him because (a)he usually works in a city hall. He makes English websites of the city with Japanese workers and helps them talk with people from foreign countries.

Tom chose Japan because his mother loved it. Many years ago, when she was a university student in Australia, she met a girl from Japan. They took the same classes, had lunch, and went shopping on weekends together. Soon they became good friends. Since then, Tom's mother has loved Japan and its culture. One of the words she really likes is *daijoubu*. She gave him a Japanese fan with that *kanji* on it before he left Australia to start working in Japan. She said, "You may feel hot in summer in Japan, but [B] with this fan. When you don't feel happy, please look at this fan. *Daijoubu*."

In one lesson, Tom said to Risa, "Don't worry about mistakes. Your English is getting better. *Daijoubu*." She said, "Thank you, but why do you say *daijoubu* in Japanese ?" He said, "My mother and I love this word. I think the word has the power to cheer people up. Risa, please look at my fan with this *kanji* on it. It's a little old, but I like it." "Wow. It's a beautiful Japanese fan," Risa said. Then, she found that two names and a year were also written on the fan. —Olivia and Yoshiko, 1981— "Yoshiko ... this woman may be ..." Risa thought. But she didn't say anything.

Risa's city has the Culture Festival every August to show its people the cultures from the three countries of the three CIRs. Risa took her grandmother to the festival and said to Tom, "This is my grandmother. She lived in Australia many years ago." Her grandmother said, "Hello, Tom. I'm here to learn about the culture of your country." "Thank you for coming. It's very hot today. *Daijoubu* ?" Tom said, and opened his fan. Her grandmother said, "Tom ! Show me your fan... You may not believe this, but this is the fan I gave to a friend in Australia 40 years ago." Tom asked, "40 years ago ? In 1981 ?... Are you my mother's friend, Yoshiko ?" Her grandmother said, "Yes, I am. You've seen my name on the fan many times." Risa said, "When I first saw those names and the year, I realized everything ! So I came here with my grandmother." Her grandmother said to Tom, "I gave this fan to your mother on my last day in Australia. I like the word *daijoubu*, so I always used it to cheer her up when she was not fine. She asked me to write it in big *kanji* with our names and the year. Since then, *daijoubu* has been an important word to me." Risa said, "Tom, I want your mother and my grandmother to meet again. Can I ask your mother to join this festival and talk with my grandmother on the Internet now ?" Tom said, "Yes, let's do it. Yoshiko, are you ready ?" "Yes, I am !" Yoshiko answered.

(***They talked on the Internet in English.***)

After they talked, Tom smiled at Risa and said, "(b)You became a bridge between people today ! Because you came to this place with your grandmother, I was able to meet my mother's good friend. And you asked my mother to join this festival on the Internet, so they had a chance to talk with each other again." Risa was very glad and said, "This experience helped me open a new world. Today I found a dream. I want to be a bridge between people. Tom, you are working for Australia in Japan, so I will work for Japan in Australia in the future. I may meet your mother there !" Risa began to study languages and cultures harder.

注

center　施設、センター	CIR　国際交流員	city hall　市役所	
daijoubu　大丈夫	fan　扇子《せんす》	*kanji*　漢字	mistake(s)　間違い
cheer ～ up　～を元気づける	Olivia　オリビア（人名）	Yoshiko　よし子（人名）	
realize　～を理解する	be able to ～　～することができる		

問1　本文中の [A] に入る英語として最も適当なものを次のア～エの中から一つ選んで、その記号を書け。

ア　All the people that take this lesson are younger than 18 years old

イ　People that come to this lesson have finished studying English at university

ウ　Only Japanese people that need English for their jobs can take this lesson

エ　People that are interested in languages and cultures are welcomed to this lesson

問2　次は、下線部(a)の具体的な内容を説明したものである。文中の（　①　）、（　②　）に10字以上20字以内で、それぞれあてはまる日本語を書け。なお、句読点も字数に含む。

> 市役所でのトム（Tom）の仕事は、日本人の職員と一緒に（　　　①　　　）ことと、日本人の職員が（　　　②　　　）ことである。

問3　本文中の [B] に入る英語として最も適当なものを次のア～エの中から一つ選んで、その記号を書け。

ア　I want people here to feel cooler　　　イ　you don't have to worry about that

ウ　I wish I could go to Japan for you　　エ　you will forget life in Australia

問4　次のア～エの英文を、**出来事が起きた順**に並べ、記号で答えよ。

ア　Tom began to work as a member of the CIRs in Risa's city.

イ　Tom's mother gave an old but special fan to Tom.

ウ　Tom met Yoshiko at the Culture Festival for the first time.

エ　Yoshiko studied in Australia and made a good friend there.

問5　下線部(b)のようにトムが言ったのはなぜか。解答欄に合う形で二つ日本語で書け。

> 1．リサ（Risa）が（　　　　　　　　　　　　　　　　　　　　　　　　）から。
> 2．リサが（　　　　　　　　　　　　　　　　　　　　　　　　）から。

問6　本文の内容と一致するものを次のア～オの中から二つ選んで、その記号を書け。

ア　Risa thought Tom's Japanese was getting better because he often used *daijoubu*.

イ　The fan Tom likes has a message which means English is important for his future.

ウ　Tom, his mother and Risa's grandmother have the same favorite Japanese word.

エ　Risa told her grandmother to visit Australia to see Tom's mother again.

オ　The experience in the festival gave Risa a new reason to study languages and cultures.

問7　次は、リサが今回の出来事を書いた日記の一部である。文中の（　①　）～（　③　）に入る最も適当な英語を、それぞれア～エの中から一つずつ選んで、その記号を書け。

> I will not forget today's experience. Tom is the son of my grandmother's old (　①　). I first realized that when I saw the words written on his fan. It is the thing which his mother (　②　) from my grandmother. It's a small world! I felt really happy to be a bridge between people. Through this experience, I was able to find a (　③　) to work in Australia. I will study harder from today.

	ア	イ	ウ	エ
（　①　）	friend	student	teacher	family
（　②　）	wrote	bought	gave	got
（　③　）	culture	dream	memory	fan

2022(R4) 長崎県公立高
教英出版

受検番号	番

令和４年度学力検査問題

理　　科

（50分）

注　　意

1　「始め」の合図があるまで、この問題冊子を開いてはいけません。

2　解答用紙は中にはさんであります。

3　「始め」の合図があったら、まず、受検番号を問題冊子および解答用紙の受検番号欄に記入しなさい。

4　問題は 1 ～ 8 で、１ページから８ページまであります。

5　答えは、すべて解答用紙に記入しなさい。

選択肢《し》（ア～エ）によって答えるときは、最も適当なものを一つ選んで、その記号を書きなさい。

6　「やめ」の合図で、鉛筆を置きなさい。

7　検査終了後は、問題冊子および解答用紙を机の上に置いたまま退出しなさい。

問　　題

1　次のⅠ、Ⅱの問いに答えなさい。

Ⅰ　動物は、外界からの刺激を受けとり、それに反応して生活している。
図1はヒトの目の模式図、**図2**はシマウマとライオンの頭部の模式図である。

図1

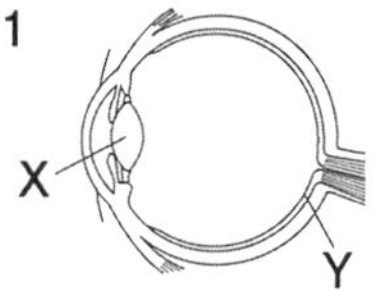

図2

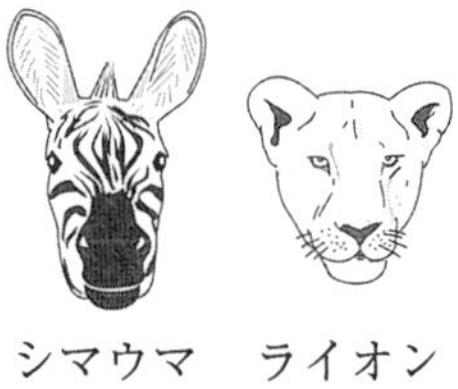

問1　**図1**の**X**および**Y**の名称をそれぞれ答えよ。

問2　シマウマとライオンでは、視野と立体的に見える範囲に違いがある。その違いの説明として最も適当なものは、次のどれか。

ア　視野と立体的に見える範囲は、どちらもシマウマの方が広い。
イ　視野と立体的に見える範囲は、どちらもライオンの方が広い。
ウ　視野はシマウマの方が広く、立体的に見える範囲はライオンの方が広い。
エ　視野はライオンの方が広く、立体的に見える範囲はシマウマの方が広い。

問3　ライオンがシマウマをとらえようとするとき、シマウマの像を目で刺激として受け取り、えものとして認識した後に筋肉を動かして走り出す。この過程で、ライオンのからだの中の神経系を信号が伝わる経路として最も適当なものは、次のどれか。

ア　目 → 運動神経 → せきずい → 脳 → 感覚神経 → 筋肉
イ　目 → 運動神経 → 脳 → せきずい → 感覚神経 → 筋肉
ウ　目 → 感覚神経 → せきずい → 脳 → 運動神経 → 筋肉
エ　目 → 感覚神経 → 脳 → せきずい → 運動神経 → 筋肉

Ⅱ　ニワトリやヒトなどのセキツイ動物は、骨や筋肉のはたらきによって運動器官を動かす。**図3**は、皮をはいだニワトリの手羽先の骨や一部の筋肉のようすである。**図4**は、**図3**の手羽先から筋肉やその他の組織を完全に取り除いたときの骨のようすである。**図5**は、ヒトのうでの骨や一部の筋肉のようすである。

図3

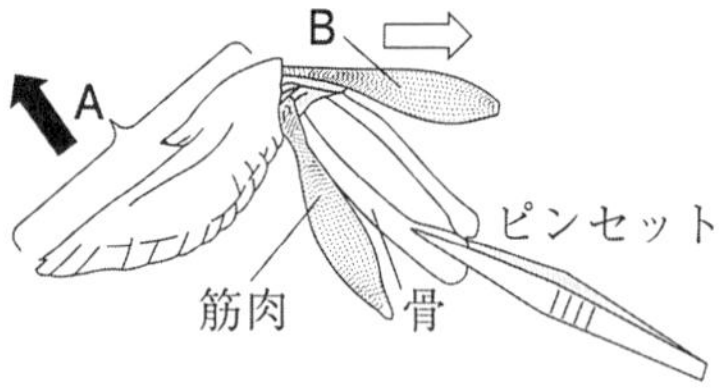

図4

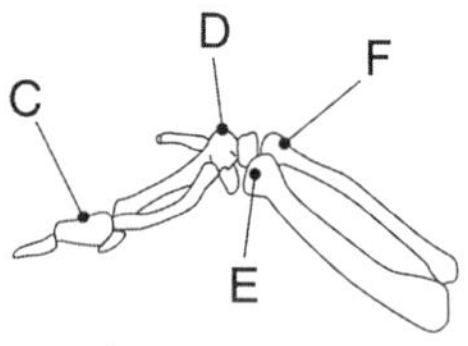

図5

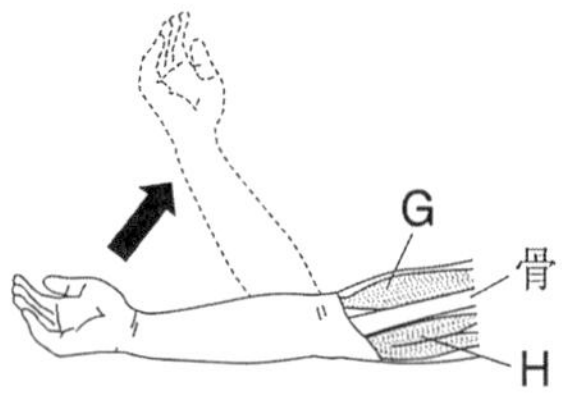

問4　**図3**のように、骨をピンセットで押さえ、**B**の筋肉を白い矢印（⇨）の方向に引っぱると、手羽先の**A**の部分は黒い矢印（➡）の方向に動いた。**図3**の**B**の筋肉は、**図4**の**C**、**D**、**E**、**F**のどの部分についていたと考えられるか。最も適当なものを一つ選んで、その記号を答えよ。

問5　**図5**のように、ヒトがうでを黒い矢印（➡）の方向へ曲げるとき、**G**と**H**の二つの筋肉の動きの組み合わせとして最も適当なものはどれか。右の**ア**～**エ**から選べ。

	G	H
ア	縮む	縮む
イ	縮む	ゆるむ
ウ	ゆるむ	縮む
エ	ゆるむ	ゆるむ

2 次のⅠ、Ⅱの問いに答えなさい。

Ⅰ 図1のように、カーテンレールを用いた装置を作製し、点Aで小球を静かに離したところ、小球はレールから離れることなく点B、点C、点D、点E、点Fの順に通過した。点Bから各点までの高さを測ると、点Aの高さは点Dの高さの2倍であった。また、点C、点Eの高さはどちらも、点Dの高さの半分であった。ただし、小球が受ける摩擦や空気抵抗は考えないものとする。

図1

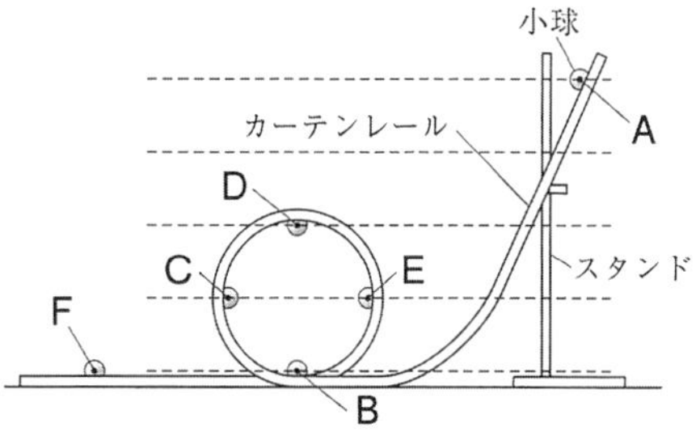

問1 小球が区間BCDEを運動している間に、速さが最も大きいのは小球がどの位置にあるときか。点B、点C、点D、点Eの中から一つ選んで、その記号を答えよ。

問2 点Bを高さの基準として、点Aで小球がもつ位置エネルギーの大きさを a とする。小球が区間CDEを運動するときの、点Cから測った水平方向の距離と小球の位置エネルギーの大きさの関係が図2の破線のようになるとき、点Cから測った水平方向の距離と小球の運動エネルギーの大きさの関係を表すグラフを、解答用紙の図2に実線でかけ。

図2

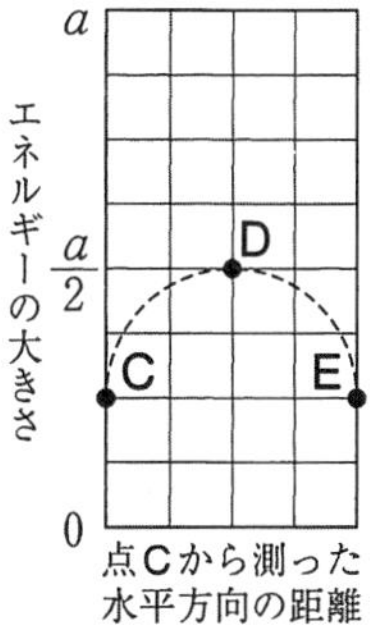

Ⅱ 図3のように、カーテンレールを用いた装置を作製し、レールの水平部分に木片を置き、斜面上で小球を静かに離したところ、小球は点Pで木片と衝突したあと木片を動かし、やがて小球、木片ともに静止した。質量の異なる小球を用いて、小球を離す高さを変え、木片が静止するまでに動いた距離を繰り返し測定したところ、木片が動いた距離と、小球を離す高さの関係は図4のようなグラフになった。ただし、小球とカーテンレールの間には摩擦はなく、木片とカーテンレールの間には一定の大きさの摩擦がはたらくものとする。また、空気抵抗は考えないものとし、小球がはじめにもつ位置エネルギーは全て木片を動かすことに使われるものとする。

図3

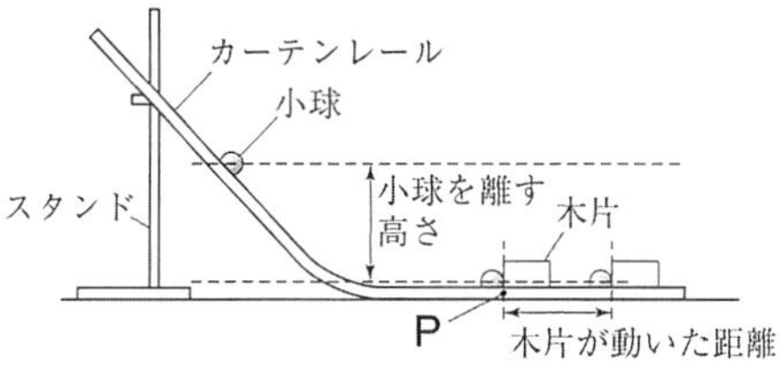

図4

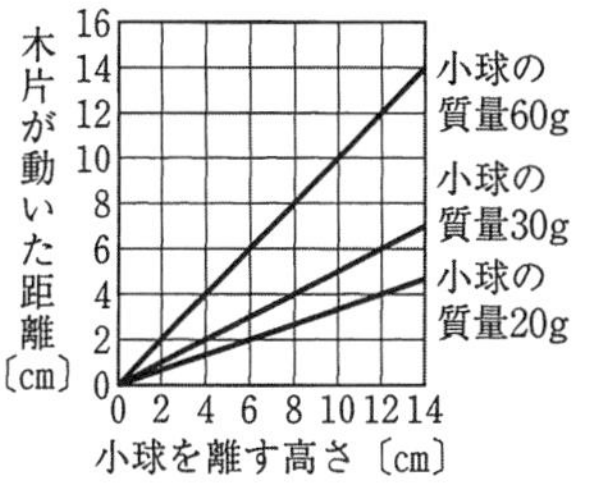

問3 小球を離す高さが8 cmのとき、木片が動いた距離と、小球の質量の関係を表すグラフを、解答用紙の図5にかけ。

問4 図4から、小球がはじめにもつ位置エネルギーは、小球を離す高さと、小球の質量に比例すると考えられる。図3で小球を離す高さを6 cmにして、質量80 gの小球を斜面上で静かに離すとき、木片が動く距離は何cmか。

図5

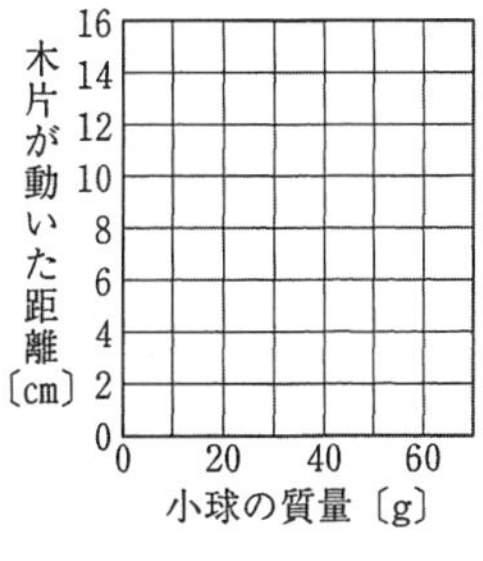

3 次のⅠ、Ⅱの問いに答えなさい。

Ⅰ **表**は、酸素、二酸化炭素、ある気体Aの性質を表したものである。

表

気体の種類	空気と比べた密度	水への溶けやすさ	その他の性質
酸素(O_2)	少し大きい	溶けにくい	あ
二酸化炭素(CO_2)	大きい	少し溶ける	石灰水を白く濁らせる
気体A	小さい	非常に溶けやすい	緑色のBTB溶液を青色に変える

問1 表中の あ にあてはまる性質として最も適当なものは、次のどれか。

ア 水で湿らせた青色リトマス紙を赤色に変える。

イ 水で湿らせた赤色リトマス紙を青色に変える。

ウ 火のついた線香を激しく燃やす。

エ 火のついた線香の火が消える。

問2 気体を発生させる操作を示した次のa～dのうち、二酸化炭素が発生するものを**すべて**選び、記号で答えよ。

a 二酸化マンガンにオキシドールを加える。

b 亜鉛にうすい塩酸を加える。

c 水またはお湯の中に発泡入浴剤を入れる。

d 酸化銅と炭素粉末（活性炭）の混合物を加熱する。

問3 気体Aは、塩化アンモニウムに水酸化ナトリウムを加えて水を注ぐと発生する。また、塩化アンモニウムと水酸化カルシウムの混合物を加熱しても、気体Aは発生する。この気体Aを**化学式**で答えよ。

問4 気体Aの最も適当な集め方の名称を答えよ。

Ⅱ 化学反応の前後における物質の質量変化を調べるために、次の**実験**を行った。

【実験】 **図**のように、プラスチック製の密閉容器に石灰石とうすい塩酸を入れ、質量を測定するとX〔g〕であった。次に、容器を傾け反応させた後、再び質量を測定するとY〔g〕であった。その後、容器のふたをゆっくりあけ、しばらくしてもう一度ふたをし、質量を測定するとZ〔g〕であった。

図

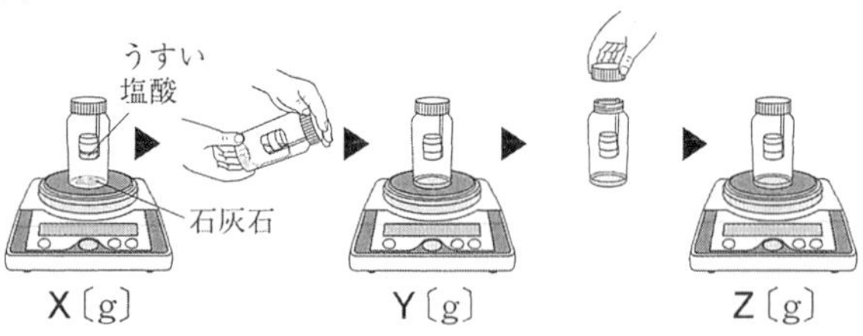

問5 質量X、Y、Zの値の大小関係の説明として最も適当なものは、次のどれか。

ア X、Y、Zはすべて等しい。

イ XとYは等しいが、ZはX、Yに比べて小さい。

ウ XとZは等しいが、YはX、Zに比べて大きい。

エ YとZは等しいが、XはY、Zに比べて小さい。

4 次の文を読んで、あとの問いに答えなさい。

日本では地震によるゆれの大きさは震度で表され、各地の観測点にある震度計で観測される。**図1**は、比較的浅いところで発生したマグニチュード(M)6.6の地震**A**で観測された震度1以上の震度分布を示したものである。

問1 日本で用いられている震度階級は何段階に分けられているか。

問2 **図2**の**ア**～**エ**の地点の中で、地震**A**で発生した地震の波が震源から伝わるまでの時間が最も長い地点として適当なものはどれか。**図2**の**ア**～**エ**から選べ。ただし、地震の波はどの方向にもほぼ同じ速さで伝わるものとする。

図1

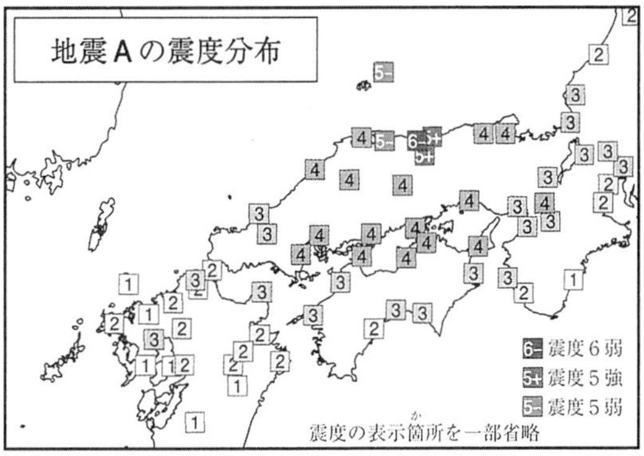

図2

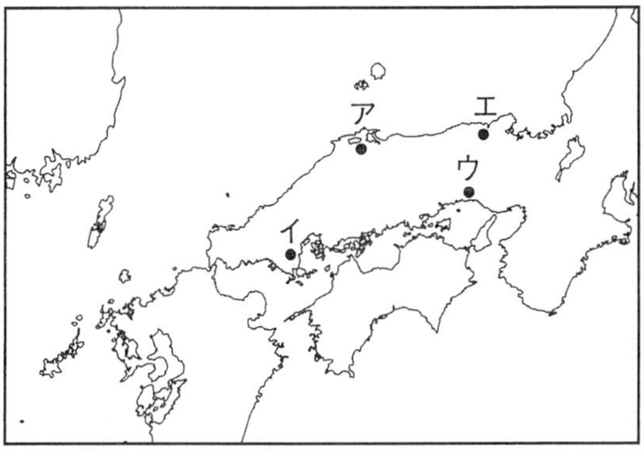

図3

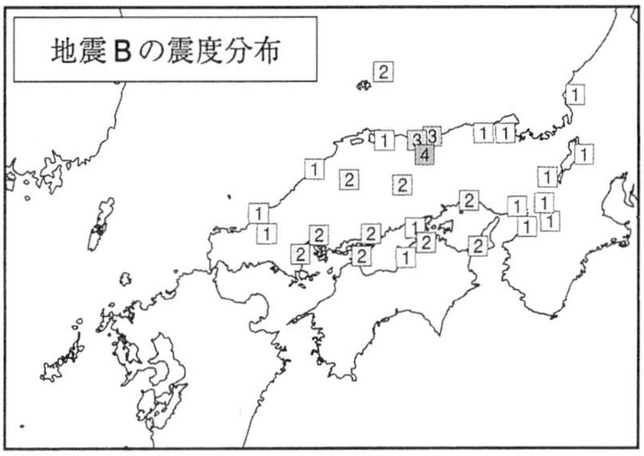

問3 **図3**は、地震**A**とほぼ同じ位置の震源で発生した地震**B**について、**図1**と同じ観測点において観測された震度1以上の震度分布を示している。地震**A**、地震**B**のうち、マグニチュード(M)の値が大きい地震はどちらか、記号で答えよ。また、そのように考えられる理由を説明せよ。

問4 マグニチュード(M)7の地震のエネルギーは、マグニチュード(M)6の地震のエネルギーの何倍か。最も適当なものを選べ。

ア 約32倍 **イ** 約100倍 **ウ** 約320倍 **エ** 約1000倍

問5 震源が海底の場合、地震の発生によって海底の地形が急激に変化することがある。海底の地形の変化にともなって海水が持ち上げられることで発生し、沿岸部に大きな被害をもたらすことがある現象を何というか。

5 次の**実験**について、あとの問いに答えなさい。

図1

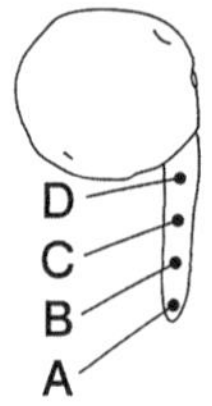

【実験】 発芽したエンドウの根に、**図1**のように先端から等間隔に**A**～**D**の印を付け、実験開始から一定時間ごとに**AB**間、**BC**間、および**CD**間の長さを測定した。**図2**は、その結果を表したものである。

次に、48時間後の根を**A**～**D**を含むように先端から切り取り、①約60℃のうすい塩酸に数分間つけた後、水洗いした。その根の**A**～**D**の各部を切り取り、それぞれを別のスライドガラスにのせ、②染色液を１滴落としてカバーガラスをかけ、押しつぶしてプレパラートを作った。**図3**は、それらのプレパラートを、顕微鏡を用いて600倍で観察したときの細胞のスケッチである。

図2

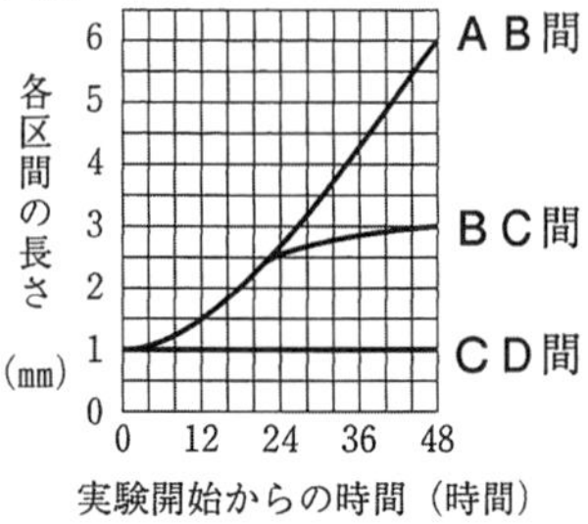

図3

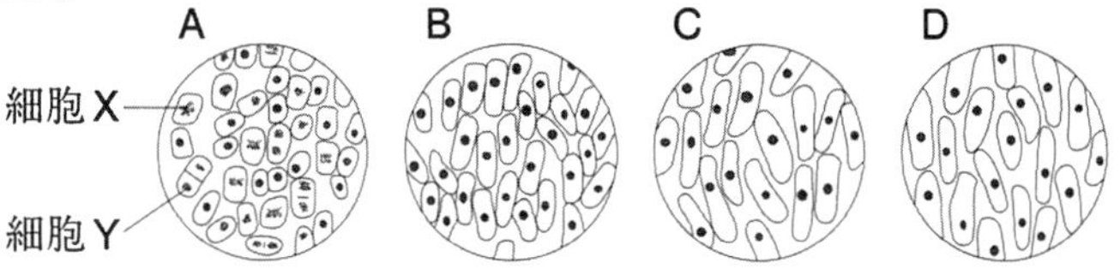

問１ 下線部①は、細胞を観察しやすくするためのはたらきがある。それはどのようなはたらきか。細胞分裂を止めるはたらき以外で、簡潔に説明せよ。

問２ 下線部②は、核や染色体のようすを観察するときに使う。この染色液の名称を答えよ。

問３ **図2**より、実験開始から48時間後の**AB**間の長さは、実験開始時から何 mm 伸びたか。

問４ 根の成長について、**図2**および**図3**からわかることを説明した文として最も適当なものは、次のどれか。

ア　実験開始後22時間までは各区間の長さは同じである。

イ　**BC**間の細胞の大きさは変化しない。

ウ　**A**、**B**、**C**、**D**の各部で細胞分裂が起こっている。

エ　根は細胞分裂と細胞が大きくなることによって成長する。

問５ **図4**は、**図3**中の細胞**X**が持つ染色体のうち、一部の染色体のようすを模式的に表したものである。細胞分裂が完了した直後の細胞**Y**１個に含まれる染色体の組み合わせとして最も適当なものは、次のどれか。

ア　　イ　　ウ　　エ

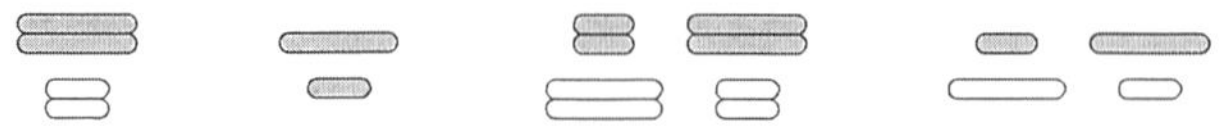

図4

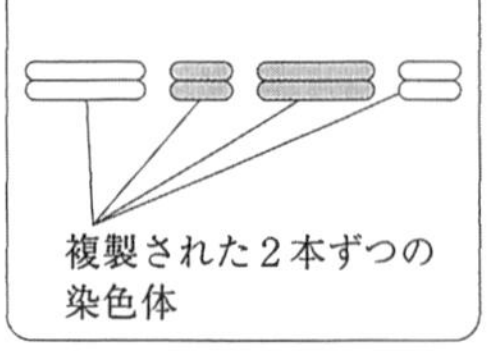

6 たろうさん、はなこさん、先生の会話文を読んで、あとの問いに答えなさい。

たろう：見てよ。このワイヤレスチャイム（**図1**）に電池不要と書いてあるよ。

図1

はなこ：ほんとうだ。電池がないのに、作動するのはどうしてかな。

先　生：このワイヤレスチャイムの押しボタンの中には、磁石とコイルが入っていて、①押しボタンを押すわずかな動きで発電ができるのです。

たろう：磁界の変化によってコイルに電流が発生する（　X　）という現象ですね。

はなこ：指でボタンを押す動きで発電しているから電池がいらないんですね。

先　生：そのとおりです。似たものだと、歩く振動を電気エネルギーに変換する発電床が実用化されていますよ。

たろう：振動のエネルギーが発電に利用できるんですね。

先　生：この他にも、太陽光のように、②持続的に利用可能なエネルギーのことを（　Y　）エネルギーと呼び、発電にも利用されていますよ。

はなこ：私は、太陽光発電について調べたことがあります。

たろう：③風力発電もそうですよね。はなこさん、今度一緒に調べてみようよ。

問1　空欄（　X　）、（　Y　）に入る語句を答えよ。

問2　下線部①に関連して、**図2**のように固定したコイルに検流計をつなぎ、コイルの上方から棒磁石の**N極**を近づけると、検流計の針がふれた。検流計の針が、**図2**でふれた向きと逆向きにふれる操作として最も適当なものは、次のどれか。ただし、検流計の針はかかれていない。

図2

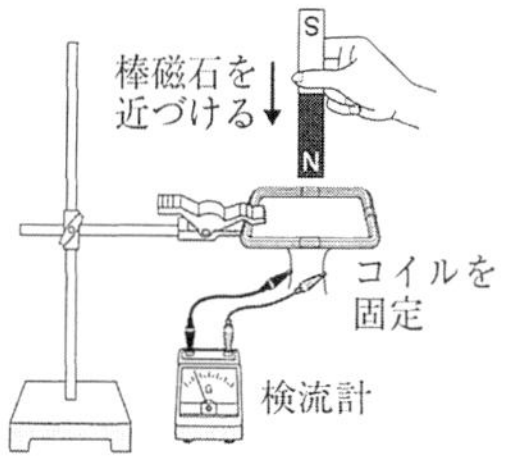

ア

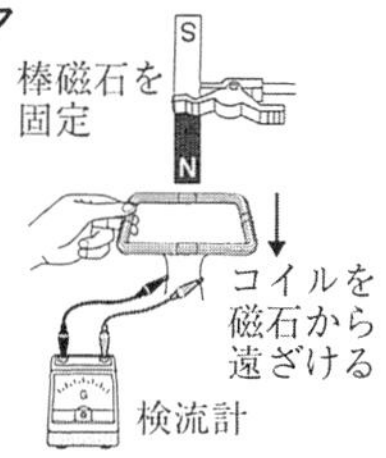

イ

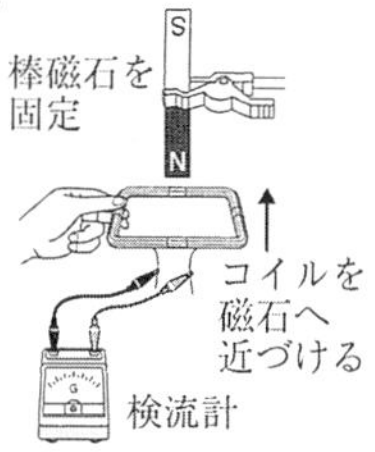

ウ

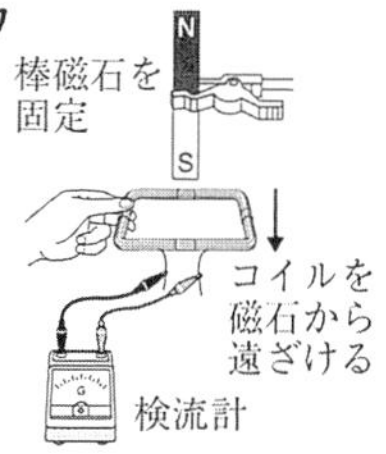

エ

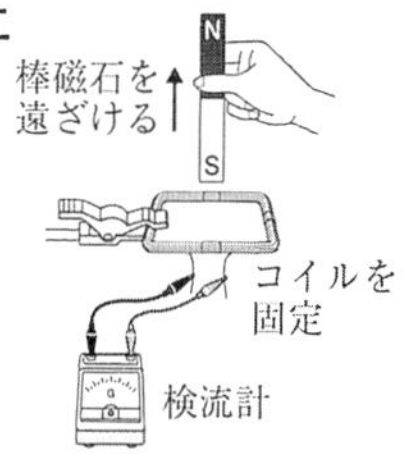

問3　下線部②について、次の発電方法a～cのうち、持続的に利用可能なエネルギーを用いる発電方法を**すべて**選び、記号で答えよ。

a　火力発電　　　b　水力発電　　　c　地熱発電

問4　下線部③について、風力発電機1基で、800世帯が使用する電気エネルギーを作ることができると仮定する。長崎県内の世帯数を56万世帯とし、全世帯が使用する電気エネルギーを風力発電のみで作るとすると、すべての風力発電機を設置するためには最低何 km^2 の面積が必要か。**整数**で答えよ。ただし、風力発電機1基を設置するためには $0.10\ km^2$ の面積が必要であるとする。

7 次の**実験１**、**実験２**について、あとの問いに答えなさい。

【実験１】図１のように、試験管**A**には硫酸銅水溶液と亜鉛片を、試験管**B**には硫酸亜鉛水溶液と銅片を入れた。しばらくしてから金属片の表面のようすと水溶液のようすを確認すると、結果は**表**のようになった。

図１

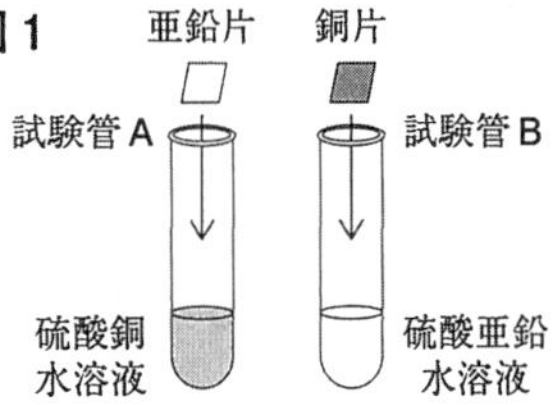

表

	金属片の表面のようす	水溶液のようす
試験管 A	あ	青色がうすくなった
試験管 B	変化なし	変化なし

問１ 表中の あ にあてはまる金属の表面のようすとして最も適当なものは、次のどれか。

ア 気体が発生し、赤色の物質が付着した。

イ 気体が発生し、青色の物質が付着した。

ウ 赤色の物質が付着した。

エ 青色の物質が付着した。

問２ **実験１**の結果をもとに考察した次の文の（ ① ）～（ ③ ）に**「亜鉛」**、**「銅」**のいずれかを入れ、文を完成せよ。

> 試験管**A**では、（ ① ）原子と（ ② ）イオンの間で電子のやり取りが行われ、試験管**B**では、電子のやり取りが行われなかったと考えられる。
> このことから、亜鉛と銅では（ ③ ）のほうがイオンになりやすいと判断できる。

【実験２】図２のように、亜鉛板と銅板を用いて、ダニエル電池を作製し、しばらくモーターを回転させた。その後、亜鉛板を取り出して観察すると、亜鉛板の表面はぼろぼろになっていた。

図２

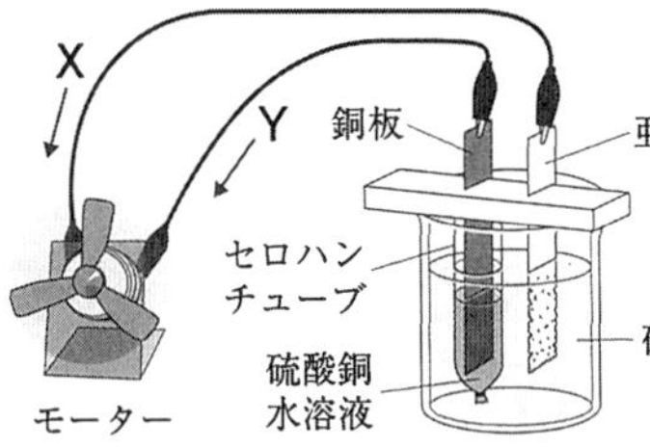

問３ 下線部の亜鉛板の表面で起こった変化を、例のように化学式と電子 e^- を使って反応式で表せ。 例 $2H^+ + 2e^- \longrightarrow H_2$

問４ **図２**の電池の＋極と電流の向きの組み合わせとして最も適当なものは、次のどれか。

ア 亜鉛板・X **イ** 亜鉛板・Y **ウ** 銅板・X **エ** 銅板・Y

問５ 私たちの身の回りのスマートフォンやタブレット端末には、充電して繰り返し使うことができる二次電池が用いられている。電池の種類を示した次の**a**～**c**のうち、二次電池を**すべて**選び、記号で答えよ。

a 鉛蓄電池 **b** アルカリ乾電池 **c** リチウムイオン電池

8 次の**観察**について、あとの問いに答えなさい。

【観察】 日本のある場所で、天体望遠鏡を使って金星を60日間隔で３回観察した。天体望遠鏡の倍率を変えずに観察すると、金星は満ち欠けをし、見かけの大きさ（半径）も変化していた。

図は、１回目と２回目に観察した日の太陽と地球に対する金星の位置を、地球の位置を固定して模式的に表したものである。

図

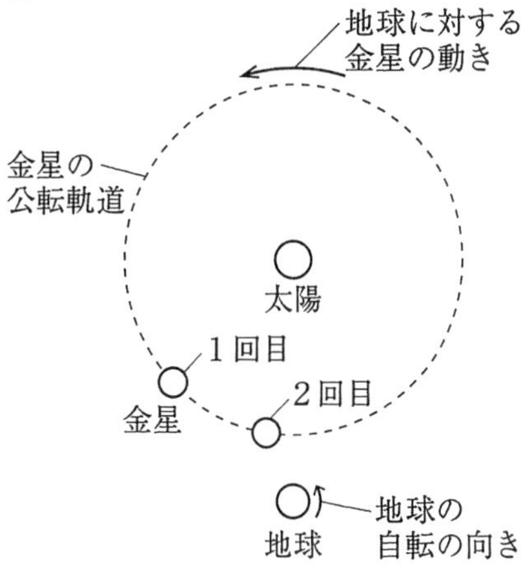

問１ １回目の観察のとき、明るく光っている金星は夕方に観察できた。このように、夕方に見える金星は何とよばれているか。

問２ １回目の観察で、天体望遠鏡で観察した金星の光っている部分の形を、肉眼で見たときの向きに直したものとして最も適当なものは、次のどれか。ただし、見かけの大きさは同じにしている。

ア

イ

ウ

エ

問３ ２回目の観察で、１回目の観察と比べて金星の見かけの大きさはどのように変化したか。また、その理由を説明せよ。

問４ ３回目の観察の日に、金星を肉眼で観察できる時間帯と方角の組み合わせとして最も適当なものは、次のどれか。

ア 明け方・東　**イ** 明け方・西　**ウ** 夕方・東　**エ** 夕方・西

問５ 金星の特徴について説明した文として最も適当なものは、次のどれか。

ア 主に二酸化炭素からなる厚い大気で覆われ、表面の平均温度が約460℃と高い。

イ 主に窒素と酸素からなる大気で覆われ、表面に大量の液体の水が存在する。

ウ 大気がほとんどなく、昼と夜との間で表面の温度差がとても大きい。

エ 水素やヘリウムでできている部分が多く、太陽系の惑星の中で平均密度が最も小さい。

2022(R4) 長崎県公立高
教英出版

受検番号	番

令和４年度学力検査問題

社　　会

（50分）

注　　意

1　「始め」の合図があるまで、この問題冊子を開いてはいけません。

2　解答用紙は中にはさんであります。

3　「始め」の合図があったら、まず、受検番号を問題冊子および解答用紙の受検番号欄に記入しなさい。

4　問題は［1］～［6］で、１ページから８ページまであります。

5　答えは、すべて解答用紙に記入しなさい。

選択肢《し》（ア～エ）によって答えるときは、最も適当なものを一つ選んで、その記号を書きなさい。

6　「やめ」の合図で、鉛筆を置きなさい。

7　検査終了後は、問題冊子および解答用紙を机の上に置いたまま退出しなさい。

問　題

1 メモは、ある中学生が、日本と中国のかかわりの歴史を年代の古い順にまとめたものである。これをみて、次の問いに答えなさい。

メモ

- 小野妹子が遣隋使として派遣される。
  ↕ P
- 菅原道真《すがわらのみちざね》が遣唐使の派遣停止を訴える。
  ↕ Q
- 元が二度にわたり日本を攻める。
  ↕ R
- 中国船に乗ったポルトガル人が種《た》子島《ねがしま》に鉄砲を伝える。
  ↕ S
- 清がアヘン戦争で敗れたという情報が日本に伝わる。

問1　**写真**は、Pの期間に建てられ、聖武天皇の愛用品などが納められた建物である。この建物を何というか。

写真

問2　Qの期間におけるわが国のできごとについて述べたものとして、正しいものは次のどれか。

ア　足利義満が日明《みん》貿易をはじめた。

イ　豊臣秀吉が刀狩を命じた。

ウ　桓武《かんむ》天皇が都を平安京にうつした。

エ　平清盛が太政大臣《だいじょうだいじん》になった。

問3　下線部について述べた次のA、Bの文の正誤の組み合わせとして、正しいものは下の**ア**～**エ**のどれか。

A　元軍は九州北部を襲《おそ》い、火薬を用いた武器を使った。

B　この戦いののち、鎌倉幕府は京都に六波羅探題《ろくはらたんだい》を設置した。

ア　A＝正、B＝正　　イ　A＝正、B＝誤

ウ　A＝誤、B＝正　　エ　A＝誤、B＝誤

資料

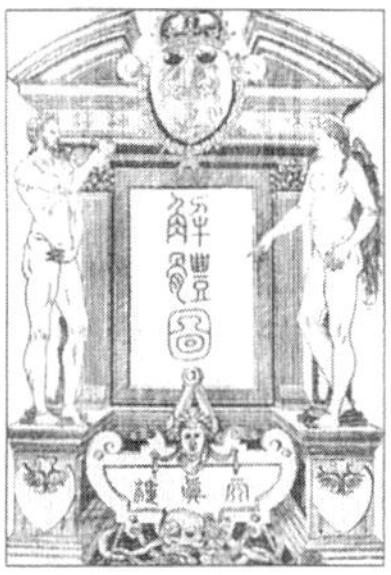

問4　Rの期間における世界のできごとについて述べたものとして、正しいものは次のどれか。

ア　アメリカで独立宣言が発表された。

イ　ハンムラビ王が法典を整えた。

ウ　コロンブスが西インド諸島に到達した。

エ　ヨーロッパで初めて十字軍が組織された。

問5　次の文は、Sの期間に制作された右上の**資料**について、かすみさんとまさおさんの間で交わされた会話の一部である。文の［ T ］にあてはまる内容を簡潔に書け。また、［ U ］にあてはまる人名を書け。

かすみ：**資料**は『解体新書《かいたいしんしょ》』の扉絵《とびらえ》だね。『解体新書』はオランダ語で書かれた医学書を翻訳《ほんやく》したものだよ。

まさお：オランダ語で西洋の学問や文化を学ぶことを蘭学《らんがく》といったけど、当時、なぜオランダ語で学んだのだろうか。

かすみ：それは江戸幕府が［ T ］からだよ。

まさお：なるほど。19世紀には長崎のオランダ商館の医者である［ U ］が医学塾を開いたようだね。

かすみ：鳴滝塾《なるたきじゅく》だね。人々が医学を学ぶために長崎に集まってきたよ。

2 **年表**をみて、次の問いに答えなさい。

年表

年	できごと
1868	五箇条《ごかじょう》の御誓文《ごせいもん》が発表される。
	↕ X
1885	①内閣制度ができる。
1890	第一回帝国議会が開かれる。
	↕ Y
1919	②パリ講和会議が開かれる。
1928	③第16回衆議院議員総選挙が実施される。
	↕ Z
1940	日独伊三国同盟が結ばれる。
1951	④サンフランシスコ平和条約が結ばれる。

問1 Xの期間におけるわが国のできごとについて述べたものとして、正しいものは次のどれか。

ア 五・一五事件がおこった。

イ 学制が公布された。

ウ 関税自主権が完全に回復した。

エ 全国水平社が設立された。

問2 下線部①について、初代の内閣総理大臣は誰か。

問3 Yの期間におけるわが国のできごとについいて述べた次のA、Bの文の正誤の組み合わせとして、正しいものは下の**ア**～**エ**のどれか。

A 労働時間の制限など、労働条件を改善する工場法が制定された。

B 足尾銅山の鉱毒問題について、田中正造《たなかしょうぞう》が帝国議会で政府に質問し追及した。

ア A＝正、B＝正　　イ A＝正、B＝誤　　ウ A＝誤、B＝正　　エ A＝誤、B＝誤

問4 下線部②において、第一次世界大戦の戦勝国とドイツが結んだ条約を何というか。

問5 下線部③に関して、**グラフ**は1920年、1928年、1946年に衆議院議員総選挙が実施されたときの、わが国の全人口に占める有権者の割合と有権者数を示したものである。**グラフ**について述べた次の文の P にあてはまる語と、 Q にあてはまる内容をそれぞれ書け。

> 1928年に実施された選挙において、全人口に占める有権者の割合が1920年に比べて約3.6倍に増えた理由としては、1925年に P が成立して Q が有権者となったことが考えられる。そして、1946年に実施された選挙において、全人口に占める有権者の割合が1928年に比べて約2.5倍に増えた理由としては、満20歳以上の国民が有権者となったことが考えられる。

グラフ

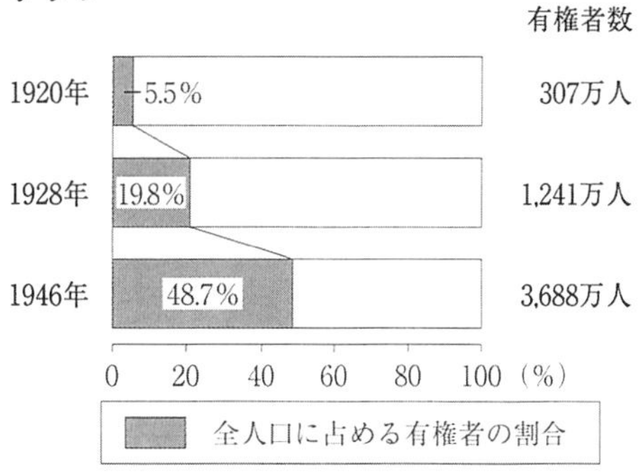

（総務省資料などから作成）

問6 Zの期間におけるわが国や世界のできごとについて述べた**ア**～**ウ**を年代の古い順に並べ、その記号を左から書け。

ア 第二次世界大戦がおこった。

イ 世界恐慌がはじまった。

ウ 日本が国際連盟を脱退した。

問7 下線部④が結ばれたあともアメリカによる統治が続いた沖縄では、住民による本土復帰運動などが行われた。沖縄が日本に復帰した年代として、正しいものは次のどれか。

ア 1950年代　　イ 1960年代　　ウ 1970年代　　エ 1980年代

3 次の問いに答えなさい。

問1　**地図**をみて、次の（1）～（4）の問いに答えよ。

（1）**地図**のAからBを結ぶ線（━━）で接している県の組み合わせとして、正しいものは次のどれか。

ア　秋田県と新潟県　　**イ**　山形県と埼玉県

ウ　宮城県と茨城県　　**エ**　福島県と栃木県

地図

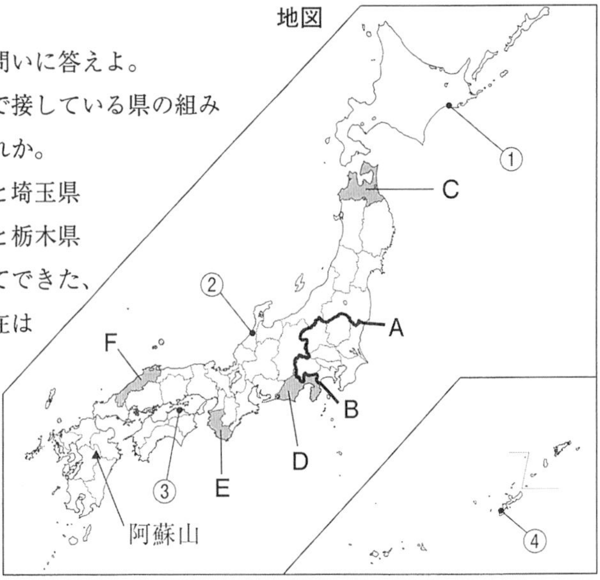

（2）**地図**の阿蘇山《あそさん》では火山活動によってできた、大きくかん没した地形がみられ、現在は農地などに利用されている。この地形を何というか。

（3）**グラフ**の**ア～エ**は、**地図**の①～④のいずれかの都市の気温と降水量を示したものである。このうち、③の都市を示す**グラフ**として、正しいものは次のどれか。

グラフ

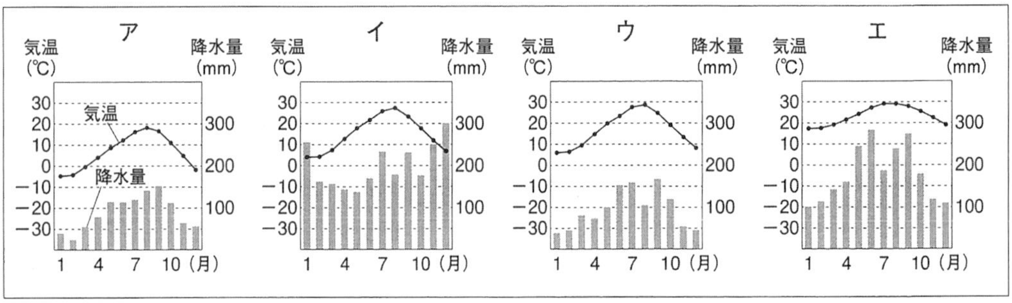

（気象庁資料から作成）

（4）次の文は、**地図**の**C～F**で示したいずれかの県について説明したものである。この県は**地図**の**C～F**のどれか記号を書け。また、その県名を**漢字**で書け。

> この県は、茶やみかんの生産がさかんであり、国内有数の水揚《あ》げ量をほこる漁港がある。また、二輪車やパルプなどの生産がさかんな都市がある。

問2　あいりさんは、社会科の授業で自宅周辺の地域を調査することになった。次の（1）、（2）の問いに答えよ。

（1）あいりさんは調査計画を立てることにした。調査の目的と方法について述べた文として、正しいものは次のどれか。

ア　人口を調べるために、駅の乗降客数を調べる。

イ　生産されている農産物を調べるために、農家の人に聞き取りをする。

ウ　公園の利用状況を調べるために、公園の面積を計測する。

エ　通行する車の台数を調べるために、地形図の道路の幅と長さを調べる。

令 4

※100点満点

受検番号　　　番

国語 解答用紙

一

問一　a（ヨ）ばれて　b（衰退）　c（飾）らない

問二

問三　俺が空斗さんに影響を受けてリレーに取り組んだように、

ということ。

問四

問五

問六

問七

問八

問一．２点×３
問二．３点
問三．５点
問四．２点
問五．７点
問六．３点
問七．３点
問八．４点

二

問一

問二

問三

問四

点
点
点
点
点×２

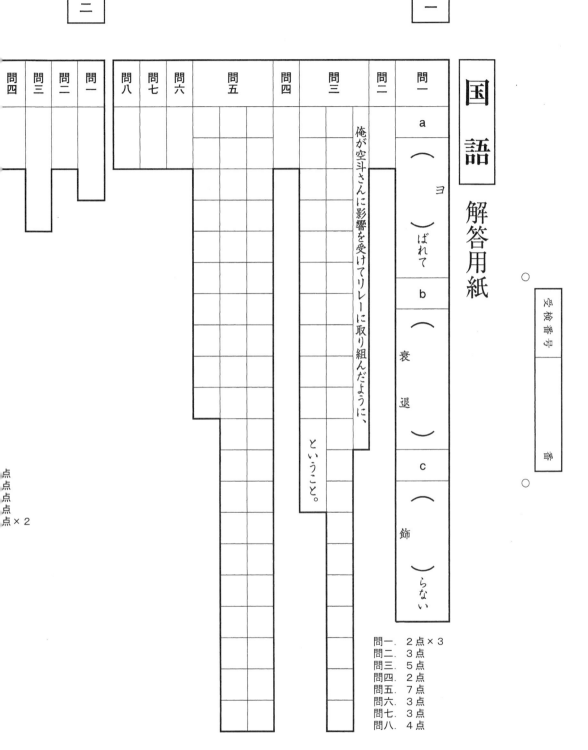

問１．２点　問２．３点　問３．３点　問４．３点×２

3

問１	問４ （1）
問２ $y=$	問４ （2）　$t=$
問３	

問１．３点　問２．３点　問３．⑴３点　⑵４点

4

問１	問３ （1）　cm
問２　cm^2	問３ （2）　cm

問１．３点　問２．３点　問３．１点×３　問４．４点

5

問１　cm	問３ (ア)
問２　cm	問３ (イ)
	問３ (ウ)
	問４　cm^2

問１．(ア)１点　(イ)１点　(ウ)２点　(エ)２点　問２．⑴２点×２　⑵３点　問３．３点

6

問１ (ア)	問３ もとの数の一の位を取り去った数をX、もとの数の一の位を c とすると、もとの数は $10X+c$ と表される。$10X+c=13\times m$（m は自然数）とすると、
問１ (イ)	
問１ (ウ)	
問１ (エ)	
問２ （1）(オ)	
問２ （1）(カ)	
問２ （2）(キ)	

問１．４点×２　　問２．６点

3

問１	A	（　　　　　　　　　　　　　　　　　　）start ?
	B	After the concert, the guest will（　　　　　　　　　　　　　　　　　　）.
問２		

問１．３点　問２．３点×２　問３．３点　問４．４点　問５．４点×２　問６．３点×２　問７．２点×３

4

問１		
問２	①	10　20
	②	10　20
問３		
問４		→ 　→ 　→
問５		１．リサ（Risa）が（　　　　　　　　　　　　　　　　　　）から。
		２．リサが（　　　　　　　　　　　　　　　　　　）から。
問６		
問７	① 　② 　③	

5

問1			
問2		問3	mm
問4		問5	

問1．３点
問2．２点
問3．２点
問4．３点
問5．２点

6

問1	X		Y	
問2		問3		
問4	km^2			

問1．４点
問2．３点
問3．３点
問4．３点

7

問1				
問2	①		②	
	③			
問3				
問4		問5		

問1．２点
問2．２点
問3．３点
問4．３点
問5．３点

8

問1		問2		
問3	変化			
	理由			
問4		問5		

問1．２点
問2．２点
問3．３点
問4．３点
問5．２点

4

問1	(1)	
	(2)	
	(3)	
	(4)	
	(5)	
問2		
問3		

問1．⑴2点
⑵2点
⑶2点
⑷2点
⑸3点
問2． 3点
問3． 3点

5

問1	
問2	
問3	
問4	
問5	

問1． 2点
問2． 3点
問3． 3点
問4． 2点
問5． 4点

6

問1	(1)	
	(2)	
問2		
問3		
問4		
問5	S	
	T	
	U	

問1． 2点×2
問2． 3点
問3． 3点
問4． 2点
問5． 2点×3

社　会　解答用紙

※100

〔注意〕 選択肢《し》(ア～エ)によって答えるときは、最も適当なものを一つ選んで、その記号を書

受検番号　　　番

1

問1		
問2		
問3		
問4		
問5	T	
	U	

問1．２点
問2．３点
問3．３点
問4．３点
問5．T．３点
　　　S．２点

2

問1		
問2		
問3		
問4		
問5	P	
	Q	
問6		→ 　　→
問7		

問1．２点
問2．２点
問3．３点
問4．２点
問5．２点×２
問6．３点
問7．２点

3

問1	（1）		
	（2）		
	（3）		
	（4）	記号	
		県名	〔県〕
問2	（1）		
	（2）		
問3	航空機		
	理　由		

問1．(1)２点
　　　(2)２点
　　　(3)２点
　　　(4)３点
問2．２点×２
問3．４点

令４

理　科　解答用紙

※100点満

〔注意〕　選択肢《し》(ア～エ)によって答えるときは、最も適当なものを一つ選んで、その記号を書きなさ

1

問1	X		Y	
問2		問3		
問4		問5		

問1．４点
問2．２点
問3．３点
問4．２点
問5．２点

2

問1			
問2	図2 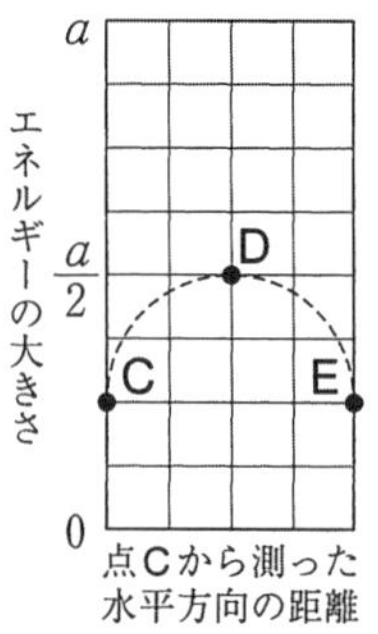	問3	図5 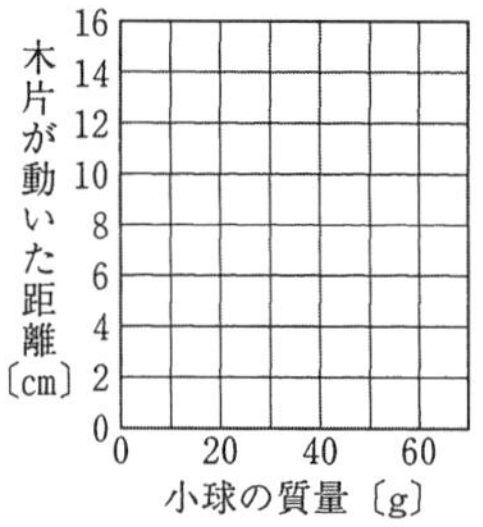
		問4	cm

３点×４

3

問1		問2	
問3			
問4			
問5			

問1．２点
問2．３点
問3．２点
問4．２点
問5．３点

4

問1	段階	問2	
問3	記号		
	理由		
問4		問5	

問1．２点
問2．３点
問3．３点
問4．２点
問5．３点

受検番号　　　番

令　4

英　語　解答用紙

※100点満点

受検番号　　番

令4

問1．２点×２　問2．３点×３　問3．No.1．２点×２　No.2．３点

1

問1	No. 1		No. 2			
問2	No. 1		No. 2		No. 3	
問3	No. 1	①		②		
	No. 2					

問1．２点×２　問2．２点　問3．３点　問4．２点×２　問5．３点×４　問

2

問1	A		B	
問2				
問3				
問4	①		②	
問5	1		2	
	3		4	

問6

[　Summer　／　Winter　] is better, because (

).

数　学　解答用紙

※100点満点

〔注意〕 答えは、特別に指示がない場合は最も簡単な形にしなさい。なお、計算の結果に
$\sqrt{\ \ }$ または π をふくむときは、近似値に直さないでそのまま答えなさい。

3点×10

1

(1)	(8) $\angle x =$ °
(2)	(9) cm^3
(3) $x =$ 、$x =$	(10) 図3
(4)	
(5) $y =$	
(6)	
(7) およそ　本	

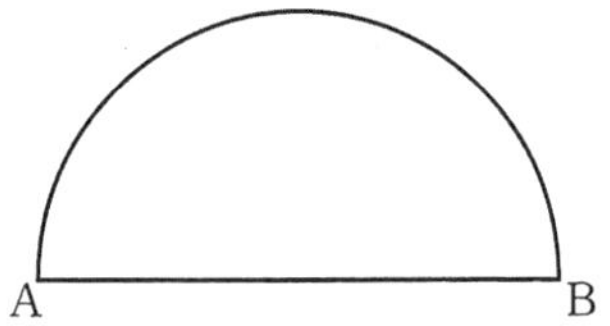

問1．(1)2点　(2)3点　問2．3点×3

2

問1 (1)	問2 (1)
問1 (2)　人	
問2(1)の解答は、右の欄に記入すること。→	
問2 (2)	
問2 (3)	

受検番号　番

令4

2

という行動。

三

問一
a（スク）い
b 悔（　）しく
c（フクザツ）

問二

状態。

問三

問四

問五

問六

人間はチンパンジーと違い、

。

問七

人は言葉によって「いま・ここ」にはない、

ことができるということ。

問八

問一．２点×３
問二．４点
問三．３点
問四．３点
問五．３点
問六．４点
問七．６点
問八．４点

四

問一

問二

問三
工夫1
工夫2

問四

問一．５点
問二．４点
問三．２点×２
問四．３点

（**2**）あいりさんは、自宅周辺の**地形図**を利用して調査をはじめた。**地形図**から読みとれる内容について述べた次の**X**、**Y**の文の正誤の組み合わせとして、正しいものは下の**ア**～**エ**のどれか。なお、**地形図**の□で囲んだ**G**の範囲は、一辺が4cmの正方形であり、**P**と**Q**、**S**と**T**の2点はそれぞれ同じ長さの直線で結んでいる。

X　**地形図**の□で囲んだ**G**の範囲は面積が$4\,km^2$であり、**G**の範囲の中には市役所や警察署がある。

Y　**P**と**Q**間、**S**と**T**間の両端の標高差を比べると、**S**と**T**間の標高差のほうが大きい。

ア　**X**＝正、**Y**＝正

イ　**X**＝正、**Y**＝誤

ウ　**X**＝誤、**Y**＝正

エ　**X**＝誤、**Y**＝誤

地形図

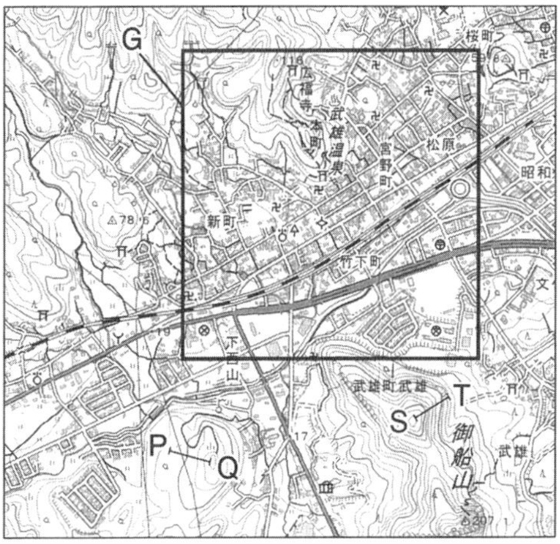

（国土地理院2万5千分の1『武雄』の一部）

問3　**表**は、2020年にわが国で貿易が行われた主な港または空港（**あ**～**え**）において、輸出額上位3品目とそれぞれが輸出総額に占める割合を示したものである。**表**の**A**、**B**は、輸出に利用する交通機関である船舶または航空機のいずれかがあてはまる。航空機があてはまるのは**表**の**A**、**B**のどちらか。また、そのように判断した理由を、輸出額上位3品目の主な特徴にふれながら簡潔に書け。

表

港または空港	あ		い		う		え	
輸出額上位3品目	半導体等製造装置	7.8%	半導体等電子部品	26.2%	自動車	24.6%	自動車	15.9%
	金	7.0%	電気回路等の機器	6.5%	自動車部品	16.6%	原動機（内燃機関など）	5.3%
	半導体等電子部品	6.8%	科学光学機器	6.4%	原動機（内燃機関など）	4.3%	プラスチック	4.7%
交通機関	A				B			

（財務省『貿易統計』などから作成）

4 次の問いに答えなさい。

問1 **地図Ⅰ**をみて、次の（1）～（5）の問いに答えよ。

地図Ⅰ

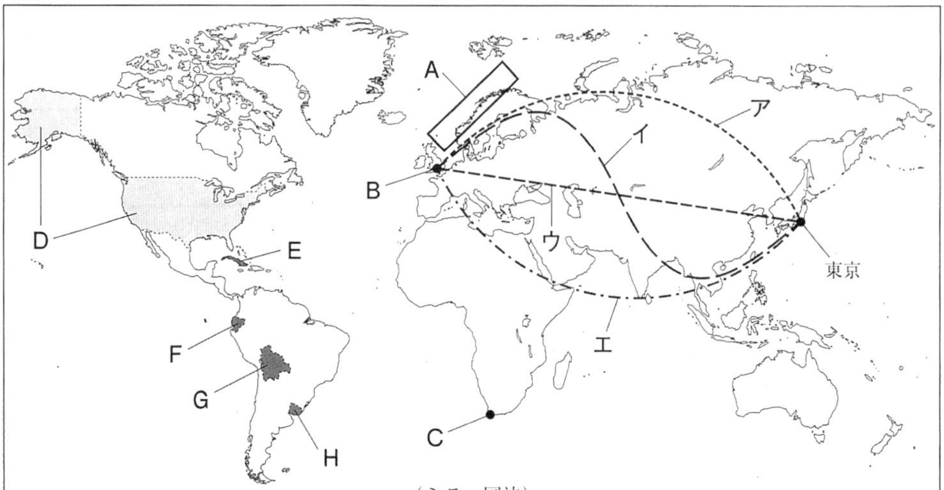

（ミラー図法）

（1）**地図Ⅰ**の □ で示した**A**の地域には、**写真**のように奥行きのある湾をもつ地形が多く見られる。この地形は氷河に侵食された谷に海水が入りこんでできた。この地形を何というか。

写真

（2）**地図Ⅰ**の**ア**～**エ**のうち、都市**B**から東京に飛行機で移動するときの最短コースに最も近いものはどれか。**地図Ⅱ**を参考にして答えよ。なお、**地図Ⅱ**は図の中心である都市**B**からの距離と方位が正しく表された地図である。

地図Ⅱ

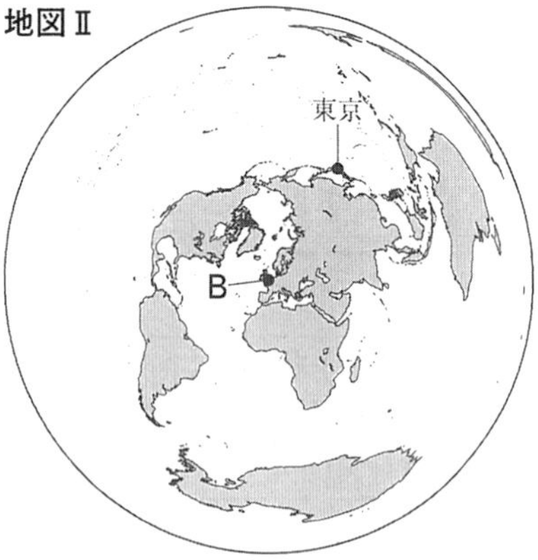

（3）**地図Ⅰ**の東京に住むしおりさんが日本時間1月1日午後2時に自宅から都市**C**に住む友人のゆりさんに国際電話をかけた。次の文は、その際の会話の一部である。 X 、 Y にあてはまる語の組み合わせとして、正しいものは下の**ア**～**エ**のどれか。

しおり：あけましておめでとう。
　　　　今年もよろしくね。今、何してるの。
ゆ　り：あけましておめでとう。
　　　　これから X だよ。
しおり：かなり時差があるね。
　　　　今の季節はどうなっているの。
ゆ　り：こちらは Y だよ。

ア　X＝朝食、Y＝冬
イ　X＝朝食、Y＝夏
ウ　X＝夕食、Y＝冬
エ　X＝夕食、Y＝夏

（4）**地図Ⅰ**のD国には、北緯37度以南に情報技術産業や航空宇宙産業が発展している地域がある。この地域を何というか。

（5）**地図Ⅰ**のE～Hで示した国のうち、領土内を赤道が通る国を一つ選び、その記号を書け。

問2 **表**は2020年の世界における州別の人口、面積、エネルギー消費の割合を示している。PとQは人口または面積、SとTはアフリカまたはヨーロッパのいずれかである。PとTにあてはまるものの組み合わせとして、正しいものは次のどれか。

ア　P＝人口、T＝アフリカ

イ　P＝人口、T＝ヨーロッパ

ウ　P＝面積、T＝アフリカ

エ　P＝面積、T＝ヨーロッパ

表　（単位は％）

州	P	Q	エネルギー消費
アジア	23.9	59.5	49.7
S	22.8	17.2	5.6
T	17.0	9.6	19.2
北アメリカ	16.4	7.6	20.3
南アメリカ	13.4	5.5	4.2
オセアニア	6.5	0.6	1.1

（注）　エネルギー消費は石油換算値である。表の割合の合計は四捨五入の関係で100％にならないものがある。

（『日本国勢図会　2021/22』などから作成）

問3　たかしさんは人々の生活と環境の学習で、世界の伝統的な住居をテーマに調べた結果を**レポート**にまとめた。**レポート**の［Z］にあてはまる内容を簡潔に書け。ただし、次の**語**を必ず用いること。

語　［地域］

レポート

<table>
<tr><td>テーマ</td><td>世界の伝統的な住居</td></tr>
<tr><td>疑問に思ったこと</td><td>世界の伝統的な住居には、どのような工夫がされているのだろうか。</td></tr>
<tr><td>予想した答え</td><td>住みやすく、作りやすい工夫がされている。</td></tr>
<tr><td>調べたこと</td><td></td></tr>
<tr><td colspan="2">〈伝統的な住居の例〉
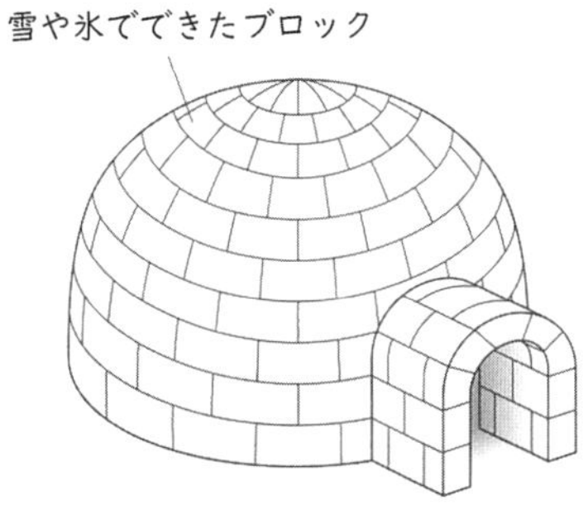

カナダ北部など雪と氷が広がる地域にみられる

東南アジアなど熱帯雨林が広がる地域にみられる</td></tr>
<tr><td>調べてわかったこと</td><td>①　雨や風、暑さや寒さなどから身を守るための工夫がされている。
②　［Z］を加工して利用している。</td></tr>
<tr><td>まとめ</td><td>伝統的な住居は、人々が自然環境に適応しやすいように作られている。</td></tr>
</table>

5 **資料**は、クラスで「私たちと政治」について調べ学習をおこなったときのテーマと内容を示したものである。これをみて、次の問いに答えなさい。

資料

1班	テーマ「自由・権利と責任・義務」 内容：①国民の権利と義務
2班	テーマ「行政の役割としくみ」 内容：②内閣のしごと
3班	テーマ「人権の尊重と裁判」 内容：③司法のしくみ
4班	テーマ「身近な地域の政治」 内容：④地方自治のしくみ

問1 下線部①について、次の日本国憲法の条文の X にあてはまる語を書け。

> 第13条 すべて国民は、 X として尊重される。生命、自由及び幸福追求に対する国民の権利については、公共の福祉に反しない限り、立法その他の国政の上で、最大の尊重を必要とする。

問2 下線部②について述べた次のA、Bの文の正誤の組み合わせとして、正しいものは下の**ア**～**エ**のどれか。

A 内閣は、条約を結ぶことができる。

B 内閣は、憲法改正の発議をすることができる。

ア A＝正、B＝正　　**イ** A＝正、B＝誤

ウ A＝誤、B＝正　　**エ** A＝誤、B＝誤

問3 下線部③について、現在のわが国の司法制度について述べたものとして、正しいものは次のどれか。

ア 個人どうしの争いごとに関する裁判のことを行政裁判という。

イ 刑事裁判において、原告と被告が話し合いにより解決することを和解という。

ウ 裁判の第一審はすべて地方裁判所でおこなわれることを司法権の独立という。

エ 裁判の第二審の判決に不服な場合、上級の裁判所に訴えることを上告という。

問4 下線部④について、地方公共団体が議会の議決によって法律の範囲内で独自に制定する法（きまり）のうち、その地方公共団体にだけ適用されるものを何というか。

問5 「私たちと政治」の学習についてまとめた次の文の Y にあてはまる内容を簡潔に書け。

> わが国において国の権力は立法、行政、司法の三つに分けられ、それぞれ国会、内閣、裁判所という独立した機関が担当している。このような三権分立を採用している理由は、三権がお互いを抑制し、均衡を保ち Y を防ぐことで国民の自由と権利を守っているからである。

6 次の問いに答えなさい。

問1　株式会社について述べた次の文を読んで、あとの（1）、（2）の問いに答えよ。

> 株式会社は、<u>株式を発行し、証券市場などを通じて家計や企業から資金を調達している。</u>一般的に、会社の経営は、会社の重要事項を決める［X］で選ばれた専門の経営者である取締役によっておこなわれている。

（1）下線部について、金融のしくみのうち、このような資金調達の方法を何というか。

（2）［X］にあてはまる語を書け。

問2　消費者保護のしくみについて述べた次のA、Bの文の正誤の組み合わせとして、正しいものは下のア～エのどれか。

A　訪問販売で商品を購入した場合、クーリング・オフの制度では、一定の期間内でも正当な理由がなければ契約を解除することはできない。

B　商品の欠陥によって消費者が被害を受けた場合、製造物責任法により、企業の過失に関係なく損害賠償の責任を、製造企業に負わせることができる。

ア　A＝正、B＝正　　イ　A＝正、B＝誤　　ウ　A＝誤、B＝正　　エ　A＝誤、B＝誤

問3　為替レートについて述べた次の文の［P］、［Q］にあてはまるものの組み合わせとして、正しいものは下のア～エのどれか。

> 為替レートが例えば1ドル＝200円から1ドル＝100円へ変動すると、ドルに対する円の価値は［P］となり、［Q］という状態となる。

ア　P＝2分の1、Q＝円安・ドル高　　イ　P＝2倍、Q＝円安・ドル高

ウ　P＝2分の1、Q＝円高・ドル安　　エ　P＝2倍、Q＝円高・ドル安

問4　2015年に温室効果ガス削減等に関する新たな協定が採択された。この協定は、参加する国や地域が世界の平均気温の上昇を、産業革命以前と比べて2℃より低く保つことを目標としている。この協定を何というか。

問5　次の文は、先生と生徒の間で交わされた会話の一部である。［S］～［U］にあてはまる語を書け。

> 先生：「地球上の誰一人として取り残さない」をスローガンに、国連が定めた「持続可能な開発目標」は、英語での表記の頭文字などをとって［S］と呼ばれています。
>
> 生徒：［S］には、17の目標がありますよね。
>
> 先生：そうですね。例えば、「貧困をなくそう」という目標達成のために、途上国で生産されたコーヒー豆を先進国の人々が公正な価格で取引する取り組みが注目されています。
>
> 生徒：そのような取引は［T］と呼ばれていますね。私も、お店でコーヒーを買うときに、［T］の商品を買うようにしています。
>
> 先生：いいですね。ところで、日本では、男女が対等な立場で家庭、地域、政治など、あらゆる場面で活躍する社会の実現を目指して、1999年に［U］基本法が制定されました。
>
> 生徒：そうでした。その法律と［S］の「ジェンダー平等を実現しよう」という目標との関係について調べてみようと思います。

2022(R4) 長崎県公立高
教英出版